Knaur

Über die Autorin:

Renate Janka, 1942 in Berlin geboren, lebte beinahe 20 Jahre mit ihrer Familie in den USA. 1983 kehrte sie nach Europa zurück und wohnt seither in der Nähe von Luzern. Als ihre Tochter Debie 1991 unschuldig zum Tode verurteilt wurde, gab Renate Janka ihren Beruf auf, um sich ganz dem langwierigen Wiederaufnahmeverfahren im »Fall Debbie Milke« widmen zu können. Die neuesten Informationen finden sich laufend auf ihrer Homepage www.debbiemilke.com.

Renate Janka

LASST MEINE TOCHTER ENDLICH FREI!

In der Todeszelle – der verzweifelte Kampf einer Mutter um das Leben ihrer Tochter

Unter Mitarbeit von
Dr. Tanja Kodisch und
Dr. Thomas Kraft

Knaur

Besuchen Sie uns im Internet:
www.knaur.de

Vollständige Taschenbuchausgabe 2003
Droemersche Verlagsanstalt Th. Knaur Nachf., München

Umschlaggestaltung: ZERO Werbeagentur, München
Umschlagabbildung: Porträt Christian Kruppa /
Hintergrundbild zefa visual mediagroup, Düsseldorf
Druck und Bindung: Clausen & Bosse, Leck
Printed in Germany
ISBN 3-426-77673-1

5 4 3 2

Für meine Tochter Debbie, für ihre bewundernswerte Stärke und für ihr weiteres Leben. Ihr Lebenswille ist mein Lebenswille.

INHALTSVERZEICHNIS

3. März 2001

Liebe Mom,

ich habe eine schreckliche Woche hinter mir. Bei deinem letzten Besuch habe ich dir doch von den *Men in Black* erzählt und dem Psychoterror, den sie auf uns ausüben. Erinnerst du dich? Das ist so eine Art Kampftruppe. Die Männer sind ganz in Schwarz gekleidet, sie tragen Gesichtsmasken mit Augenschlitzen und Kampfstiefel, die durch eine Stahlspitze zu einem richtigen Folterinstrument werden, und sie quälen uns, wann auch immer es ihnen gefällt.

Ich lebe wirklich in einer Hölle, von der niemand auch nur eine Ahnung hat. Was das Ganze noch schlimmer macht, ist, dass wir niemanden haben, an den wir uns wenden können. Obwohl bekannt ist, dass viele Wärter ihre sadistischen Neigungen an uns auslassen, glaubt uns keiner.

Wir haben zwar einige Gefängnispsychologen, die zuhören, aber echte Hilfe bekommen wir von ihnen nicht. Sie dienen im Prinzip nur dazu, den Schein nach außen zu wahren. Wenn ich ihnen vom täglichen Psychoterror einiger Wärter berichte, geschieht im Grunde gar nichts. Sie müssten sich den Sicherheitsmaßnahmen beugen, ist ihre Ausrede. Dann verabreichen sie uns hoch dosierte Beruhigungsmittel, und damit ist alles vergessen. Aber nicht nur die *Men in Black* üben Terror aus – beinahe täglich werden wir auf irgendeine Art und Weise gequält. Manche Tage sind okay, andere wieder ein wahrer Albtraum. Jeden Morgen, wenn ich aufwache, hoffe ich inständig, dass ich diesen Tag einigermaßen friedlich überstehe, ohne dass meine Seele zerstört wird. Mom, dies ist leider nur ein kleiner Ausschnitt meines Lebens. Was hier wirklich vorgeht, kann man sich gar nicht richtig vorstellen.

Ich leide unter fürchterlichen Panikattacken und Depressionen und habe solche Angst, dass diese Zustände noch schlimmer werden.

Meistens gehe ich zwischen neun und zehn Uhr abends schlafen und wache dann gegen drei Uhr morgens wieder auf, mit dem Gefühl zu ersticken. Dann wird mir wieder bewusst, dass ich seit mehr als zehn Jahren in dieser Zelle dahinvegetiere. Mein Kopf fühlt sich an wie in einem Schraubstock, ich habe Platzangst. Ich weine viel und möchte meinen Kopf immer wieder gegen die Wand schlagen, um die schrecklichen Gedanken aus meinem Gehirn zu verbannen. Ich kann es kaum noch ertragen, versuche aber dennoch, nicht zu kapitulieren. Seit zehn Jahren vertraue ich meinem Anwalt und all seinen Versprechungen, aber was du mir das letzte Mal über seine Arbeitsweise erzählt hast, bringt mich fast um den Verstand. Ich denke jetzt jeden Tag darüber nach und habe schreckliche Angst, dass ich auf Grund seiner Fehler möglicherweise doch noch hingerichtet werde und er dann hinterher sagt: »Sorry, ich habe mein Bestes getan.«

Mom, ich bin unschuldig. Ich habe nichts getan, und ich fordere Gerechtigkeit. Es muss doch irgendjemanden geben, der sieht, welches Unrecht man mir angetan hat.

Ich weiß, dass ihr beiden, du und Alex, alles aufgegeben habt, wofür ihr hart gearbeitet habt, um mir zu helfen. Diese Schuld werde ich nie abtragen können.

Mom, ich liebe dich. Bitte pass auf dich auf. Sag Alex schöne Grüße von mir. Bis bald,

deine Debbie

Meine Tochter Debra Jean Milke wurde am 18. Januar 1991 in Arizona zum Tode verurteilt. Sie sitzt seit über 10 Jahren in einer zwei mal drei Meter großen Zelle in Isolationshaft. Ich kämpfe um ihre Freiheit, denn Debbie ist unschuldig. Dies ist meine Geschichte.

DER ANRUF AUS ÜBERSEE

Schweiz, 2. Dezember 1989

Ich kniete auf dem Boden unseres Wohnzimmers. Um mich herum stapelten sich Pullover, Halstücher, ein Schmuckdöschen und Parfumflakons, Socken, eine Krawatte und jede Menge Spielsachen. Daneben weihnachtliches Geschenkpapier, bunte Bänder, Schere und Tesafilm. Ich war dabei, die Weihnachtsgeschenke für meine beiden Töchter Debbie und Sandy und für meine Enkel Christopher und Jason zu verpacken; da sie in den USA leben, mussten die Pakete rechtzeitig abgeschickt werden, damit sie, wie es in den Staaten Brauch ist, rechtzeitig am Morgen des 25. Dezember unter dem Christbaum liegen. Mein Mann Alex hatte es sich mit einer Zeitschrift auf unserer Couch gemütlich gemacht und nippte an einer Tasse Tee. Vor uns prasselte das Kaminfeuer, und hin und wieder warf Alex mir einen amüsierten Blick zu und schmunzelte über meine vorweihnachtlichen Aktivitäten. »Soll ich lieber das Papier mit den Engeln oder das mit dem Nikolaus auf dem Schlitten nehmen?«, fragte ich ihn gerade, als das Telefon klingelte. »Egal, nimm am besten das mit dem Nikolaus. Guck mal, da sind sogar Schneeflocken drauf – wer weiß, vielleicht schafft das ja ein bisschen europäische Weihnachtsstimmung bei den Kindern, wo doch in Arizona kein Schnee fällt«, riet mir mein Mann und erhob sich, um zum Telefon zu gehen. Ich schenkte dem Anruf zunächst keine

Beachtung. Erst als mein Mann sagte: »Sandy, jetzt mal ganz langsam!«, horchte ich auf. Er winkte mir aufgeregt. Als ich neben ihm stand, hielt er mit einer Hand die Sprechmuschel zu und flüsterte: »Christopher ist verschwunden!«

Ich fühlte einen dicken Kloß im Hals und riss ihm sofort den Hörer aus der Hand. Bevor ich auch nur ein Wort sagen konnte, sprudelte meine Tochter Sandy aufgeregt los: »Mom, Christopher ist weg. Debbie ist total verzweifelt, weil die Polizei ihn schon seit Stunden sucht und er wie vom Erdboden verschluckt ist. Sogar die Nachbarn und ihre Freunde durchkämmen inzwischen die Metro Hall, aber er ist einfach weg! Ich mach' mir solche Sorgen, vielleicht ist er ja entführt worden ...« Ich musste den Redeschwall meiner Tochter unterbrechen, weil es mir schwer fiel, den Zusammenhang herzustellen. »Sandy, Moment mal, ich verstehe gar nichts. Was ist passiert? Fang bitte noch mal von vorne an, aber ganz langsam.« Meine Tochter war völlig aufgelöst, schaffte es aber, mir die Situation einigermaßen verständlich darzulegen. Mein vierjähriger Enkel Christopher, Sohn meiner Tochter Debbie, war am Morgen mit Jim Styers, bei dem Debbie zur Untermiete wohnte, in die Stadt gefahren, um den Weihnachtsmann zu sehen. Die beiden wollten in die Metro Hall, wo in der Adventszeit ein Weihnachtsmann kleine Geschenke an die Kinder verteilte und man ein Foto mit ihm machen lassen konnte. Christopher war, wie die meisten Kinder seines Alters, völlig fasziniert von dieser Figur, und seine Begeisterung für den Weihnachtsmann war kaum zu bremsen.

Nach Sandys Schilderungen war Christopher ganz plötzlich verschwunden. Jim Styers hatte die Polizei alarmiert, weil er das Kind nicht mehr auffinden konnte. »Gibt es wenigstens schon irgendeine Spur?«, fragte ich Sandy. »Keine«, lautete ihre Antwort, und das Fünkchen Zuversicht, das gerade in mir aufflackern wollte, erlosch sofort wieder. »Und wie geht es Debbie?«, war meine nächste Frage. Ich machte mir große Sorgen um meine Tochter, die in den vergangenen Monaten eine schwere Zeit hinter sich gebracht hatte. »Nicht gut«, war Sandys ehrliche Antwort. »Kannst du sie nicht anrufen? Vielleicht schaffst du es ja, sie zu beruhigen. Sie ist völlig mit den Nerven am Ende und weint nur noch.«

Meine Hände zitterten, als ich den Telefonhörer auflegte. Ich fühlte mich elend, mein Kopf war leer, meine Arme und Beine wurden so schwer, dass ich mich setzen musste. Sandy hatte es zwar am Telefon nicht ausgesprochen, aber wahrscheinlich hatte auch sie gleich den Gedanken an Debbies Exmann, Mark Milke, im Kopf gehabt. Er war Christophers Vater und hatte seit Jahren große Drogenprobleme. Meine Tochter hatte aus diesem Grund nach ihrer Trennung von Mark das alleinige Sorgerecht bekommen und durchgesetzt, dass Mark sein Besuchsrecht nur unter Aufsicht wahrnehmen durfte. Erst vor wenigen Monaten hatte Debbie ihren Exmann zusammen mit dessen Freunden im Drogenrausch vorgefunden, als sie Christopher bei seinem Vater abholen wollte. Mark hatte sich geweigert, Christopher herauszugeben, und Debbie sogar tätlich angegriffen. Zum Glück war es ihr schließlich gelungen, mit ihrem weinenden und völlig verstörten Kind aus dem Haus zu flüchten. Aber Mark tobte und hatte gedroht, Christopher zu entführen und Debbie umzubringen. Eigentlich traute ich Mark diese Tat nicht zu; ich wusste, er liebte seinen Sohn und würde ihm – zumindest im nüchternen Zustand – sicher nichts antun. Aber konnte ich auch sicher sein? Vielleicht hatte er seine Drohung nun doch wahr gemacht? Ich schauderte, als ich an meinen kleinen Enkel dachte. Vier Jahre war er erst alt – und noch so zart und verletzlich. Ich musste mit Debbie reden.

Es hatte kaum geklingelt, als Debbie schon am anderen Ende abhob. »Debbie? Ich bin es, Mom. Was um alles in der Welt ist denn passiert?« Sie schluchzte laut auf, im Hintergrund hörte ich Stimmen. »Mom, Christopher ist weg und wir haben einfach keine Ahnung, wo er sein könnte«, weinte sie. »Die Polizei ist hier, vielleicht ist er ja entführt worden! O Gott, ich weiß nicht, was wir tun sollen. Ich muss Schluss machen – die Entführer, vielleicht rufen sie an und wollen mit mir reden.« Debbie war völlig hysterisch. Ich hatte Verständnis dafür, dass wir die Leitung nicht so lange blockieren konnten, und versuchte trotzdem, beruhigend auf sie einzureden. »Du wirst sehen, Christopher taucht bestimmt bald auf. Vielleicht wollte er nur Verstecken spielen oder ist irgendwo mit anderen Kindern in ein Spiel vertieft. Denk noch mal scharf nach. Wo geht er denn am liebsten hin? Gibt es keinen Ort in der Metro Hall, an den du dich besonders erinnern kannst?« Ich konnte nicht abschätzen, ob meine Tochter in ihrer Verzweiflung in der Lage war, meine Worte aufzunehmen und zu begreifen. Deshalb bat ich sie, mir kurz den zuständigen Detective zu geben. Als der Beamte am Telefon war, fragte ich ihn, ob sie schon Näheres wüssten. Er verneinte und konnte mir nur sagen, dass mehrere Polizisten, Nachbarn und Freunde das Einkaufszentrum, in dem Christopher verschwunden war, nach ihm durchforsteten. Debbie, so versicherte er mir, sei sehr kooperativ, sie habe Fotos des Kindes herausgesucht und beantworte bereitwillig alle Fragen, die man ihr im Augenblick leider stellen müsse.

Jim Styers und Roger Scott, die beiden Männer, die Christopher begleitet hatten, würden im Moment vernommen. An den Namen Roger Scott konnte ich mich nur vage erinnern, Debbie hatte ihn einmal in einem Brief als Bekannten von Jim Styers erwähnt. Ich wunderte mich, da ich zu wissen meinte, dass er ihr ausgesprochen unsympathisch war und sie jeden Kontakt mit ihm vermied. Da ich aber die Telefonleitung wieder frei machen wollte, verzichtete ich darauf, genauer nachzufragen. »Wir werden alles tun, was in unserer Macht steht, um Christopher zu finden!«, versicherte mir der Detective. Ich gab ihm noch meine Telefonnummer mit der Bitte, mich sofort zu verständigen, wenn es Neuigkeiten gäbe. Uns blieb nichts anderes übrig, als abzuwarten.

In dieser Nacht war nicht an Schlaf zu denken. Mein Mann versuchte immer wieder, mich zu beruhigen, und ich rief alle zwei Stunden bei Debbie an, um mich zu erkundigen, ob man Christopher schon gefunden hatte. Von Mal zu Mal war sie verzweifelter. Das stundenlange Warten auf einen erlösenden Anruf zermürbte sie. Sie klammerte sich an ihre Hoffnung, dass es Christopher – falls er entführt worden war – gelang anzurufen, da er seine Adresse und Telefonnummer auswendig kannte.

Bei unserem letzten Gespräch, am Nachmittag des darauf folgenden Tages, teilte sie mir mit, dass Maureen, die zweite Frau ihres Vaters, und ihre Stiefschwester Karen bei ihr seien. Debbie hatte seit Stunden weder geschlafen noch etwas gegessen. Die beiden versuchten sie zu überzeugen, dass es besser wäre, mit nach Florence zu ihrem Vater – meinem Exmann – Richard »Sam« Sadeik und dessen Familie zu fahren. Auch die Polizisten rieten ihr dazu, da sie im Augenblick nichts mehr tun konnte. Es beruhigte mich ein wenig, sie nicht mehr allein zu wissen. Mein Mann Alex überredete mich irgendwann, ins Bett zu gehen, und ich fiel in einen leichten, nervösen Schlaf, aus dem ich immer wieder hochschreckte.

Vorsorglich hatte ich mir das Telefon bereits neben das Bett gestellt und war sofort hellwach, als es Stunden später wieder klingelte. Sandys Mann Ron meldete sich. Seine Worte werde ich, wie so vieles, was in den folgenden Stunden und Tagen geschehen sollte, niemals vergessen: »Sie haben Christopher in der Wüste gefunden. Er ist tot.«

In diesem Augenblick verließen mich alle Kräfte. Ich brach am Telefon völlig geschockt zusammen und war nicht einmal Stunden später in der Lage zu weinen. Wie in einem Film spulten sich Bilder aus Christophers kurzem Leben vor meinem inneren Auge ab. Noch vor wenigen Wochen hatten mein Mann Alex und ich unseren Jahresurlaub in den USA verbracht und Debbie und Christopher in Phoenix besucht. Sie hatten uns beide am Flughafen abgeholt, und mein vierjähriger Enkel war hinter der Absperrung immer wieder auf und ab gehopst vor lauter Ungeduld. Zur Begrüßung war er mir um den Hals gefallen; ich konnte seine kleinen Arme noch um meinen Oberkörper spüren. Er war ein Kind, das Liebe aufsog wie ein Schwamm, und ich erinnerte mich, wie oft er, mit seinem Lieblingsbuch über australische Tiere unter dem Arm, auf meinen Schoß geklettert war und mich Löcher in den Bauch gefragt hatte: »Grandma, was essen Koalas am liebsten? Weißt du, wo Kängurus ihre Babys haben? Und wo schlafen die Babys in der Nacht?«

Er war ein sehr aufgewecktes und kluges Kind für sein Alter und konnte sich sogar schon alleine ein Sandwich machen. Er wusste auch immer genau, was er anziehen wollte, und war fast beleidigt, wenn Grandma ihm helfen wollte. Ich fühle noch heute seine kleine Hand in der meinen und kann auch nach so vielen Jahren immer noch nicht glauben, dass es nie mehr so sein wird.

Ich versuchte, Debbie bei ihrem Vater zu erreichen, und erfuhr, dass sie auf der Polizeiwache sei. Für den Rest der Nacht lief ich wie ein gefangenes Tier durch unser Haus und entwickelte eine Art Hyperaktivität, in der ich sinnlos treppauf, treppab lief, Schuhe putzte, bügelte und in meinen Tätigkeiten nur von regelmäßigen Weinkrämpfen unterbrochen wurde. Irgendwann nickte ich vor lauter Erschöpfung wieder ein.

Gegen fünf Uhr morgens klingelte ein weiteres Mal unser Telefon. Meine Nerven waren zum Zerreißen gespannt und meine Hände zitterten noch immer. Am anderen Ende meldete sich mein geschiedener Mann und Debbies Vater. »Deine Tochter hat ein Geständnis abgelegt«, sagte er nur. »Sie hat Christopher umbringen lassen.«

Ich konnte seine Worte in diesem Augenblick nicht begreifen. Zu viel war passiert. Er berichtete uns keine Details, machte keine weiteren Erklärungen, nichts. Wie vor den Kopf geschlagen, standen wir mit dieser Information in unserem Haus in der Schweiz, tausende Kilometer vom Ort der Tragödie entfernt, und wollten und konnten die Ereignisse, die uns innerhalb der letzten Stunden überrannt hatten, nicht fassen. Ich war am Rande eines Nervenzusammenbruchs, mein ganzer Körper zitterte, und ich hatte nur einen Wunsch: so schnell wie möglich nach Arizona zu reisen, um bei meinen Töchtern vor Ort sein zu können.

Am nächsten Morgen rief ich meinen Chef an und bat um Sonderurlaub. Er gewährte mir sieben Tage. Alex kümmerte sich inzwischen um ein Ticket nach Phoenix. Am

Flughafen schloss er mich noch einmal in seine Arme und flüsterte mir ins Ohr: »Mach es gut, mein Schatz. Ich wünsche dir viel Kraft, und melde dich, sobald du angekommen bist.« Leider konnte Alex mich nicht begleiten.

DIE SPRACHLOSE WÜSTE ARIZONAS

Phoenix, Arizona, 4. Dezember 1989

Der Flug schien nie zu Ende zu gehen. Die Leere in mir war unbeschreiblich. Ich erinnere mich noch daran, wie die Stewardess neben mir stand und mir eine Frage stellte. Ich sah sie völlig verständnislos an, war unfähig, etwas zu entgegnen, weil ich nur ihre Augen sah, die auf mich gerichtet waren. Die Frage selbst konnte ich aber nicht richtig begreifen. Schließlich reichte sie mir einfach ein Glas Orangensaft. Sie muss meine tiefe Verwirrung bemerkt haben, und ich war froh, dass ich die Entscheidung, was ich trinken wollte, nicht treffen musste. Ein Gefühl völliger Lähmung hatte sich in mir breit gemacht.

Als wir nach zweiundzwanzig Stunden Reisezeit auf dem Flughafen in Phoenix landeten, war ich unendlich erleichtert, endlich an Ort und Stelle zu sein. Mit wackeligen Knien und völlig übermüdet stieg ich aus der Maschine, wartete wie in Trance am Gepäckband auf meinen Koffer und wurde, nachdem ich die Zollschranke passiert hatte, von Sandy und ihrem Mann Ron mit einer ungeduldigen Umarmung empfangen: »Mom, stell dir vor, wir sind im Fernsehen«, waren Sandys Worte zur Begrüßung. Ich begriff nicht ganz, was sie meinte, aber als ich meine jüngere Tochter vor mir sah, schossen mir wieder die Tränen in die Augen. Was für eine Tragödie hatte meine Familie in den vergangenen Stunden heimgesucht! »Wo ist Debbie? Hast du mit ihr geredet?«, fragte ich Sandy sofort. »Sie sitzt in Untersuchungshaft. Natürlich konnte ich nicht mit ihr reden«, erwiderte sie knapp und seltsam distanziert. »Komm jetzt. Wir erzählen dir alles unterwegs, aber zuerst müssen wir ins Flughafenrestaurant. Sie bringen gerade Berichte über Debbie, weil sie Christopher umbringen hat lassen! Das musst du dir anschauen!« Ich blickte meine Tochter und meinen Schwiegersohn entgeistert an. Das konnte doch nicht wahr sein! Waren die beiden völlig von Sinnen? Mit einer Sensationsgier, die mich zutiefst erschreckte, zogen sie mich hinter sich her in das nächste Restaurant, wo ich gezwungen war, mir im Fernsehen das Medienspektakel anzusehen, das sich um meine Familie drehte. »Mutter beauftragt Killer, ihren Sohn zu ermorden« und »Eine Mutter wird zum Monster« – so und ähnlich lauteten die Schlagzeilen; die Reporter schienen sich in der Schilderung von Horrorszenarien gegenseitig überbieten zu wollen. Ich konnte und wollte mir nicht vorstellen, dass sie über meine Tochter Debbie berichteten. Irgendwann flammte ein Minimum an Kraft in mir auf, und ich wurde entsetzlich wütend. »Jetzt reicht's aber! Ihr seid wohl von allen guten Geistern verlassen?«, rief ich und sprang empört von meinem Stuhl hoch, sodass sie letztendlich gezwungen waren, mit mir zu gehen.

Auf der Fahrt nach Florence zum Haus meines geschiedenen Mannes erfuhr ich von Sandy die zahlreichen Details der Tragödie, die sich in den letzten Stunden abgespielt hatte. Die Polizei hatte den Tathergang mittlerweile rekonstruiert:

Jim Styers, der Mann, bei dem Debbie zusammen mit Christopher Zuflucht vor Mark Milke gesucht und zur Untermiete gewohnt hatte, hatte sich Samstagvormittag Debbies Auto geliehen, um in die Stadt zu fahren. Als Christopher bettelte, mitfahren zu dürfen, um ein Foto von sich und dem Weihnachtsmann zu bekommen, hatte Debbie zugestimmt und ihrem Sohn wohl noch gewunken, als die beiden losfuhren. Unterwegs hatte Jim Styers seinen Freund Roger Scott ins Auto geladen, um dann nicht zum Einkaufszentrum, sondern direkt in die Wüste zu fahren. Dort hatten sie Christopher mit drei Schüssen in den Hinterkopf hingerichtet. Beide Männer hätten die Tat gestanden, so Sandy. Einer der beiden, Roger Scott, habe ausgesagt, dass Christophers Mutter sie wegen einer Lebensversicherung, die sie auf Christopher abgeschlossen hatte, dazu angestiftet habe. Mir verschlug es fast die Sprache. »Was?! Debbie soll was? Welche Lebensversicherung? Ich verstehe das alles nicht«, fragte ich Sandy fassungslos. »Reg dich nicht auf«, so Sandys lapidare Antwort. »Debbie hat gestern Abend schließlich gestanden. Sie hat Detective Saldate alles erzählt und uns die ganze Zeit nur etwas vorgespielt. Ihre Verzweiflung, die Entführung und so weiter – das war alles eiskalt geplant.«

Mir fehlten in diesem Augenblick die Worte. Ich hatte nicht die Kraft, meine Zweifel zu äußern oder Details zu erfragen. Mir liefen nur Tränen übers Gesicht, und ich erhoffte mir von der Familie meines geschiedenen Mannes nähere Einzelheiten zu den Geschehnissen. »Kann ich jetzt Debbies Auto haben?«, fragte mich Sandy. »Sie braucht es ja wohl erst mal nicht mehr!« Mir wurde abwechselnd heiß und kalt. Das durfte alles überhaupt nicht wahr sein. Wie konnte meine jüngere Tochter nur so unverfroren sein und in einem Augenblick wie diesem an einen Wagen denken, den ich Debbie vor einigen Wochen vorfinanziert hatte? Ich antwortete nicht auf ihre Bitte, sondern fühlte nur Unverständnis und Leere, die ganze Situation erschien mir seltsam unwirklich.

Aber der Albtraum schien kein Ende nehmen zu wollen, denn als wir in die Straße einbogen, in der mein Exmann mit seiner zweiten Frau und deren Kindern wohnte, wagte ich meinen Augen kaum zu trauen. Zahllose Fernsehübertragungswagen, Journalisten und Schaulustige säumten den Weg und den Platz vor der Straße. Wie eine gierige Meute stürzten sich die Presseleute auf unser Auto, die Fragen, die auf mich einprasselten, nahm ich nur wie durch einen Schleier wahr. Wir flüchteten ins Haus, und ich hoffte, nun endlich irgendwie Ruhe und Klarheit zu finden.

»Deine Tochter ist für mich gestorben!«, rief mir Debbies Vater zur Begrüßung entgegen. Im Wohnzimmer saßen mir völlig unbekannte Menschen vor dem laufenden Fernseher und zappten von Programm zu Programm, um die neuesten Nachrichten zum Mordfall Christopher Milke nicht zu verpassen. Die Medien klassifizierten meine Tochter nach wie vor als Monster und Bestie – zwischen den Beiträgen wurde unter den Anwesenden heftig diskutiert, und ich hatte nicht den Eindruck, dass irgendjemand Zweifel an Debbies Schuld äußerte. Der Fernseher lief ununterbrochen, es gab keine ruhige Ecke in diesem Haus, und ich kam mir vor wie ein gefangenes Tier im Zoo, das der Sensationslüsternheit der Zuschauer ausgesetzt ist. Das gibt's nicht! Ich halte das nicht mehr aus, dachte ich mir und hatte nur noch einen sehnlichen Wunsch: raus aus diesem Irrenhaus! Ich war allerdings gezwungen, die Nacht im Hause Sadeik zu verbringen. Bislang hatte sich nämlich niemand um ein Hotel für mich bemüht, und mir fehlte die notwendige Energie, mich auf die Suche zu machen. Man wies mir ein Bett im Nähzimmer zu, das ich dankbar annahm, froh darüber, die Tür hinter mir schließen und mich ausstrecken zu können. Durch die Ritzen drangen die undeutlichen Stimmen der Fernsehreporter. Langsam fiel ich in einen unruhigen Schlaf.

Am nächsten Morgen ging ich zum Untersuchungsgefängnis. Ich fragte mich bis zum Büro der Gefängnisverwaltung durch und äußerte den Wunsch, meine Tochter sprechen zu dürfen. Aber man verwehrte mir den Zugang. Und auch als ich um den Namen von Debbies Anwalt bat, konnte oder wollte man mir keine Auskunft geben. Zu diesem Zeitpunkt hoffte ich noch, Debbie bei Christophers Beisetzung sehen zu können. Erst viel später erfuhr ich, dass ihr die Teilnahme an der Trauerfeier ihres einzigen Kindes verwehrt worden war.

Christophers Totenmesse fand am darauf folgenden Tag statt. Der Gang in die Kirche war einer der schwersten meines Lebens. Christophers kleiner Sarg stand offen vor dem Altar, und wir nahmen nacheinander Abschied von ihm. Er sah so friedlich und hübsch aus, wie ich ihn in Erinnerung hatte. Der von Mark Milke bestellte Pfarrer begann seine Predigt. Er ging anfangs auf Christophers kurzes Leben und das seiner Mutter ein. Dann öffnete sich das Kirchenportal und Mark Milke betrat in einem weißen Anzug das Kirchenschiff. Der Pfarrer begrüßte ihn als »rehabilitierten Exalkoholiker, der nun zum Glauben gefunden hat und dies mit seiner weißen Kleidung zum Ausdruck bringen möchte«. Ich kann mich nicht mehr genau an jedes Wort erinnern, aber die gesamte Predigt, die sich vor dem offenen Kindersarg abspielte, war eine einzige Zeremonie für den »bedauernswerten« Mark Milke, der »durch das Zutun der Mutter seinen Sohn verloren« habe. Ich war nicht die

Einzige unter den Trauergästen, die starr vor Entsetzen und voll ohnmächtiger Wut das Spektakel verfolgte. Eine frühere Nachbarin, die neben mir in der ersten Reihe saß, griff nach meiner Hand und sagte fassungslos: »Das kann doch wohl nicht wahr sein, Renate! Wo sind wir denn hier?« Bis wir jedoch verstanden hatten, was hier passierte, und hätten einschreiten können, war auch schon alles wieder vorbei. Christopher wurde anschließend verbrannt, seine Urne dem Vater übergeben. Bis heute gibt es kein Grab, an dem die Familie um Christopher trauern könnte. Und Mark Milke wurde nur zwei Wochen später in San Diego ein weiteres Mal volltrunken und mit Drogen erwischt.

Unmittelbar nach der Trauerfeier bat ich Deedee, eine Freundin meiner Tochter Sandy, mich zum Polizeipräsidium zu fahren. Ich wollte endlich herausfinden, was tatsächlich geschehen war, und mit dem Anwalt meiner Tochter, am besten allerdings mit ihr selbst sprechen. Es schien mir nahe liegend, mich direkt an den Detective zu wenden, der Debbie an Christophers Todestag verhört hatte. Er war es auch, der ihr angebliches Geständnis an die Presse weitergegeben hatte.

Wir betraten das Polizeipräsidium und bekamen den Weg zu Detective Saldates Büro gewiesen. Deedee wartete vor der Tür. Ich fand mich in einem Raum wieder, dessen Wände mit Auszeichnungen, Orden und Urkunden geschmückt waren. Ein etwa 50-jähriger, sehr kräftiger Mann mit Schnauzbart begrüßte mich kurz angebunden. Seine Antwort auf all meine Fragen wird mir vermutlich mein Leben lang ins Gedächtnis gebrannt bleiben: »Ihre Tochter ist das Bösartigste, was mir je unter die Augen gekommen ist, und ich werde dafür sorgen, dass sie das Tageslicht nie mehr als freier Mensch sehen wird, und Sie, Madam, verschwinden besser wieder dahin, wo Sie hergekommen sind!«

Nur mit Mühe gelang es mir, zumindest äußerlich die Fassung zu wahren. Ich schaffte es sogar noch, ihn zu bitten, das Geständnis einsehen zu dürfen, aber er erklärte mir, dass das Protokoll Eigentum der Polizei sei und ich kein Recht hätte, es zu lesen. Meine Frage nach Debbies Anwalt blieb ebenfalls unbeantwortet; ob er dessen Namen nicht wusste oder mir einfach verweigerte, kann ich bis heute nicht beurteilen.

Mein Besuch bei Detective Saldate war nur in einem Punkt erfolgreich: Ich erhielt Debbies Auto zurück, das mein Mann und ich vor wenigen Wochen für sie gekauft hatten und in dem Christopher zu seiner Hinrichtung gefahren worden war. Ich fröstele heute noch, wenn ich daran denke. Die Polizei und die Staatsanwaltschaft benötigten den Wagen nicht länger als Beweismittel – die Ermittlungen waren anscheinend bereits zu diesem frühen Zeitpunkt eingestellt, der Fall »Christopher Milke« in den Augen der Justiz Arizonas geklärt.

Ich kehrte auf das Anwesen der Sadeiks zurück. Die Haltung der Familie schockierte mich nach wie vor. Ich konnte nicht verstehen, dass sie Debbie so ohne weiteres verurteilten und es für hinlänglich bewiesen hielten, dass Debbie schuld am Tod ihres geliebten Sohnes war. Die Sadeiks waren nach Christophers Trauerfeier dazu übergegangen, Debbies Besitz unter sich aufzuteilen. Meine Tochter Sandy erhob ein weiteres Mal Ansprüche auf Debbies Auto und mein Exmann forderte von mir, die Flugtickets für Sandy und ihren Mann Ron zurück nach Wyoming zu bezahlen. Auch die Begräbniskosten für Christopher wollte er mir in

Rechnung stellen. Debbie habe ja, so sein Argument, einiges gespart, das sie nun nicht mehr brauchen würde. Es gab in seinen Augen nicht den leisesten Zweifel an ihrer Schuld, und mir schien es, als wolle man den Besitz einer Verstorbenen unter sich aufteilen. Die Ereignisse liefen wie in einem schlechten Film an mir vorüber. Wenn ich heute darüber nachdenke, wie passiv ich während dieser schwierigen Zeit in vielen Situationen reagierte, mache ich mir immer noch schwere Vorwürfe und überlege hin und her – auch wenn das müßig ist –, wie ich es hätte besser machen können.

Maureen machte den Vorschlag, zu Debbies Wohnung zu fahren, um nachzusehen, was man für ihre eigene Tochter Karen gebrauchen könnte. Ich schauderte bei der Vorstellung, stimmte Maureens Anregung aber zu, weil ich zum einen das Haus der Sadeiks und den Kreis meiner Familie so schnell wie möglich wieder verlassen wollte, um dem allgemeinen Feilschen zu entfliehen. Zum anderen aber wollte ich Debbies persönliche Papiere an mich nehmen und sie so an einem sicheren Ort wissen.

Als wir in Debbies Wohnung ankamen, standen bereits Nachbarn an den Fenstern, die uns neugierig beobachteten. Unsere Familie war innerhalb weniger Tage zur Mediensensation geworden. Die Vermieterin schloss uns die Tür auf und erklärte mir, man werde Debbies Besitz in Kürze versteigern. Dies sei bei Verurteilten so üblich. Zornig wies ich sie zurecht, denn Debbie war weder verurteilt noch war ihre Mitschuld in irgendeiner Form bewiesen. Aber auf Grund der Berichterstattung in den Medien schien der Fall für die Öffentlichkeit geklärt.

Die Wohnung war ganz offensichtlich bereits durchsucht

worden –, zahlreiche persönliche Dinge fehlten. »Es war schon jemand vor Ihnen da«, erklärte mir die Vermieterin achselzuckend, ein junger Mann mit Schnauzbart, der sich als Debbies Ehemann ausgegeben habe. Einen Namen konnte sie mir allerdings nicht nennen. Ich suchte vergeblich nach Debbies Papieren – sie waren nicht mehr da. Nicht einmal ihre Geburtsurkunde war auffindbar. Das einzige persönliche Stück, das ich an mich nehmen konnte, war eine Halskette, die ich ihr vor wenigen Wochen geschenkt hatte. Es war ein Souvenir ihres Vaters. Er hatte mir von seinem Aufenthalt in Saudi-Arabien goldene Ohrringe mit einem Nofretete-Anhänger mitgebracht. Ich habe sie nie getragen, da die Ehe zu diesem Zeitpunkt bereits zerbrochen war. Die beiden Figuren allerdings ließ ich zu Kettenanhängern umarbeiten und schenkte sie meinen beiden Töchtern bei meinem letzten Besuch vor drei Monaten.

Da mir die Vermieterin nochmals bestätigte, dass alles an die Polizei zur Versteigerung gehen würde, packte ich auch das bisschen Geschirr, das noch verblieben war, für Sandy zusammen. Das Spielzeug, das ich wenige Wochen vorher für Christopher gekauft hatte, brachte ich den Enkelkindern der Sadeik-Familie mit. Dann gingen wir in Debbies Schlafzimmer. Maureen öffnete den Schrank und begann Debbies Kleider zu durchsuchen und Brauchbares für ihre Tochter Karen zusammenzupacken. Das war zu viel für mich. Ich brach weinend zusammen.

Mir blieben noch drei Tage in Arizona, bevor ich meinen Rückflug in die Schweiz antreten musste. Ich war allerdings nicht mehr in der Lage, in das Haus der Sadeiks zurückzukehren; ihr Verhalten widerte mich zu sehr an. Eine Freundin meiner Tochter Sandy bot mir an, bei ihr zu übernachten – eine Einladung, die ich dankbar annahm.

Die verbleibenden Tage wollte ich so intensiv wie möglich dazu nutzen, weitere Details über das Geschehene herauszufinden und Möglichkeiten aufzuspüren, wie wir Debbie helfen könnten. Irgendwie gelang es mir, den Namen ihres Pflichtverteidigers, Kenneth Ray, zu erfahren. Ich suchte ihn sofort in seiner Anwaltskanzlei auf, traf aber nur seine Sekretärin an. »Herr Ray ist gerade außer Haus«, teilte sie mir achselzuckend mit. Ich bat sie, mir einen Termin zu nennen, an dem ich Kenneth Ray antreffen könnte. »Sie müssen es einfach versuchen. Rufen Sie doch vorher an«, war ihre nichts sagende Antwort. In der Folgezeit rief ich mehrmals täglich in der Kanzlei des Pflichtverteidigers an und wurde doch immer wieder abgespeist. »Herr Ray ist im Moment sehr beschäftigt«, »Herr Ray hat gerade keine Zeit, bitte versuchen Sie es später noch einmal« und »Tut mir Leid, Herr Ray hat soeben das Haus verlassen«, waren die Ausflüchte, die ich zu hören bekam. Wütend beharrte ich bei meinem letzten Besuch darauf, im Vorzimmer sitzen zu bleiben, bis der Verteidiger zurückkomme. Daraufhin erklärte mir die Sekretärin, dass der Anwalt auf Geschäftsreise und erst in einigen Tagen wieder im Büro anzutreffen sei. Es ist kaum zu glauben, aber er war nie persönlich zu sprechen. Ich lief gegen Wände und verstand nicht, was für ein »Spiel« hier gespielt wurde.

Kurz vor meiner Abreise stattete ich auch dem Gefängnis einen weiteren Besuch ab, aber das Gespräch mit Debbie wurde mir wiederum verweigert. Bereits am 8. Dezember wurde die Grand Jury einberufen, um über den Fall Debbie Milke zu entscheiden. Detective Saldate war als einziger Zeuge geladen. Der Klage wurde stattgegeben und man beschloss, auf Grund des Polizeiberichts Anklage wegen Mordes gegen Debbie Milke zu erheben. Ein Verteidiger, der die

Rechte meiner Tochter hätte vertreten können, war nicht zugegen. Und auch niemand aus unserer Familie wusste zu diesem Zeitpunkt, dass die Grand Jury an jenem Dezembertag zusammentreffen sollte.

Mir blieben nur noch wenige Stunden bis zum Rückflug, in denen ich einen letzten Anlauf wagte und noch einmal meinen geschiedenen Mann und dessen Familie besuchte. Ich bat sie darum, sich mit Kenneth Ray in Verbindung zu setzen, und schrieb ihnen Telefonnummer sowie Adresse auf einen Zettel. Ich hoffte inständig, so auf dem Laufenden gehalten zu werden. Aber die bittere Wahrheit ist: Sam Sadeik steckte den Zettel wortlos in seine Hosentasche und hat kein einziges Mal versucht, Kenneth Ray zu erreichen. Offensichtlich existierte Debbie in seiner Welt tatsächlich nicht mehr. Auch Maureen bat ich nochmals, mich über alle Neuigkeiten zu informieren und mir alle Unterlagen zuzuschicken, die sie in die Hände bekam. Doch alles, was ich je von ihnen zugeschickt bekam, waren Zeitungsausschnitte mit grauenhaften Berichten über meine Tochter.

Die Erinnerung an die sieben Tage Aufenthalt in Arizona schmerzt mich immer noch sehr. Ich musste, da ich damals keine andere Möglichkeit sah, fast unverrichteter Dinge wieder abreisen.

Rückblickend auf die Ereignisse, die meine Familie im Dezember 1989 ereilt hatten, mache ich mir heute noch große Vorwürfe, dass ich nicht bereits zum damaligen Zeitpunkt mehr für Debbie getan habe und meine Nachforschungen noch konsequenter angegangen bin. Ich rief unzählige Male aus der Schweiz bei ihrem Pflichtverteidiger an und versuchte auch mehrfach, Debbie, die in Untersuchungshaft saß, zu sprechen. Ohne Erfolg. Eine tiefe Lethargie hatte sich meiner bemächtigt und zwang mich dazu, wie ein Schatten meiner selbst zwar meine Arbeit zu verrichten, aber weitgehend emotionslos zu existieren. Ich lebte in dieser Zeit wie hinter einem Schleier, meine Umwelt nahm ich nur durch einen Nebel wahr. Ohne meinen Mann Alex hätte ich diese Monate des Wartens sicherlich nicht überstanden. Wir diskutierten die Situation wieder und wieder. Wir dachten darüber nach, einen namhaften Anwalt zu engagieren, und zogen ebenso in Betracht, nochmals nach Phoenix zu fliegen und unsere Recherchen wieder aufzunehmen. Beides mussten wir zu guter Letzt verwerfen: Für einen renommierten Anwalt fehlten uns die finanziellen Mittel, für einen Besuch in Phoenix die Zeit, da wir beide beruflich sehr eingebunden waren. Am Ende kamen wir immer wieder zu dem Schluss, dass wir vollstes Vertrauen in das amerikanische Justizsystem haben mussten.

Heute muss ich zugeben, dass ich die Ereignisse, die meine Familie heimgesucht hatten, auch ein Stück weit zu verdrängen versuchte. Es war so viel passiert – ich hatte keine Kraft mehr zu kämpfen und kapitulierte vor den tatsächlichen Geschehnissen. Immer wieder beruhigte ich mich mit den Worten »Es wird sich schon alles aufklären« und »Abwarten, die Polizei wird schon Licht in die Sache bringen.« Das Ausmaß dieser Tragödie war uns damals nicht bewusst.

Während der Ermittlungsphase stand ich in ständigem Telefonkontakt mit meiner jüngeren Tochter Sandy. Ich hatte bei jedem Anruf die Hoffnung, positive Neuigkeiten zu erfahren und einen Lichtschimmer am Horizont erblicken zu können. Aber Sandy wich meinen Fragen nach Debbie grundsätzlich aus. Stattdessen bombardierte sie Alex und mich mit der Bitte um finanzielle Unterstützung

Debbie im Frühjahr 1986 mit dem sechs Monate alten Christopher

und Sprüchen wie »So, Mom, jetzt hast du nur noch mich. Und ich werde dich bestimmt nicht enttäuschen!«. Auch mein geschiedener Mann und seine Familie hüllten sich in Schweigen, wenn ich Fragen nach Debbies Schicksal stellte.

Bei einem unserer Telefonate erzählte Sandy mir, dass sie wieder schwanger sei. Diese Neuigkeit löste meinen Schockzustand langsam ein wenig auf. Ich begann alte Familienalben herauszusuchen und schwelgte oft stundenlang in Erinnerungen. Meine Gedanken waren bei meiner Tochter Debbie, es quälte mich zutiefst, dass ich noch nichts von ihr gehört hatte. Während ich in der einen Hand das Foto betrachtete, auf dem sie mit Christopher im Arm am Boden saß und ihn stolz anlächelte, hatte ich in der anderen einen Zeitungsbericht mit der Schlagzeile »Kaltblütige Kindsmörderin veranlasst Hinrichtung ihres vierjährigen Sohnes«. Ich konnte diese beiden Bilder gedanklich nicht zusammenbringen. Was für eine Diskrepanz! Meine Tochter – eine Mörderin? Ich hatte Debbie bei all meinen Besuchen als liebevolle und fürsorgliche Mutter erlebt, in deren Leben Christopher die zentrale Rolle spielte. War Debbie wirklich schuldig? Meine Gedanken und Gefühle drehten sich im Kreis.

Die Monate des Abwartens führten dazu, dass ich mein bisheriges Leben – vor allem meine erste Ehe und die Geburt und Kindheit meiner beiden Töchter Debbie und Sandy – Revue passieren ließ. Hinter allem stand für mich ein großes Fragezeichen: Wie hatte so etwas nur passieren können?

ERINNERUNGEN AN VERGANGENE ZEITEN

Ich lernte meinen ersten Mann, Sam Sadeik, am 3. Februar 1963 in Berlin auf der Geburtstagsparty meiner besten Freundin kennen. Er versuchte um jeden Preis meine Aufmerksamkeit zu erregen, und ich, gerade mal 20 Jahre jung, fühlte mich sehr geschmeichelt durch seine Avancen. Bereits am darauf folgenden Tag rief er mich zu Hause an – ich wohnte noch bei meinen Eltern – und bat um ein Treffen. Meine Eltern waren überhaupt nicht erfreut, als sie erfuhren, dass er amerikanischer Soldat war. Ich dagegen – naiv und unerfahren, wie ich war – lief völlig aufgedreht durch die Wohnung und fand es ziemlich aufregend. Da ich im Nachkriegs-Berlin geboren worden war und auch in dieser Stadt, in der es von Soldaten der Besatzungsmächte nur so wimmelte, aufgewachsen bin, faszinierte mich der Überfluss an Nahrungsmitteln, Alkohol, Zigaretten und abendlicher Unterhaltung, den der Kontakt zu den Soldaten bot. Ich genoss den Luxus, von dem viele Berliner zu dieser Zeit nur träumen konnten. In der darauf folgenden Zeit trafen wir uns häufiger. Allerdings war es ziemlich schwierig, meine Eltern dazu zu überreden, mich zu unseren Verabredungen gehen zu lassen, denn ich wurde zwar liebevoll, aber doch sehr streng und behütet erzogen. Mit Sam, wie er genannt werden wollte, machte ich auch meine ersten sexuellen Erfahrungen, und als ich kurze Zeit später feststellen musste, dass ich schwanger war, war dies eine echte Katastrophe für mich. Weder meine Eltern noch Sam waren begeistert von dieser Nachricht, und die Vorstellung, als allein erziehende Mutter ein Kind großzuziehen, entsprach nicht den moralischen Vorstellungen meiner Eltern. Ich war von einem Mann schwanger, den ich erst kurze Zeit kannte und von dem ich relativ wenig wusste.

Sam erzählte mir eines Abends, dass er mit seinem Vater in einer Art Hassliebe verbunden sei; seine Mutter hatte ihren Mann wegen seiner Brutalität und seiner Alkoholprobleme verlassen. Und obwohl Sam beinahe täglich eine Flasche Whiskey oder Cognac trank, war ich zum damaligen Zeitpunkt zu naiv, um die gleichen Eigenschaften auch bei ihm festzustellen. Die jungen Männer und Soldaten tranken zu dieser Zeit schließlich beinahe alle. Als mir allerdings während meiner Schwangerschaft ein Freund von ihm erzählte, dass Sam bereits verheiratet gewesen sei und einen Sohn aus erster Ehe habe, brach für mich eine kleine Welt zusammen. Ich war hin- und hergerissen, fühlte mich zwischen allen Stühlen und wusste nicht, was ich tun sollte. Da waren auf der einen Seite meine Gefühle für Sam und meine inzwischen bereits fortgeschrittene Schwangerschaft, auf der anderen Seite meine Eltern, für die ein uneheliches Kind ein echtes Desaster gewesen wäre. Irgendwann musste eine Entscheidung gefällt werden, und es waren schließlich meine Eltern, die auf eine Hochzeit hinwirkten. Wir wurden am 27. Dezember 1963 von einem Kaplan der amerikanischen Kaserne getraut. Da diese Eheschließung in Deutschland nicht offiziell anerkannt war, bestand mein Vater auf einer standesamtlichen Trauung, die am 2. Januar 1964 vollzogen wurde.

Meine erste unangenehme Erfahrung zu Beginn unserer Ehe war das Problem, eine Wohnung für uns beide zu finden. Auf Grund des niederen militärischen Ranges meines Mannes war es uns nicht erlaubt, eine Wohnung in der Kaserne zu beziehen, wodurch wir gezwungen waren, uns nach einer privaten Unterkunft umzusehen. Da aber keiner von uns beiden genügend Geld hatte, war es sehr schwer, eine möblierte Wohnung zu finden und über die Runden zu kommen. Ich begann zu arbeiten, und wir hielten jeden Pfennig zusammen, um die täglichen Ausgaben bestreiten zu können. Umso schockierter war ich, als Sam eines Tages mit einer überdimensionalen Stereoanlage nach Hause kam. Es entsprach überhaupt nicht meiner Erziehung, für derartige Dinge Geld auszugeben, solange es an Töpfen und Tellern im Haushalt mangelte und man jeden Pfennig zweimal umdrehen musste. Wir hatten wegen dieser Anschaffung unseren ersten großen Streit, bei dem auch Sams Neigung zur Gewalttätigkeit offensichtlich wurde. Obwohl mein Englisch recht gut war, vermochte ich es nicht, es mit seinem Sarkasmus und Zynismus aufzunehmen – auch nicht in den folgenden Jahren.

Am 10. März 1964 wurde unsere erste Tochter Debra Jean im Militärkrankenhaus der US Force in Berlin-Lichterfelde geboren. Sie hatte zwar eine deutsche Geburtsurkunde, war aber nach der damaligen Gesetzeslage Amerikanerin. Hätte sie heute die deutsche Staatsbürgerschaft, hätten wir weitaus mehr Chancen, eine Revision ihres Falles zu erwirken, doch leider existierte die Möglichkeit der doppelten Staatsbürgerschaft damals noch nicht.

Debbie wurde unser Sonnenschein, und auch meine Eltern liebten ihr erstes Enkelkind und verwöhnten es, wo sie nur konnten. Sogar Sams Mutter kam nach Deutschland, um uns und unser erstes Kind zu besuchen, und ich verstand mich auf Anhieb sehr gut mit ihr.

Ein Jahr nach der Geburt unserer ersten Tochter zogen wir nach Montana in die USA, weil mein damaliger Mann versetzt wurde. Ich sah diesem Umzug in die Staaten mit Spannung und freudiger Erwartung entgegen, da ich hoffte, dass sich unsere Lebensumstände dort zum Besseren wenden würden. Aber auch hier gestaltete sich die Wohnungssuche äußerst schwierig. Debbie und ich mussten die ersten Wochen bei Sams Familie und einem entfernten Cousin von mir verbringen, bis uns Sam zu sich nach Montana holen konnte. Wir wohnten dort in einem kleinen Wohnwagen abseits jeder Zivilisation – für mich, die ich in einer Großstadt und in bürgerlichen Verhältnissen aufgewachsen war, eine völlig neue Erfahrung. Die nächste Stadt war 50 Meilen entfernt. Das bedeutete für uns gezielte Planung und Vorratshaltung, da wir uns auf lange Wintermonate einrichten mussten. Zum Glück war Debbie ein sehr gesundes und unproblematisches Kind, wodurch wir nur selten den langen Weg auf uns nehmen brauchten, um einen Arzt aufzusuchen. Trotz der widrigen Umstände war ich glücklich und wünschte mir ein zweites Baby, damit Debbie nicht als Einzelkind aufwuchs. Allerdings mussten wir meine zweite Schwangerschaft regelrecht planen, da eine Geburt während der Wintermonate eine ärztliche Versorgung unmöglich gemacht hätte. Am 9. August des darauf folgenden Jahres wurde dann unsere zweite Tochter Sandy geboren. Meine Mutter und meine Schwiegermutter kamen zu Besuch, um Sandys Geburt mit uns zu feiern, und ich war überglücklich, weil ich meine Familie lange nicht gesehen oder gesprochen hatte – ausführlichere Telefongespräche konnten wir uns damals nur selten leisten.

In den folgenden Jahren wechselten wir immer wieder den Wohnort innerhalb der Vereinigten Staaten, weil Sam versetzt wurde. Ich war mit unseren beiden Töchtern häufig alleine und zumeist auch an unser jeweiliges Zuhause gebunden, da Sam unser einziges Auto brauchte, um zur Arbeit zu fahren. Die beiden Mädchen waren, das zeigte sich bereits in den ersten Jahren ihrer Kindheit, von ihrem Charakter und ihren Anlagen her sehr verschieden. Sandy war sehr temperamentvoll, kränkelte allerdings häufig. Debbie dagegen war ein sehr ruhiges, introvertiertes, ja beinahe scheues Kind; sie hatte nie größere Gefühlsausbrüche, und auch wenn ich sie hin und wieder zurechtweisen musste, reichten meist wenige Sätze und sie gehorchte. Die Kindererziehung lag fast ausschließlich in meinen Händen, da Sam oft beruflich unterwegs war. Im Allgemeinen schienen wir uns auch über die Prinzipien einig zu sein, doch bisweilen kam es doch zu heftigen Auseinandersetzungen. Eine dieser Auseinandersetzungen ist mir noch sehr gut im Gedächtnis, da es für mich ein großer Schock war, als ich entdeckte, dass Sam Debbie und Sandy mit dem Gürtel schlug. Immer wieder stellte ich mich schützend vor meine kleinen Töchter und beschwor ihn, endlich wieder zur Vernunft zu kommen. Aber es half nichts. Ab diesem Zeitpunkt war in mir etwas zerbrochen, und ich begann über eine Trennung nachzudenken.

Ein anderer, weniger schwerwiegender Aspekt, über den wir wiederholt Streitgespräche führten, war, unsere Töchter zweisprachig aufwachsen zu lassen. Während ich dies als große Chance für die Kinder betrachtete, war Richard absolut dagegen. Er vertrat beharrlich die Meinung, es verwirre Kinder nur, zwei Sprachen gleichzeitig zu lernen, und verbot mir den Gebrauch meiner Muttersprache in Gegenwart unserer Töchter. Ich war so eingeschüchtert, dass ich es tatsächlich nur wagte, deutsch zu sprechen, wenn ich mit meinen Eltern oder meiner Schwester in Berlin telefonierte oder eine andere deutsche Frau in unserer Air Force Base traf.

Auf der anderen Seite übertrieb Sam es bisweilen mit seiner Fürsorge, wenn er unsere Töchter zum Beispiel an Geburtstagen mit Geschenken regelrecht überhäufte; leider konnte aber diese gelegentliche materielle Fürsorge, durch die er versuchte, als Familienoberhaupt anerkannt zu werden, seinen Mangel an emotionaler Zuwendung seinen Töchtern gegenüber nicht ausgleichen.

Als Sam 1970 während des Vietnamkriegs nach Okinawa berufen wurde, zog ich mit den beiden Mädchen für ein Jahr zu meinen Eltern nach Berlin. Obwohl meine Eltern nur in einem Zweieinhalb-Zimmer-Appartement lebten, freuten sie sich riesig, ihre Enkelkinder um sich zu haben. Es gelang mir, Debbie und Sandy im amerikanischen Militärkindergarten unterzubringen und einen Job zu finden. Meine Selbstachtung stieg dadurch wieder etwas, und ich legte jeden Pfennig zur Seite, um uns später ein etwas besseres Leben zu ermöglichen.

Erst als Debbie eingeschult wurde, kehrten wir in die Staaten zurück. Nach einem kurzen Aufenthalt in New Jersey wechselten wir nach Phoenix, Arizona, und mieteten dort ein kleines Häuschen. Das erste Mal seit unserer Heirat hatte ich das Gefühl, ein richtiges Zuhause und eine Heimat gefunden zu haben.

Trotzdem gab es immer wieder Anlass zu Auseinandersetzungen zwischen Sam und mir. Wir versuchten, unsere

Meinungsverschiedenheiten nicht vor den Mädchen auszutragen, aber es ließ sich nicht immer ganz vermeiden, dass sie unsere Unstimmigkeiten mitbekamen. Unser Streit entzündete sich meist an Sams Alkoholproblemen; hatte ich diese in den ersten Jahren unserer Ehe noch weitgehend ignoriert oder vor mir selbst heruntergespielt, musste ich mir im Laufe der Zeit eingestehen, dass Sam in den Teufelskreis der Abhängigkeit geraten war. Im betrunkenen Zustand konnte er sehr aggressiv werden; diese Momente waren es, die ich fürchtete und in denen ich versuchte, ihm möglichst aus dem Weg zu gehen.

Sam konnte durchaus sehr charmant und einnehmend sein, wenn er glücklich und stolz vor Freunden sagte, wie froh er sei, »dieses gut erzogene und hübsche europäische Mädchen« gefunden zu haben. Aber je nach Laune oder Alkoholpegel verstand er es auch, mich vor seinen Freunden zu verletzen und zu beschämen, indem er mich »Krautfresser« oder »Snob« nannte. Da ich zum einen streng erzogen worden war und gelernt hatte zu gehorchen, zum anderen ein sehr harmoniebedürftiger Mensch war und bin, fügte ich mich oftmals unter Sams Regiment, um nicht immer wieder neue Auseinandersetzungen zu provozieren.

Ein weiterer Punkt, der immer wieder Anstoß zu Streitigkeiten gab, war der permanente und nie enden wollende Mangel an Geld, mit dem wir leben mussten. Sam war äußerst großzügig, wenn es darum ging, Genussmittel zu kaufen, vor allem Alkohol stand auf seiner Einkaufsliste ganz oben. Und nicht selten kam er spät nachts mit irgendwelchen Freunden nach Hause, die er zum Pokerspiel einlud; er weckte mich dann, damit ich für alle kochen sollte – der Whiskey floss an solchen Abenden in Strömen. Ich schluckte diese Demütigungen wortlos hinunter und lebte von der Hoffnung, dass sich die Dinge irgendwann ändern würden.

Ich dachte natürlich auch damals öfter darüber nach, ihn zu verlassen. Aber ich war Ausländerin in diesem Land, und ich sprach nach wie vor mit Akzent, sodass es nicht leicht sein würde, eine passende Stelle zu finden. Darüber hinaus hatte ich zwei Kinder, und ich wusste, dass ich es kaum schaffen würde, uns als allein erziehende Mutter in einem fremden Land ein annehmbares Leben zu ermöglichen. Also ertrug ich meinen Mann und seine Launen und Ausbrüche lange Jahre.

Als unsere Geldnöte immer dringlicher wurden, nahm ich schließlich gegen Sams Willen, der sich gerne im Licht des Ernährers sah, eine Stelle als Sekretärin im deutschen Ausbildungszentrum der Air Force an. Außerdem hatte ich nun, als Sekretärin der deutschen Luftwaffe, endlich die Möglichkeit, in den USA zweisprachig zu arbeiten. Die beiden Mädchen besuchten eine Ganztagesschule, und meine Eltern unterstützten uns hin und wieder finanziell, sodass wir einigermaßen über die Runden kamen.

Debbie war eine sehr gute Schülerin, auf deren Leistungen und Erfolge wir sehr stolz waren. Mit den Jahren entwickelte sie sich zu einer hübschen kleinen Persönlichkeit, die nicht nur Verantwortung im Haus übernahm, sondern auch in der Schule und ihrem Sportverein. Allerdings war sie sehr naiv und wurde deshalb oft von ihren Mitschülern gehänselt. Sie war nach wie vor eher schüchtern und hätte sich nie vorstellen können, dass es Menschen gibt, die ihr etwas Schlechtes antun wollen.

Sandy war in vielem das genaue Gegenteil ihrer Schwester. Sie hatte von Geburt an gesundheitliche Probleme,

Die Schwestern Debbie (links) und Sandy (1976)

schnappte – so schien es – jeden Virus auf, der gerade kursierte, und brauchte sehr viel Liebe und Fürsorge. Sie war ein Kind, das sein Temperament ungezügelt auslebte und unsere Nerven oft bis zum Äußersten reizte. Im nächsten Moment aber konnte sie wieder das liebste Kind der Welt sein. Jede noch so kleine Kritik, die wir an ihr übten, gestaltete sich so zu einer großen Herausforderung für uns. Der Versuch, ihr irgendwelche Verhaltensregeln aufzuerlegen, glich dem Bemühen, ein wildes Tier zähmen zu wollen.

Ähnlich ambivalent war das Verhältnis zu ihrer Schwester: Sie bewunderte sie in der einen Minute, zettelte dann wenig später den größten Streit an und wollte nichts mehr mit ihr zu tun haben. Obwohl wir beide Kinder immer gleich behandelten und versuchten, ihnen im gleichen Maße Aufmerksamkeit und Liebe zuteil werden zu lassen, war Sandy von Anfang an eifersüchtig auf ihre große Schwester. Ich wurde mehrmals von ihren Lehrern zu Gesprächen gebeten, weil sie auch in der Schule Probleme machte. Nie ging es dabei um ihre Noten, denn Sandy war ähnlich erfolgreich wie Debbie; es war immer ihr Verhalten, das Anlass zu Beschwerden gab. Irgendwie ließ mich das Gefühl nicht los, dass Sandy an einem Minderwertigkeitskomplex litt; ich konnte mir nur nicht erklären, warum dies so war. Eine der unangenehmsten Erfahrungen mit Sandy war jedoch der Moment, als ich entdeckte, dass sie Geld aus meiner Handtasche nahm. Anfangs schob ich es auf ihr Alter, hoffte, dass sich diese Angewohnheit schnell legen würde, aber als die Summen, die sie entwendete, immer größer wurden, stellte ich sie zur Rede. Sandy reagierte gewohnt trotzig. Ich redete auf sie ein, brachte logische Argumente, bettelte um Verständnis, drohte Strafen an und vieles mehr – schließlich versprach sie mir, es nie wieder zu tun. Doch es war wie eine Sucht, und ich realisierte damals nicht, dass Sandy ein gravierendes psychisches Problem hatte und dringend professionelle Hilfe benötigt hätte.

Sam stand unterdessen als Berufssoldat vor der Wahl, eine Fortbildung zu besuchen und zum Stabsoffizier befördert zu werden oder den Militärdienst zu quittieren und vorzeitig in Rente zu gehen. Er entschied sich gegen die Weiterbildung. Obwohl ich mitarbeitete, hatten wir in der darauf folgenden Zeit Probleme, das Haus weiter zu finanzieren, da seine Rente nur 450 Dollar im Monat betrug. Mit Hilfe einiger Freunde versuchte ich sogar, einen neuen Job für ihn zu finden, aber er weigerte sich, diesen anzutreten.

Schließlich unterzeichnete er einen neuen Arbeitsvertrag bei der Lockheed Company in Saudi Arabien.

Kurz bevor er uns verließ, kam sein Sohn David aus erster Ehe in unser Leben. Er hatte Schwierigkeiten mit seiner Mutter und Sam lud ihn ein, obwohl er sich bisher überhaupt nicht um ihn gekümmert hatte und ich nichts über dieses Kind wusste, zu uns nach Arizona zu kommen. Da ich Sam unterstützen wollte und Mitleid mit David hatte, willigte ich ein. Sam verließ uns im Januar 1977, und ich blieb mit den drei Kindern in Arizona zurück.

David war zu diesem Zeitpunkt 16 Jahre alt. Anfangs schien es so, als würde er sich gut bei uns einleben und wir prima miteinander klarkommen. Ich schlug ihm vor, die Berufsschule in Phoenix zu besuchen, und lieh ihm auch meinen Wagen, um dorthin zu fahren. Einige Wochen später erzählten mir meine Töchter, dass ihnen Freunde berichtet hätten, David konsumiere Drogen. Nachdem ich ihn zur Rechenschaft gezogen hatte und ihm klarmachte, dass ich dies nicht dulden würde, änderte sich sein Verhalten drastisch. Er schwänzte die Schule, war fast den ganzen Tag mit meinem Auto unterwegs, wütete in seinem Zimmer und schlug die Möbel kaputt. Eines Nachts drohte er mir mit einem Baseballschläger, flüchtete anschließend mit meinem Auto und verursachte einen Unfall, bei dem er einen Fußgänger verletzte. Schließlich landete er in Durango im Gefängnis. Als ich die Nachricht von seiner Festnahme erhielt, fuhr ich sofort hin, um mit den Polizisten zu reden und ihnen die Situation zu erklären. Sie zeigten großes Verständnis und versprachen, den Fall auf sich beruhen zu lassen, wenn David Arizona verlassen und zu seiner Mutter nach Ohio zurückkehren würde. Obwohl uns allen ein Stein vom Herzen fiel, war es ein trauriger Abschied, weil wir David, trotz seiner Probleme, ins Herz geschlossen hatten.

Ich habe Sam sofort von diesem Zwischenfall in Kenntnis gesetzt, beruhigte ihn aber auch, dass alles geklärt sei und er nicht nach Phoenix kommen müsse. Er kam trotzdem und verletzte damit seinen Arbeitsvertrag, der ihm nicht zugestand, das Land zu verlassen.

In den folgenden Monaten verstieß Sam gegen weitere Vereinbarungen seines Vertrages und verlor die Stelle. Als Alternative bot er uns an, mit ihm nach Griechenland zu gehen. Zum ersten Mal in meinem Leben widersetzte ich mich meinem Mann mit aller Entschiedenheit. Die Mädchen besuchten mittlerweile die Highschool, waren in verschiedenen Sport- und Schwimmvereinen aktiv und hatten gute Freunde gefunden. Wir fühlten uns in Phoenix sehr wohl, hier war unser Zuhause und keine von uns verspürte den Wunsch, noch einmal den Wohnort zu wechseln und neu anzufangen.

Sam blieb dann bei uns in den Staaten, machte aber, wie zu erwarten war, überhaupt keine Anstalten, sich einen neuen Job zu suchen. Er lag die meiste Zeit mit einem Sixpack Bier auf der Couch und sah sich Fußballspiele an, bevor er zu den härteren Getränken überging. Unsere Ehe war zu diesem Zeitpunkt schon zerrüttet, und ich hatte weder Hoffnung, dass Sam sich noch ändern würde, noch hatte ich die Kraft, so weiterzuleben wie bisher. Also zog ich die Konsequenzen. Ich erinnere mich noch sehr gut daran, wie wir beide in unserer Küche saßen und ich ihm mitteilte, dass ich ihn verlassen würde. Sein Gesicht wechselte die Farbe. Ich war auf einen seiner gewaltsamen Gefühlsausbrüche vorbereitet, aber er beherrschte sich und meinte nur: »Ich kann dich nicht dazu zwingen, bei mir zu bleiben. Aber ich werde nie vergessen, was du mir angetan hast. Niemand verlässt Sam Sadeik. Eines Tages wirst du den Preis dafür bezahlen müssen!«

Damals war ich lediglich überrascht und froh, dass nicht mehr Widerstand von ihm kam, seinen drohenden Worten hatte ich keine große Bedeutung zugemessen. Alles, was ich wollte, war ein Leben in Frieden, um meinen Stolz und meine Selbstachtung wieder zu finden. Richard willigte in die Trennung ein, bestand aber darauf, dass er unsere Töchter davon unterrichtete. Ich weiß bis heute nicht genau, wie er es ihnen erklärt hat, aber er hat wohl ausschließlich mir die Schuld in die Schuhe geschoben.

Ich zog mit unseren Töchtern in ein kleines Appartement, und Sam ging nach Florence, wo wir ein Stück Land besaßen, das wir von unseren mageren Ersparnissen in den ersten Jahren unserer Ehe günstig erstanden hatten und als Wertanlage und »eiserne Reserve« betrachteten. Da wir uns gütlich trennten und weder bei ihm noch bei mir ein anderer Partner im Spiel war, sprachen wir zu diesem Zeitpunkt noch nicht über Scheidung. Unser Hab und Gut teilten wir untereinander auf. Als Sam eine neue Stelle als Gefängniswärter in Florence fand, zahlte er seine Rente als Unterhalt für die Kinder an mich. Wir vereinbarten, den Kontakt aufrechtzuerhalten. Es war mir wichtig, dass er die Mädchen besuchen kam und auch Debbie und Sandy das Gefühl hatten, dass sie, wann immer sie wollten, ihren Vater sehen konnten. Zunächst schien sich alles gut zu fügen, was ich kaum glauben konnte.

Für Debbie und Sandy war unsere Trennung bitter, und es sollte lange Zeit dauern, bis sie es akzeptieren und verstehen konnten. Trotzdem war unser Verhältnis untereinander immer herzlich. Ich wusste noch immer nicht, wie

Debbie und Sandy zu Besuch bei den Großeltern in Berlin (1977)

Sam den Mädchen unsere Trennung begründet hatte, und ich wagte auch nicht, sie danach zu fragen. Ich hoffte einfach, sie würden es mir eines Tages erzählen. Trotzdem ließ mich das ungute Gefühl nicht los, dass sie mich dafür verantwortlich machten.

In den Sommermonaten lud meine Schwester unsere beiden Mädchen nach Berlin ein, die Ferien bei ihr zu verbringen und ihre Großeltern zu besuchen. Sie bezahlte sogar die Flugtickets und begründete es damit, dass es unseren Töchtern sicherlich gut tun werde, zwischendurch einmal etwas anderes zu hören und zu sehen. Debbie und

Sandy genossen die Zeit in Deutschland sehr und wurden von meiner Familie rundum verwöhnt. Nach ihrer Rückkehr telefonierte ich mit meiner Schwester, um mich zu bedanken. Im Laufe unseres Gespräches äußerte sie ihre Besorgnis über die ständigen Sticheleien und Zwistigkeiten zwischen Debbie und Sandy. Sie nannte Sandy ein »Sorgenkind«, und obwohl es ihr widerstrebte, es mir zu erzählen, meinte sie, dass ich wissen sollte, dass Sandy mehrmals Geld aus ihrer Tasche gestohlen hatte. Ich wusste, dass meine Eltern und meine Schwester den beiden Mädchen sicherlich so ziemlich alles, was sie sich wünschten, hatten zukommen lassen. Genau deshalb bereitete mir Sandys Angewohnheit zu stehlen umso mehr Kopfzerbrechen. Ich suchte ein weiteres Mal das Gespräch mit ihr, und sie beteuerte unter Tränen, dass es ihr Leid tue und nie wieder vorkommen werde.

Da meine beiden Töchter mittlerweile zu Teenagern herangewachsen waren, hatten sie natürlich ihre Ansprüche. Auf Grund meines niedrigen Einkommens konnte ich ihnen nur ein kleines Taschengeld geben. Den Rest verdienten sie sich als Babysitter hinzu. Es war keine leichte Zeit für uns, und ich lebte in permanenter Sorge, dass unser Auto kaputt gehen oder größere Reparaturen in der Wohnung auf uns zukommen könnten. Hinzu kam, dass mein Arbeitsvertrag nicht die in den USA üblichen Sozialleistungen und Versicherungen beinhaltete. Da ich bei der deutschen Luftwaffe angestellt, auf der anderen Seite aber in den USA wohnhaft war, hatte ich keinen Anspruch auf soziale Absicherung durch meinen Arbeitgeber. Bislang hatte mich diese Tatsache nicht besonders gestört, weil wir durch Sam abgesichert waren und ich nur etwas Geld hinzuverdienen wollte. Da ich aber nun auf eigenen Füßen stand, musste ich für dieses Problem dringend eine Lösung finden.

Mein damaliger Chef und späterer Ehemann, Alexander Janka, mit dem ich schon damals sehr gut befreundet war, versuchte mir zu helfen und auf eine Vertragsänderung hinzuwirken. Ohne Erfolg. Daneben hatten sich mittlerweile unbezahlte Rechnungen angesammelt, und ich wusste nicht, wie ich das Geld aufbringen sollte. Ich wollte meinen Töchtern ein möglichst sorgenfreies Leben und vor allem eine gute Ausbildung bieten und lebte mit Schuldgefühlen, wenn ich dem nicht gerecht werden konnte.

Sam besuchte uns gelegentlich, aber er war nicht bereit, den Kindern hin und wieder etwas Taschengeld zu geben. Er nannte sie lediglich »verwöhnte Gören« oder Ähnliches, und damit war für ihn die Sache erledigt. Während einer seiner Besuche erzählte ich ihm, dass ich in finanzieller Not sei, und bat ihn darum, meine Hälfte unseres Stück Landes in Florence zu verkaufen. Mittlerweile war das Grundstück in seinem Wert gestiegen, und ich hätte meinen Anteil in meiner Notlage gut brauchen können. Er versprach mir, mich auszubezahlen. Es gingen Monate ins Land, ohne dass etwas geschah. Er argumentierte zunächst, er könne keinen Käufer finden, dann kam er mit der Ausrede, zehn Morgen Land könnten nicht geteilt werden. Ich begann zu ahnen, dass Sam nicht wirklich versuchte, einen Teil des Grundstücks zu verkaufen, und dass er auch nicht bereit war, mir meinen Anteil auszubezahlen. Da ich in großen Schwierigkeiten war – was Sam sehr wohl wusste –, flehte ich ihn nochmals an, mir zu helfen. Schließlich fragte er mich, wie hoch die ausstehenden Rechnungen seien, und versprach mir, die Summe von 2.000 Dollar bis nächste Woche beglichen zu haben. Dann könnten wir uns im Zuge dessen auch über unser Grundstück unterhalten.

Eine Woche später stand er mit einigen Papieren in der Hand in der Tür. Es war ein Verzichtsanspruch auf das Grundstück meinerseits, den ich unterzeichnen sollte. Mit meiner Unterschrift machte ich die zehn Morgen Land zu seinem alleinigen Eigentum. Ich war fassungslos über diesen Schachzug und weigerte mich, meine Unterschrift dafür herzugeben. Zudem legte ich ihm dar, dass unser Grund mindestens 20.000 Dollar wert war. Er grinste mich nur an und riet mir, sein Angebot anzunehmen, da ich mich ansonsten ganz schnell dort wieder finden würde, wo ich letzte Woche war. Ich willigte schließlich unter der Bedingung ein, dass er dieses Stück Land später einmal unseren Kindern überschreiben würde. »Ja natürlich – wem denn sonst?«, war seine Antwort. Ich glaubte ihm, ohne auch nur im Entferntesten zu ahnen, dass diese hinterhältige Aktion nur der erste Schritt seines Rachefeldzuges gegen mich sein sollte.

Im Frühjahr 1980 besuchte Sam seine Mutter in New Jersey und traf dort eine frühere Schulfreundin, Maureen, die seit kurzem verwitwet war. Sie hatte drei Kinder und war finanziell gut versorgt. Unmittelbar nach seiner Rückkehr aus New Jersey bat er mich um die Scheidung. Ich war etwas überrascht und stellte ihm einige Fragen, doch er erklärte mir nur, dass es jetzt Maureen in seinem Leben gebe und er dumm wäre, wenn er sie mit all dem Geld, das sie in die Ehe mitbrächte, nicht heiraten würde. Ich fand diese Einstellung mehr als beschämend, aber da ich selbst keinerlei Ambitionen hatte, zu ihm zurückzukehren, willigte ich in die Scheidung ein.

Ich erinnere mich noch, dass er darauf drängte, die

Scheidung möglichst schnell zu vollziehen. Maureen, so seine Aussage, sei eine gläubige Katholikin und wolle nicht unverheiratet und in Sünde mit ihm zusammenleben. Ich konnte über diese Begründung eigentlich nur lachen, denn Sam hatte bislang überhaupt kein Interesse an religiösen Einstellungen gezeigt. Er legte mir einige »Do it yourself«-Scheidungsdokumente auf den Tisch mit der Bitte, den Antrag auszufüllen. Ich hatte bislang noch nie etwas von derartigen Papieren gehört und fragte, ob es überhaupt legal sei. Außerdem beharrte ich darauf, einige Passus einzufügen, die zum Beispiel die Verantwortung für unsere Kinder einschlossen und ihr Recht auf finanzielle Unterstützung bis zum Abschluss ihrer Ausbildung sicherten. Er erklärte mir, dass für solche Bedingungen kein Platz auf den Formularen sei und er mir sein Wort gebe, dass er sich immer um unsere Kinder kümmern und für sie sorgen werde. Ich kann es heute zwar selbst nicht mehr begreifen, aber ich war noch immer zu gutgläubig, um an seinen Worten zu zweifeln, und unterschrieb. Oft zermartere ich mir den Kopf über meine damalige Handlungsweise – und drehe mich doch im Kreis. War ich wirklich so naiv? Oder wollte ich dieses Kapitel meines Lebens einfach schnell abschließen, ohne groß über mögliche Konsequenzen nachzudenken? Ich weiß es nicht.

Sam heiratete Maureen acht Tage später. Sie zog mit ihren drei Kindern Philipp, Peter und Karen nach Cactus Forest auf das Grundstück, das mittlerweile nur noch Sam gehörte. Mit dem Geld, das Maureen in die Ehe mitbrachte, bauten sie sich ein nettes Häuschen, sie fuhren alle ein eigenes Auto und behielten auch den Wohnwagen, in dem Sam bislang gewohnt hatte. Für Sam schien es tatsächlich steil bergauf zu gehen, aber Maureen sah sich nach kurzer

Zeit den gleichen Problemen gegenüber, die ich vor ihr zu bewältigen hatte. Ihr ältester Sohn Philipp packte als Erster seine Koffer, weil er mit Sam überhaupt nicht zurechtkam. Auch Karen hätte am liebsten das Haus verlassen, aber ihre Mutter drängte sie zu bleiben. Und Peter war einfach noch zu jung, um auf eigenen Beinen zu stehen.

Debbie und Sandy schienen schnell abgeschrieben zu sein. Es hat die beiden, glaube ich, sehr geschmerzt, dass ihr Vater den Kontakt so plötzlich abbrach. Auch für mich war Sams Verhaltensweise seinen Töchtern gegenüber schwer nachzuvollziehen. Deshalb hielt ich eine lockere Beziehung zu Sams neuer Familie aufrecht. Ich wollte den Mädchen zumindest das Gefühl geben, dass sie noch einen Vater hatten. Und Maureen, so hatte ich den Eindruck, empfand keinerlei Hass gegen unsere Töchter und nahm sie immer freundlich auf.

Im gleichen Jahr wurde Debbie 16 Jahre alt, sie machte den Führerschein, und ich gab ihr mein Auto, unter anderem, damit sie ihren Vater besuchen konnte. Sam weigerte sich mittlerweile, zu uns nach Phoenix zu kommen, also mussten die Mädchen fahren. Obwohl es mich ärgerte, dass er nicht einmal ein paar Dollar zum Benzin beisteuerte, und auch sonst einfach keine Unterstützung von ihm zu erwarten war, gab ich Debbie – später auch Sandy – immer wieder mein Auto.

Debbie war weiterhin die reizende, sehr ruhige und in sich gekehrte Person, mit der ich als Mutter keinerlei Probleme hatte. Sie lernte fleißig für die Schule, arbeitete als Babysitter und hatte den einen oder anderen kleinen Ferienjob. Die folgenden Jahre verliefen ruhig und friedlich, ich fand eine bessere Arbeitsstelle, und wir zogen in eine neue Wohnung. Mit meinem ehemaligen Chef, Alexander

Janka, der mittlerweile in Deutschland lebte, stand ich noch immer in Briefkontakt. In einem seiner Briefe berichtete er, dass er sich von seiner Frau getrennt hatte. Einige Monate später kehrte er dann nach Phoenix zurück, um sich eine neue Existenz aufzubauen. Aus unserer anfänglichen Freundschaft wurde eine tiefere Beziehung.

Im März 1982 wurde Debbie 18 Jahre alt – Sam zahlte ab diesem Zeitpunkt nur noch die Hälfte an Unterhalt. Debbie war noch in der Highschool und machte im Mai des gleichen Jahres ihren Abschluss. Sam interessierten seine Töchter nicht weiter, was mich sehr aufregte. Deshalb bat ich Sam, seine Töchter weiterhin zu unterstützen, bis sie ihre Ausbildung abgeschlossen hätten. Aber ich redete gegen eine Wand. Debbie schaffte es, mich zu beruhigen. Sie war eine der Besten ihres Jahrgangs und erhielt auf Grund ihrer guten Noten ein Stipendium am *Glendale Community College*.

Im Mai und Juni des gleichen Jahres bat mich mein Chef, ihn bei einer Geschäftsreise nach Deutschland zu begleiten. Es war eine große Ehre für mich, und ich nahm das Angebot an, weil es für mich einen weiteren Karriereschritt bedeutete. Ich telefonierte täglich mit meinen Töchtern und Alex, der vorübergehend bei uns wohnte, um nach dem Rechten zu sehen. Als ich hörte, dass Sandy meine Abwesenheit nutzte, um nachts lange auszugehen oder gar nicht nach Hause zu kommen, machte ich mir große Sorgen. Alex versuchte, so gut es ihm möglich war, sich um Debbie und Sandy zu kümmern, aber meine jüngere Tochter respektierte ihn nicht.

Als ich nach sechs Wochen von meiner Geschäftsreise zurückkam, versammelte ich die ganze Familie um den Tisch und versuchte, ein ernstes Wort zu reden. Es war – trotz der Probleme, die zur Sprache kamen – ein harmonisches Gespräch, und ich hatte das Gefühl, dass auch Sandy verstand, dass ihr Verhalten während meiner Abwesenheit nicht richtig war. Wenige Tage später musste ich allerdings feststellen, dass sie von dem Sparkonto, das ich für die Mädchen eingerichtet hatte und auf das ich jeden Monat einen festen Betrag für ihre Ausbildung überwies, eine größere Summe abgehoben hatte. So konnte es nicht weitergehen. Ihre guten Absichten in Ehren – Sandy hatte, so ihre Erklärung, 800 Dollar für eine junge Frau gebraucht, bei der sie als Babysitter arbeitete, um dieser Nahrungsmittel zu kaufen –, aber Unterschriftenfälschung ging einfach zu weit. Sandy zeigte jedoch keine Reue, reagierte trotzig und wütend, was mich zur Verzweiflung trieb. Da ich mir schließlich nicht mehr zu helfen wusste und alle guten Worte keine Wirkung zeigten, rief ich Sam an, um mit ihm über diesen Vorfall zu reden. Sam war wider Erwarten sehr kooperativ und wir entschieden, dass es das Beste für Sandy wäre, wenn sie eine Weile bei ihrem Vater leben würde. Er holte Sandy ab und schickte mir einige Wochen später ein Formular, mit dem ich ihm das alleinige Sorgerecht für Sandy überschreiben sollte. Das war nie meine Absicht gewesen! Aufgelöst rief ich sofort bei Sam an und stellte ihn zur Rede. »Sandy fühlt sich wohl bei uns, sie braucht eine starke Hand!«, war seine Antwort. »Und wenn sie bei mir lebt, will ich auch das Sorgerecht!« Er duldete keinen Widerspruch, drohte mir, einen Anwalt einzuschalten – vermutlich wäre das sogar das Beste gewesen, was mir hätte passieren können – und mir das Leben zur Hölle zu machen. Ich weiß, mein Verhalten lässt sich nicht entschuldigen, aber ich war damals zu schwach und sah keine Möglichkeit, gegen diesen Mann anzugehen. Ich unterschrieb. Als ich eine Woche später von der Arbeit nach

Hause kam, hatten Möbelpacker ohne mein Wissen Sandys Möbel aus ihrem Zimmer abtransportiert.

Dieser weitere Schachzug meines Exmannes verletzte mich zutiefst. Ich wollte doch nur, dass es Sandy gut ging, ich respektierte ihre Wünsche, und wenn sie bei ihrem Vater leben wollte, so konnte ich dies akzeptieren. Aber es ärgerte mich, dass fremde Leute in mein Haus kamen und ein Zimmer leer räumten, ohne dass ich vorher darüber informiert worden war.

Im September erhielt ich einen Brief von Sandy, in dem sie mir berichtete, dass sie die Hilfe eines Therapeuten in Anspruch nehme und einen Weg gefunden habe, den Hass und die Wut, die sich in ihr angestaut hatten, zu überwinden. Sie bereute unsere Auseinandersetzungen in der Vergangenheit, aber ihre Eifersucht gegenüber Debbie war nach wie vor zwischen den Zeilen zu spüren. So schrieb sie zum Beispiel Sätze wie »Debbie kann sich ihrer guten Noten sicher sein, sie war immer die Neunmalkluge in unserer Familie« oder »Ich werde dich nicht länger belästigen, ich bin mir sicher, du hast Wichtigeres zu tun!«. Ich fühlte mich elend, als ich diese Zeilen las, und hoffte, dass die Therapie ihr helfen würde, diese negativen Gefühle loszulassen. Wir telefonierten häufig und schrieben uns lange Briefe. Aber es war unglaublich schwierig, Sandy gegenüber die richtigen Worte zu finden.

Alex arbeitete hart, um sich eine neue Existenz in den Staaten aufzubauen. Allerdings gelang es ihm nicht, für mehr als sechs Monate eine Aufenthaltsgenehmigung zu bekommen. Er musste nach Deutschland zurückkehren. Wir blieben jedoch in engem Kontakt und planten eine gemeinsame Zukunft, da er, sobald seine Scheidung abgeschlossen war, nach Phoenix zurückkommen wollte.

Ich hatte inzwischen ein sehr gutes Angebot von einer jungen Computerfirma bekommen und nahm diese neue und viel versprechende berufliche Herausforderung an. Zu jener Zeit schossen IT-Unternehmen wie Pilze aus dem Boden – aber nur wenige überlebten. Einige Monate später meldete auch mein Unternehmen Konkurs an. Diese Nachricht bedeutete eine mittlere Katastrophe für mich. Ich schrieb Bewerbungen und lief von einem Vorstellungsgespräch zum nächsten, ohne Erfolg. Die ganze Branche schien völlig überlaufen zu sein, und viele Firmen hatten auf Grund finanzieller Probleme Einstellungsstopp. In meiner Verzweiflung warf ich meinen Stolz über Bord und klopfte bei meinem früheren Arbeitgeber an. Aber auch er konnte mir keine Stelle in Phoenix anbieten. Was er mir aber offerierte, war ein Job bei einem Tochterunternehmen in Stuttgart.

Ich hatte nie darüber nachgedacht, Arizona zu verlassen, und sprach mit Debbie darüber. Wir suchten beide nach einer Lösung, aber die Stelle in Deutschland schien, zumindest vorübergehend, der einzige Ausweg zu sein. Wir diskutierten auch lange über die Möglichkeit, dass Debbie mit mir nach Deutschland kommen könnte, aber sie entschied sich nach reiflicher Überlegung dagegen. Es war uns damals nicht bewusst, welch drastischer Einschnitt dies in unserem Leben sein und wie sehr diese Trennung unser Mutter-Tochter-Verhältnis beeinflussen sollte. Mir war wichtig, dass Debbie ihr Studium in jedem Fall zu Ende machte. Und ich redete mir ein, dass Debbie erwachsen genug sei, alleine zurechtzukommen, und dass schließlich viele Jugendliche ihres Alters weit entfernt von ihren Eltern das College besuchten. Wir organisierten drei Mitbewohnerinnen für sie, sodass sie in unserer Wohnung bleiben konnte, und ich überwies ihr jeden Monat genügend Geld, damit sie ohne finanzielle Schwierigkeiten über die Runden kam. Außerdem überließ ich ihr unser Auto und eine Tankkarte für Benzin. Ich buchte auch einen Flug, sodass sie mich zwei Monate nach meiner Abreise in Deutschland besuchen konnte. Sam bat ich ein letztes Mal darum, sich um seine Töchter zu kümmern, wenn sie Hilfe benötigten. Er kam uns vor meiner Abreise tatsächlich in Phoenix besuchen, und als er mir in die Augen blickte, fühlte ich, dass er mich auf seine Weise noch immer liebte.

EINE VERHÄNGNISVOLLE TRENNUNG

Ich hatte – trotz aller Vorkehrungen – ein schlechtes Gewissen, als ich Debbie in Phoenix zurückließ; wir hatten immer ein sehr inniges Verhältnis gehabt. Auf der anderen Seite redete ich mir immer wieder beruhigend zu; Debbie wirkte bereits so erwachsen, und sie war selbstständig und pflichtbewusst. Der 23. März 1983 war der Tag meiner Abreise – es war einer der traurigsten Tage in unserem Leben.

Auch Debbie hat in den vergangenen Jahren, die sie im Gefängnis verbrachte, ihre Vergangenheit rekapituliert und schriftlich festgehalten. Ich habe ihre gesammelten Aufzeichnungen 1998 in einem Lagerraum gefunden, in dem die Sozialarbeiterin Carolyn Cooper sie für Debbie aufbewahrte. Hier ist ein Auszug daraus, der ihre Gefühle und die damaligen Begebenheiten aus ihrer Sicht beschreibt:

> Mit neunzehn Jahren veränderte sich mein Leben. Meine Mutter zog damals nach Deutschland, und ich hätte die Möglichkeit gehabt, mit ihr zu gehen. Ich entschied mich jedoch dafür, in Phoenix zu bleiben. Nach ihrer Abreise zogen drei Kommilitoninnen bei mir ein. Meine beste Freundin und ihr dreijähriger Sohn gehörten auch dazu. Wir arbeiteten, gingen aufs College und hatten großen Spaß zusammen. Wir konnten tun und

lassen, was wir wollten, mussten uns nicht mit unseren Eltern auseinander setzen – es war einfach klasse. Ich dachte damals eigentlich, dass ich alt genug sei, mein eigenes Leben zu führen, aber etwa vier Wochen nachdem meine Mutter weggezogen war, vermisste ich sie ganz schrecklich. Ich fühlte mich einsam und leer. Wenn ich heute zurückschaue, glaube ich, dass ich einfach noch nicht bereit war, ohne meine Mutter zu leben und zurechtzukommen. Ich war sogar ein bisschen ärgerlich und fühlte mich von ihr im Stich gelassen. In diesem Moment beschloss ich, gegen meine Eltern zu rebellieren – etwas, das ich nie zuvor getan hatte.

Robin, meine beste Freundin mit dem Kind, war die »Wilde« unter uns. Sie genoss ihre Freiheit, wann und wo immer sie konnte, denn sie war bereits mit 16 Jahren schwanger geworden, und wir hatten den Eindruck, dass sie einiges nachzuholen hatte. Sie war viel unterwegs, und wir anderen tolerierten ihren Freiheitsdrang, kümmerten uns um ihren Kleinen, während Robin sich die Nächte um die Ohren schlug.

Im Mai, meine Mutter war etwa zwei Monate weg, rief mich Robin eines Abends völlig begeistert in der Arbeit an. Sie war in einem Club, schwärmte von den netten Jungs und überredete mich vorbeizukommen. Der Club war in einer Gegend, die ich bislang nicht kannte – und als ich ankam, wusste ich, dass das eigentlich nicht mein Ding war. Ich ging trotzdem rein, die Bar war völlig überfüllt, verraucht und laut. Die ganzen Motorradfahrer hingen hier herum; harte Kerle, die ziemlich wild aussahen; ich hatte beinahe Angst; aber schließlich fand ich Robin, sie saß mit einigen Jungs an einem Tisch und fühlte sich sichtlich wohl. Hier lernte ich Mark kennen.

Wir blickten uns in die Augen, ich fand ihn ziemlich attraktiv. Und ich erinnere mich noch daran, dass er, im Gegensatz zu den anderen, ordentlich gekleidet war. Allerdings habe ich an diesem Abend kein Wort mit ihm gewechselt, sondern ging bald wieder nach Hause, da ich mich in diesem Club nicht wohl fühlte.
Etwa drei Tage später rief Mark an, was mich total überraschte.
Er erzählte mir, dass er Robin um meine Telefonnummer gebeten habe, als ich nicht wieder gekommen war. Er bat mich um ein Treffen. Ich kannte ihn zwar nicht, aber wir verabredeten uns zum Mittagessen. Danach haben wir uns täglich gesehen.
Eigentlich war Mark nicht mein Typ, was mich aber an ihm faszinierte, war, dass er wie ich aus einer deutschen Familie stammte. Ich lernte auch seine Mutter kennen, und als wir uns das erste Mal sahen, hatte ich das Gefühl, sie schon lange zu kennen – und ihr ging es genauso. Es war fast so, als ob sie die Leere füllen würde, die meine Mutter in mir hinterlassen hatte. Wir gingen oft zusammen in den *Deutschen Club*, und ich fühlte mich einfach wohl und geborgen in ihrer Gegenwart.
Aber Mark – Mark war eigentlich wirklich nicht mein Typ. Er hatte seltsame Freunde und es war irgendwie so, als ob ich aus dem Gymnasium direkt in die Welt der Erwachsenen stolperte. Trotzdem sahen wir uns zwei Wochen lang täglich. Danach flog ich für sechs Wochen nach Deutschland. *(aus Debbies Aufzeichnungen)*

Ich erfuhr zunächst nichts von den Veränderungen im Leben meiner Tochter. Nach meiner Ankunft in Stuttgart wurde ich von meiner neuen Arbeitsstelle und den üblichen Formalitäten in Beschlag genommen. Mindestens einmal pro Woche telefonierte ich ausführlich mit Debbie, und ich merkte, obwohl sie es mir nie sagte, dass sie sich sehr einsam und allein gelassen fühlte. Wir trösteten uns beide damit, dass wir uns bereits im Mai für längere Zeit wieder sehen würden.

Auch mit Sandy stand ich regelmäßig in Kontakt. Sie schrieb mir im April, dass sie sich im Haus ihres Vaters nicht mehr wohl fühlte und kaum etwas unternehmen durfte. Sam hatte ihr zudem verboten, ihre Schwester in Phoenix zu besuchen. Sie erzählte mir auch, dass sie nicht so oft schreiben konnte, wie sie gerne möchte, da sie von Sam nicht einmal Geld für Briefmarken bekäme, vom Jahrbuch, das sie eigentlich für die Schule bräuchte, ganz zu schweigen. Dies erschütterte mich zutiefst, und ich fühlte mich wie eine Rabenmutter. Ich versprach Sandy zwar, sie, so gut es mir über die Distanz möglich war, zu unterstützen und ihr – nicht nur finanziell, sondern auch mit mütterlichem Rat und Zuspruch – zu helfen, wo immer ich konnte, trotzdem verließen mich meine Schuldgefühle in den folgenden Monaten nicht. Ich hätte Sandy auch gerne nach Deutschland eingeladen, aber Sam, der ja das alleinige Sorgerecht hatte, erlaubte ihr diesen Besuch ebenso wenig wie die Fahrt zu ihrer Schwester.

Im Mai 1983 war es dann endlich so weit. Debbie kam für sechs Wochen zu Besuch nach Deutschland. Die erste Woche verbrachten wir fast ausschließlich in meinem kleinen Appartement. Debbie schlief sehr viel, und anfangs schob ich es auf die Zeitverschiebung, aber nach einigen Tagen machte ich mir doch Sorgen, weil ich das Gefühl hatte, dass sie irgendetwas bekümmerte oder bedrückte.

Debbies Freund und späterer Mann Mark Milke

Ich wollte sie allerdings nicht bedrängen und hoffte, sie würde es mir irgendwann von sich aus erzählen.

Debbie hatte den Wunsch geäußert, ihre Großeltern und meine Schwester in Berlin zu besuchen, also buchte ich ihr einen Flug dorthin. Meine Eltern luden sie ein, die dritte Woche mit ihnen in Südtirol zu verbringen. Debbie genoss die Tage in den Bergen sehr. Alex und ich kamen einige Tage später nach, und wir verbrachten eine herrliche Zeit zusammen. Kurz darauf flogen wir alle nach Paris, weil Alex dort geschäftlich zu tun hatte. Ich erinnere mich gerne daran, wie glücklich Debbie darüber war, in der kurzen Zeit so viele Eindrücke in Europa sammeln zu können.

Erst kurz vor ihrer Abreise erzählte sie mir, was ihr Herz

bedrückte. Sie hatte sich verliebt. »Na, ist er nett?«, fragte ich sie augenzwinkernd. »Ähm, also, ich finde schon …«, erwiderte sie zögerlich. Das schien also nicht gerade mein Traumschwiegersohn zu sein; ich wollte unbedingt ein Bild von ihm sehen. Aber Debbie antwortete: »Mom, du wirst ihn nicht mögen.« – »Na, warte doch erst mal ab!«, beruhigte ich sie.

Der Mann, den sie in einer Bar getroffen hatte, hieß Mark Milke und war Fußbodenleger. Debbie und ich hatten immer über alles offen geredet, und ich konnte nicht ganz verstehen, weshalb es ihr diesmal so schwer fiel, mir davon zu berichten. Als sie mir aber das Bild von Mark Milke zeigte, verstand ich. Ich war schockiert, und Debbie muss es mir in diesem Augenblick auch angemerkt haben, obwohl ich versuchte, mich zusammenzureißen und meine Abneigung zu verbergen. Ich konnte für ungepflegte Typen mit ärmellosen T-Shirts noch nie allzu große Begeisterung entwickeln. Aber was sollte ich tun?

Mir war klar, dass Marks äußeres Erscheinungsbild noch nichts über seinen Charakter aussagen musste und dass ich meine persönlichen Sympathien und Antipathien nicht auf andere übertragen sollte. Zudem war Debbie eine erwachsene junge Frau, die – das fühlte ich – unsterblich verliebt war. Aber ich konnte diesen Typen von Anfang an nicht ausstehen. Ich redete mir deshalb ein, dass ich kein Recht hätte, ihr den Umgang mit diesem Mann zu verbieten. Ich musste ihr vertrauen und hoffte inständig, dass es nur eine vorübergehende Affäre sei und Debbie ihr Studium deshalb nicht vernachlässigen würde. Sie versuchte mich zu beruhigen, aber fragte mich nicht, wie ich es erwartet hätte, wann ich sie wieder besuchen käme.

Als ich in Phoenix abgereist war, rechnete ich nicht damit, Mark bei meiner Rückkehr wieder zu sehen, weil ich so lange weg war. Aber zu meiner Überraschung warteten Mark und seine Mutter am Flughafen, um mich abzuholen. Ich war wirklich verblüfft, auf der anderen Seite aber auch glücklich. Ab diesem Zeitpunkt wurde unsere Beziehung ernst. Wir wurden fast unzertrennlich, hatten viel Spaß zusammen, gingen auf Partys und auch in diese Bar, um seine Freunde zu treffen. Ich fand es spannend und aufregend, dieses »wilde« Leben kennen zu lernen, und wusste gleichzeitig, dass meine Eltern diesen Umgang nicht toleriert hätten. Aber genau das war für mich das Prickelnde an der ganzen Geschichte – mich brauchte es nicht zu kümmern, was sie sagten, denn sie wussten nichts von diesem neuen Leben, das ich entdeckte. Einige Monate später zogen meine Mitbewohnerinnen bei mir aus und Mark ein. *(aus Debbies Aufzeichnungen)*

Auch mit Sandy stand ich weiterhin in regem Briefkontakt. Es war bitter, auf diesem Weg die Zustände im Hause Sadeik geschildert zu bekommen. Maureen machte mittlerweile ähnliche Erfahrungen mit Sam, wie ich sie erleben musste. Sie tat mir zwar Leid, aber viel größere Sorgen machte ich mir um meine jüngere Tochter. Ich bereute es zutiefst, sie zu ihrem Vater geschickt zu haben. Aus der Ferne blieb mir jedoch nichts anderes übrig, als ihr immer wieder Mut zuzusprechen: »Kopf hoch!«, ermunterte ich sie in meinen Briefen, und wusste doch gleichzeitig, dass ihr diese Worte keine echte Hilfe waren.

Kurz nach Debbies Abreise eröffnete mir mein Chef, dass ich im August eine Geschäftsreise nach Phoenix machen sollte. Erleichtert informierte ich sofort Sandy und Debbie, dass wir uns bald wieder sehen könnten. Ich freute mich auf unser altes Appartement und lange Gespräche mit meinen Töchtern. An meiner fast schon kindlichen Vorfreude spürte ich, wie sehr ich ein normales Familienleben vermisste.

In Phoenix empfingen mich, wie gewohnt, heißer Wüstenwind und die staubige Luft Arizonas. Da ich geschäftlich unterwegs war, hatte ich ein strammes Programm zu absolvieren, aber den späteren Abend hatte ich für Debbie reserviert. Wir verabredeten, dass ich zu unserem Appartement kommen würde. Mit klopfendem Herzen stand ich abends erschöpft vor der Tür und drückte den Klingelknopf. Die Tür flog auf und Debbie fiel mir den Bruchteil einer Sekunde später um den Hals. Im ersten Augenblick war es ein freudiges Wiedersehen, wir hatten einander beide vermisst. Als ich ihr aber in die Augen schaute, entdeckte ich etwas mir bislang Unbekanntes in ihrem Blick – Unsicherheit oder beinahe Unbehagen.

Wenige Sekunden später wusste ich, warum. Mark Milke tauchte hinter meiner Tochter im Türrahmen auf. Er starrte mich zur Begrüßung nur an und schaffte es nicht einmal, mir die Hand zu geben. Debbie stellte uns einander vor und versuchte, die Atmosphäre etwas aufzulockern, obwohl sie sich sichtbar unwohl fühlte. Ich bemühte mich später vergeblich, eine Konversation in Gang zu bringen, aber Mark blieb sehr wortkarg. Ich konnte mich schon glücklich schätzen, wenn er ein »Ja« oder »Nein« herauspresste – es war für mich, als gebürtige Berlinerin, eine Katastrophe, einem Gesprächspartner gegenüberzusitzen, der die Zähne nicht auseinander bekam. Die Chemie stimmte überhaupt nicht zwischen uns, aber ich versuchte dennoch, mir immer wieder selbst gut zuzureden und cool zu bleiben.

Mütter sind zweifelsohne kritisch, wenn es um die Freunde ihrer Töchter geht, und Mark Milke war nicht der Schwiegersohn, den sich Frauen wünschen, doch ich war einfach enttäuscht, als ich erfuhr, dass er mittlerweile in unserem Appartement lebte und Debbies Kommilitoninnen ausgezogen waren. Erst am nächsten Tag eröffnete sie mir, dass sie auch das College verlassen und ihr Studium aufgegeben hatte. Sie arbeitete jetzt Vollzeit. Debbie hatte mir bei keinem unserer Telefonate von den Veränderungen in ihrem Leben erzählt – das war eigentlich das Schlimmste an der ganzen Geschichte. Wo war nur ihr Vertrauen zu mir geblieben? Außerdem wurde ich das ungute Gefühl nicht los, dass dieser Mann keinen guten Einfluss auf Debbie ausübte.

Ich besuchte die beiden im November des gleichen Jahres ein weiteres Mal. Mir wurde klar, dass Debbie ihr Herz an Mark verloren hatte. Sie war mir gegenüber sehr zurückhaltend, und es gelang uns nicht, die frühere Offenheit, mit der wir einander begegnet waren und alle Geheimnisse geteilt hatten, wieder zu finden. Ich wollte den dünnen Faden, der uns als Mutter und Tochter noch verband, nicht auch noch zerschneiden, deshalb hielt ich mich mit meiner Kritik gegenüber Mark zurück, obwohl es einige Situationen gab, bei denen ich fast die Beherrschung verloren und ihm die Meinung gesagt hätte.

Im Mai 1984 machte Sandy ihren Highschool-Abschluss, und ich flog nach Arizona, um dieses Ereignis mit ihr zu feiern. Während meines Aufenthaltes wohnte ich bei Debbie und Mark. Debbie eröffnete mir, dass Mark und sie planten zu heiraten. Mark gab sich in den ersten Tagen meines Besuches große Mühe, und ich beschloss, meine anfängliche Antipathie ein Stück weit zu revidieren. Trotzdem gab es immer wieder Anlässe und Diskussionen, die mich sehr nachdenklich stimmten. Ich musste zum Beispiel feststellen, dass Debbie mein Auto nicht mehr hatte. Als ich sie fragte, was damit passiert sei, gab sie mir nur ausweichende Antworten. Sandy erzählte mir dann, dass Mark es mit einem Baseball-Schläger demoliert hatte. Zudem hatte sich Mark mittlerweile eine Tarantel und eine Boa constrictor als Haustiere angeschafft. Ich erinnere mich, dass ich ziemlich verunsichert war und mich ekelte. Deshalb bat ich darum, die Käfige und auch die Schlafzimmertür verschlossen zu halten, solange ich bei ihnen wohnte.

Es war eine seltsame Zeit für mich. Auf der einen Seite wollte ich das Beste für meine Tochter, andererseits merkte ich, dass hier irgendetwas vollkommen schief lief. Debbie arbeitete und war den ganzen Tag außer Haus. Ich war meist alleine in der Wohnung und kümmerte mich um den Haushalt. Als ich eines Tages die Wäsche machte, torkelte Mark mit glasigem Blick in die Waschküche und fragte lallend, ob ich mit ihm essen gehen wolle. Er war völlig betrunken oder zugedopt, vielleicht auch beides, ich konnte es nicht genau beurteilen. Als ich ihn in diesem Zustand sah, erschrak ich ziemlich und bat ihn, zu gehen und mich in Ruhe zu lassen. Noch am gleichen Abend erzählte ich Debbie den Vorfall. Ich las aus ihren Augen, wie traurig es sie stimmte, dass ich Zeugin von Marks Sucht geworden war, aber sie beteuerte, dass Mark kein Rauschgift nehme. Der Vorfall gab mir sehr zu denken. Schließlich sprach ich Sandy darauf an, und sie erzählte mir, dass sie von Marks Abhängigkeit wüsste – wie viele andere auch. Ich war – wie so oft – die Letzte, die davon erfuhr. Sandy beschrieb mir außerdem genau, wo Mark seine Utensilien aufbewahrte. Ein kurzer Blick in seine unterste Nachttischschublade genügte – ich fand alles wie beschrieben vor.

Am darauf folgenden Tag wollten wir zu Sandys Abschlussfeier nach Florence fahren. Debbie und Mark mussten noch einige Stunden arbeiten, deshalb war ich alleine in der Wohnung. Ich machte mich gerade im Badezimmer für die Fahrt fertig, als ich fühlte, wie etwas über meine Füße kroch. Es war die Tarantel. Ich war so entsetzt, dass ich kaum atmen konnte. Panisch und ohne mich vom Fleck zu rühren, suchte ich nach etwas Brauchbarem, um mich aus dieser Lage zu befreien. Schließlich griff ich nach einem Schuhkarton, der in Reichweite lag, schob dieses Tier von meinem Fuß und stülpte den Karton darüber, um sicherzugehen, dass es gefangen war. Dann rief ich aufgeregt Debbie an. Nur kurze Zeit später stand sie mit Mark in der Wohnung. Mark meinte nur, dass wohl der Deckel des Terrariums nicht richtig aufliege. Ich aber war so wütend, dass ich die beiden vor die Wahl stellte, dass entweder ich oder die Schlange und die Spinne das Haus verlassen müssten. Am nächsten Tag brachte Mark beide Tiere zu seiner Mutter. Dieser Vorfall machte das angespannte Verhältnis zwischen Mark und mir nicht gerade besser.

Während meines Aufenthaltes in Phoenix hatte ich auch Gelegenheit, mit Marks Eltern zu sprechen. Ilse war eine sehr herzliche Frau, aber sie ignorierte Marks Probleme vollkommen. Sie liebte Debbie und wünschte auch, dass Mark meine Tochter bald heiraten würde; insgeheim hatte sie vermutlich die Hoffnung, dass er dann zur Besinnung kommen und die Finger vom Alkohol und von den Drogen lassen würde. Ich selbst war aber – ebenso wie Ilse – auch

Mutter und sorgte mich sehr um meine Tochter. Aus eigener Erfahrung wusste ich ja, wie sehr Alkohol die Persönlichkeit verändern konnte, von Drogen ganz zu schweigen.

Das Gespräch mit Marks Vater ließ mich noch mehr verzweifeln. Er erzählte mir ganz offen, dass Mark seit seinem 15. Lebensjahr Drogen nehme und dass es durch diese Abhängigkeit immer wieder zu Auseinandersetzungen innerhalb der Familie und auch im familieneigenen Betrieb gekommen sei. Ich war entsetzt und flehte seinen Vater an, mir zu helfen, Debbie zur Vernunft zu bringen. Aber ich sprach mit einem gebrochenen Mann. Henry Milke begann zu weinen und erzählte bekümmert, dass er wegen Marks Alkohol- und Drogenproblemen seine Frau, seinen Sohn und seinen Betrieb verloren und nun keine Kraft mehr habe, die Situation zu ändern. »Was soll ich tun, was ich nicht schon vorher versucht hätte?«, fragte er mich resigniert. Meine einzige Hoffnung war, dass Debbie bald zur Einsicht kommen würde. Henrys letzte Worte an mich brennen noch heute in meinem Herzen: »Nimm sie einfach mit nach Hause, bring sie so weit von Mark weg wie nur möglich!«

Wie gerne wäre ich seinen Worten gefolgt, wenn ich nur etwas hätte tun können. Aber Debbie leugnete nach wie vor Marks Drogenkonsum, sie liebte ihn so sehr, dass sie den Ernst der Lage nicht sehen wollte, und sie war volljährig – ich konnte ihr also nicht einfach befehlen, mit mir nach Deutschland zu kommen. Trotzdem machte ich ihr den Vorschlag, mich für sechs Monate nach Europa zu begleiten. Sie lehnte ab, denn, so ihre Begründung, sie fühlte sich in Phoenix sehr wohl, hatte einen guten Job hier und wollte das, was sie sich mittlerweile erarbeitet hatte, nicht einfach so aufgeben. Nach unserem Gespräch zog sie sich noch weiter in ihr Schneckenhaus zurück und gab mir keine Chance mehr, an sie heranzukommen.

Zu Sandys Abschlussfeier kamen zahlreiche Nachbarn und Freunde, und Sandy freute sich sehr, mich zu sehen. Sie erzählte mir sogleich, dass sie mit Jeff Martin, dem Sohn des Nachbarn, zusammen sei. Jeffs Vater und Sam waren seit langem eng befreundet, und ich lernte Jeff als einen überaus höflichen jungen Mann kennen. Begeistert erzählte sie mir von ihren Zukunftsplänen: Sie wollte aufs College gehen und fragte mich, ob ich ihr dabei finanziell unter die Arme greifen könnte. Als hätte ich Sams Rachestrategie immer noch nicht verstanden, gab ich ihrem Vater 2.000 Dollar als Startkapital für ihre Studien und versprach ihr auch zukünftig meine Unterstützung. Sie zweifelte daran, dass ihr Vater ihr einen Wagen kaufen würde, den sie aber dringend benötigte, um ins College zu kommen. Also sprach ich mit Sam darüber und legte ihm dar, dass ich Debbies Auto bezahlt hätte und nun er an der Reihe sei. Er versprach, wieder einmal, eine Lösung zu finden. Bei dieser Gelegenheit sprach ich auch mit Sam und Maureen über Debbie und Mark. Sie wussten beide von seiner Abhängigkeit. Sam meinte nur, ich solle mich nicht so aufregen, er würde ihn schon wegen Drogenbesitzes hinter Gitter bringen. Natürlich machte er aber gar keine Anstalten, etwas zu unternehmen.

Anschließend lud ich Sandy nach Deutschland ein, damit sie in Ruhe ihre Zukunft planen konnte. Sie verbrachte einige Wochen bei uns – Alex und ich richteten gerade eine neue Wohnung ein – und sie fühlte sich sehr wohl und spürte auch, dass Alex sich immer um meine beiden Töchter kümmern würde, wenn sie Hilfe brauchten.

Im Frühjahr des darauf folgenden Jahres fand ich eine

neue Stelle bei Hewlett Packard in Düsseldorf, und Alex erhielt das Angebot, als Vertriebsleiter bei MBB zu arbeiten. Da wir beide keine Lust mehr verspürten, ständig umzuziehen, und das dringende Bedürfnis nach Stabilität hatten, beschlossen wir, uns gemeinsam in Düsseldorf ein neues Leben aufzubauen. Für mich war es eine schwere Entscheidung, weil es meine bisherigen Pläne, nach Arizona zurückzukehren, zunichte machte. Wieder plagten mich tiefe Schuldgefühle und ein schlechtes Gewissen. Andererseits waren meine beiden Töchter inzwischen erwachsen, und ich hatte nicht das Recht, ihnen ständig in ihr Leben hineinzureden. Ich wusste, sie würden tun, was sie für richtig hielten, unabhängig davon, wo ich als ihre Mutter lebte.

Wenige Monate später rief mich Debbie an und erzählte mir verzweifelt von einem Vorfall, bei dem sie auch endlich zugab, dass Mark ins Drogenmilieu verstrickt war. Debbie war mit Mark in das Haus eines Freundes gezogen, als eines Abends die Polizei das Gebäude stürmte – auf der Suche nach Heroin. Mark und sein Freund wurden verhaftet. Debbie selbst war nicht in die Geschichte involviert, aber ich hörte die Panik und das Entsetzen aus ihren Worten und beschwor sie eindringlich, ihre Verbindung mit Mark zu lösen. Sie zog es bereits von sich aus in Betracht und teilte mir mit, dass sie vorübergehend nach Denver zu ihrer Freundin Dorothy gezogen sei, um sich über alles klar zu werden. Ich war unglaublich froh über ihre Entscheidung und half ihr währenddessen finanziell aus, da sich mal wieder eine Reihe unbezahlter Rechnungen angesammelt hatte. Als ich von meiner Kreditkartengesellschaft eine Mahnung wegen Überziehung meiner Tankkarte erhielt, die ich Debbie in Arizona gelassen hatte, stutzte ich jedoch. Ich bat die Gesellschaft um Kopien der Belege und stellte fest, dass die meisten Kassenzettel von Mark Milke unterzeichnet und oftmals mehrere Benzinquittungen an ein und demselben Tag ausgestellt worden waren. Ich habe bis heute keine Ahnung, wie man mit einer Tankkarte an Bargeld kommt, aber irgendwie muss er es wohl geschafft haben. Ich war schrecklich wütend, als ich diesem Betrug auf die Spur kam, und teilte Debbie mit, dass ich alle Rechnungen bezahlen würde, die sie unterschrieben hatte, dass sich aber Mark um den Rest kümmern müsse.

Leider kehrte Debbie nach wenigen Monaten zu Mark zurück. Aus irgendeinem Grund kam meine Tochter nicht los von diesem Mann. Ich reagierte ärgerlich, und wir hatten den ersten richtigen Streit. »Wenn du dieses Leben führen willst, kann ich dir leider nicht mehr helfen, und ich verstehe es auch nicht!«, warf ich ihr während unseres Telefongespräches vor. Daraufhin herrschte Funkstille zwischen uns beiden, und ich erfuhr nur noch durch Sandy, wie es Debbie ging und was sie so machte.

Als meine Mutter herausbekommen hatte, dass ich in Colorado war, und ich ihr von der Drogenrazzia erzählte, war sie völlig außer sich. Sie beschwor mich, nicht zu diesem Mann zurückzukehren, und auch Dorothy redete auf mich ein, Mark zu verlassen. Alle gaben mir den gleichen Rat. Ich war gerade mal zwanzig und dachte immer nur: Redet ihr nur, ich mache doch, was ich will! Am Ende siegte mein Herz, und ich kehrte zu Mark nach Phoenix zurück. Allerdings haben wir uns vorher lange unterhalten. Ich war wirklich sauer, dass er mich in diese furchtbare Situation mit der Razzia gebracht und hinter meinem Rücken mit Drogen zu tun ge-

> habt hatte. Er beteuerte, dass er keine Drogen nehme, sondern nur einem Freund geholfen habe, sie zu verkaufen. Ich sagte: »Okay, aber du musst mit dem Trinken aufhören, sonst komme ich nicht zurück!« Er versprach mir, es zu lassen. Er sagte mir, wie sehr er mich liebte und dass ich das Beste sei, was ihm jemals passiert wäre. Also ging ich zu ihm zurück, wir wohnten bei seiner Mutter, und alles schien in Ordnung zu sein. *(aus Debbies Aufzeichnungen)*

Auch Sandy hatte nach wie vor ihre eigenen Probleme. Ich war überrascht, als ich erfuhr, dass sie doch nicht aufs College ging. Von den 2.000 Dollar, die ich Sam für ihr Studium gegeben hatte, hatte sie im Übrigen keinen Cent gesehen. Sam und Maureen weigerten sich, für ihre Ausbildung zu bezahlen, und machten ihr auch klar, dass die »Gastfreundschaft« in ihrem Haus ein Ende habe. Sandy solle sich selbst um einen Job und ein eigenes Einkommen kümmern. Sie war verzweifelt und wusste keinen Ausweg, weil es in Cactus Forest keine Arbeit für sie gab.

Die einzige Lösung, die mir einfiel, war Cecil, eine alte Freundin von mir. Ich rief sie an und fragte, ob Sandy vorübergehend bei ihr wohnen konnte. Sie war sofort bereit, meine Tochter bei sich aufzunehmen, bis sie auf eigenen Füßen stehen konnte. Sandy weigerte sich anfangs, zu Cecil zu ziehen, weil sie in ihren Augen »eine alte Jungfer« war, wie sie sagte. Aber letztlich nahm sie die Chance doch wahr. Cecil wollte keine Miete und auch kein Geld für die Mahlzeiten, sie lud Sandy einfach ein und klapperte mit ihr die Firmen in der Umgebung ab, um einen Job für sie zu finden. Schließlich fand Sandy auch Arbeit, und Cecil und ich unterstützten sie, wo immer wir konnten. Von Sandy erfuhr ich auch, dass Debbie und Mark im Dezember 1984 geheiratet hatten. Dies machte mich traurig, aber ich konnte ja nicht anders, als diese Entscheidung, wenn auch widerwillig, zu akzeptieren.

> Im Dezember 1984 heirateten wir. Es war eine Bauchentscheidung, und als meine Eltern davon erfuhren, waren sie völlig entsetzt, wütend – und enttäuscht. Vor allem mein Vater war enttäuscht von mir. Aber meine Welt war Mark, ich war bis über beide Ohren verliebt, und sie hätten mir erzählen können, was sie wollten, er war einfach meine Welt. *(aus Debbies Aufzeichnungen)*

Ich nahm den Kontakt zu Debbie wieder auf, und sie bat mich, Mark einfach so anzunehmen, wie er war. Wir schrieben uns daraufhin wieder Briefe und telefonierten auch regelmäßig. Im März 1985 erzählte sie mir, dass sie schwanger sei. Sie war überglücklich, völlig aus dem Häuschen und setzte ihre ganze Hoffnung, auch was Marks Verhalten betraf, in dieses Kind. Sie wohnten mittlerweile in einem Mietshaus und Mark ging einer geregelten Arbeit nach. Ich wünschte beiden von ganzem Herzen, dass ihr Leben eine glückliche Wendung nehmen möge.

> Kurz nach unserer Hochzeit setzte ich die Pille ab und wurde schwanger. Ich weiß noch, dass der Tag, an dem ich merkte, dass ich ein Kind erwartete, der aufregendste Moment meines Lebens war. Ich war so glücklich, so stolz, es war so ein erhebender Augenblick, ich kann es gar nicht in Worte fassen, wie glückselig ich war. Anfangs hatte ich Zweifel, wie Mark es aufnehmen würde, aber auch er war völlig begeistert, und ich stellte

mir vor, dass wir eine perfekte Familie sein würden. Plötzlich begann ich auch, auf mich zu achten, regelmäßig zum Arzt zu gehen und auf meine Gesundheit aufzupassen. Ich wollte ein gesundes Baby zur Welt bringen. Einige Monate lang ging alles gut, doch dann begann Mark wieder zu trinken. Er arbeitete kaum noch, und ich hatte zwei Jobs, um für uns zu sorgen. Ich arbeitete Tag und Nacht, war wütend und frustriert darüber, dass Mark so unverantwortlich sein konnte. Er tat mir einfach weh. Andererseits tröstete ich mich damit, dass ich bald ein Baby haben sollte, und meine Schwangerschaft bedeutete mir alles. Außerdem verdrängte ich Marks Abhängigkeit auch, redete mir ein, dass er schon zur Besinnung kommen würde, wenn erst unser Kind da war. *(aus Debbies Aufzeichnungen)*

Im Februar 1985 heirateten auch Alex und ich. Er war das Beste, was mir je in meinem Leben passiert ist, und ohne ihn könnte ich die ganzen Schwierigkeiten, die das Leben für mich bereithält, nie ertragen.

Aber immer, wenn ich das Gefühl hatte, dass sich nun doch noch alles zum Guten wenden würde, traf die nächste schockierende Nachricht ein. Diesmal war es wieder Sandy, die mir im April erzählte, sie sei schwanger. Das Kind war von Jeff, wie Sandy beteuerte, er aber wollte seine Vaterschaft nicht anerkennen, weil es wohl mehrere Frauen in seinem Leben gab. Ich war entsetzt und diskutierte die Situation stundenlang mit ihr am Telefon, versuchte ihr klarzumachen, welche Verantwortung sie sich aufbürdete, wenn sie das Kind ohne Ausbildung, ohne gesichertes Einkommen und ohne Mann und Vater großziehen wollte. Sie reagierte trotzig wie früher, und schließlich flog ich nach Phoenix, um mit ihr persönlich zu reden. Sandy wollte das Kind unter allen Umständen haben: »Wenn Debbie ein Baby hat, möchte ich auch eines, ich möchte etwas zum Liebhaben!« Mit dieser kindlichen Bemerkung versuchte sie meine Bedenken vom Tisch zu wischen. Auch meine Argumente, dass sie dann unbedingt Kontinuität und Stabilität in ihr Leben bringen müsse, dass sie einen Job brauchte, der ihr gewisse Sicherheiten bot und dass sie nicht – wie bisher – nach wenigen Tagen wieder alles hinwerfen könnte, weil ihr etwas nicht passte, ließen sie weitgehend unbeeindruckt. Natürlich sagte ich ihr dennoch meine Hilfe zu und bat auch Sam um Unterstützung. Er aber schlug uns sozusagen die Tür vor der Nase zu und warnte Sandy davor, Jeff die Vaterschaft »anzuhängen«. Er wollte keinen Streit mit seinem Nachbarn, wie er betonte.

Während meines Aufenthaltes in Phoenix besuchte ich auch Debbie und Mark. Den beiden ging es, soweit ich das beurteilen konnte, sehr gut; sie waren voller Vorfreude auf das Baby und sparten, um sich ein kleines Häuschen zu kaufen.

MEINE ENKELKINDER

Am 2. Oktober wurde Christopher geboren. Leider konnte ich nicht dabei sein, weil ich bereits im Mai meinen Urlaub aufgebraucht hatte, um Sandy beizustehen, aber Debbie schilderte mir die Geburt und ihr neues Glück voller Begeisterung und in aller Ausführlichkeit am Telefon.

> Als ich Chris das erste Mal in den Armen hielt, war ich die glücklichste Frau der Welt. Er war so süß, so unbeschreiblich süß, ich war vollkommen hingerissen von ihm. Ich hatte ein Kind, ich konnte es kaum fassen, ich hatte tatsächlich ein Kind. Es war wundervoll. Die ganze Leere und Einsamkeit, die mein Leben beherrscht hatte, war wie weggeblasen. Er war mein Leben. Er war der Nabel meiner Welt, um ihn drehte sich fortan alles. Ihn in den Armen zu halten war die schönste Erfahrung meines Lebens. *(aus Debbies Aufzeichnungen)*

Was ich damals nicht wusste, war, dass Mark zum wiederholten Mal wegen Alkohol am Steuer verurteilt worden war und an dem Tag, an dem Christopher geboren wurde, ins Gefängnis hätte gehen müssen. Debbie schämte sich zutiefst für ihren Mann und erzählte mir deshalb lange Jahre nichts von den Schwierigkeiten, die ihre Ehe überschatteten und die ich aus der Ferne nur erahnen konnte. Zudem wollte sie mich nicht mit ihren Problemen belasten. Mark wurde wegen der Geburt seines Sohnes ein Aufschub gewährt, und er trat seine neunmonatige Haftstrafe kurze Zeit später an. Ilse, Marks Mutter, war die ersten Wochen nach der Geburt an der Seite meiner Tochter; sie kümmerte sich rührend um Debbie und Christopher, um beiden das Leben etwas einfacher zu machen. Und Debbie nahm ihren Sohn jedes Wochenende mit, wenn sie Mark im Gefängnis besuchte, weil sie wollte, dass er die Entwicklung seines Sohnes verfolgen konnte.

Einen Monat später kam Sandys Sohn Jason zur Welt. Sandy war nicht versichert und blieb, trotz einer komplizierten Geburt, nur zwei Tage im Krankenhaus. Weder Sam noch die Martins kümmerten sich um sie, bezahlten die Rechnungen oder besuchten ihren kleinen Enkel. Auch ich konnte – aus oben genannten Gründen – nicht bei ihr sein, bezahlte aber zumindest ihre Rechnungen. Während Christopher sich prächtig entwickelte, kränkelte Jason, der von Geburt an ein wenig behindert war, sehr oft. Sandy kämpfte um die Anerkennung der Vaterschaft, aber es ging nicht ohne Anwalt und Test. Nicht nur die Martins, auch ihr eigener Vater stellte sich gegen sie. Der Streit ging vor Gericht, Jeff Martin wurde die Vaterschaft nachgewiesen, und er musste monatlich 450 Dollar Unterhalt zahlen. Damit war zwar Sandys Glaubwürdigkeit wieder hergestellt, die sowieso schon heikle Beziehung zu ihrem Vater aber litt sehr unter diesem Streit.

Im April 1986 besuchten Alex und ich meine beiden Töchter wieder, und wir fanden beide – wie wir glaubten – überglücklich vor. Debbie und Mark hatten für Christopher ein niedliches Kinderzimmer eingerichtet und Debbie war selig. Sandy ging es nicht ganz so gut wie ihrer Schwester, aber auch sie war stolz auf Jason und wirkte sehr zufrieden. Wir waren froh und wünschten, dass sich nach den vergangenen ereignisreichen Jahren nun endlich alles zum Guten wenden möge.

Unsere Hoffnungen währten nicht lange. Sandy befand sich schnell wieder in den alten – vor allem finanziellen – Schwierigkeiten, und Mark musste erneut wegen Alkohol am Steuer ins Gefängnis.

> Kurz nach Christophers Taufe begann Mark wieder zu trinken. Manchmal kam er volltrunken nach Hause, manchmal blieb er die ganze Nacht über weg. Was mich völlig frustrierte, war die Tatsache, dass er dann so tat, als sei nichts gewesen.
> Eines Tages suchte ich etwas in unserer Garage. Zwischen Marks Werkzeug entdeckte ich ein kleines Säckchen, das ich bisher nie gesehen hatte. Als ich es öffnete, enthielt es einige Spritzen, einen Löffel, ein Stück Stoff und eine Aderpresse. Zudem fand ich ein Tütchen mit weißem Pulver. Ich war verdutzt und sprachlos, fühlte mich wie betäubt. Als Mark nach Hause kam, konfrontierte ich ihn sofort damit. Ich war wütend und schrie ihn an, dass ich wissen wollte, was das sei. Ich konnte mir zwar denken, was es war, aber ich wollte es aus seinem Mund hören. In seinem Gesicht konnte ich lesen, wie peinlich ihm die Situation war. Er wollte es mir nicht sagen, aber ich bestand darauf und setzte ihn unter Druck. Nach einigem Hin und Her sagte er mir, dass er kokain- und heroinsüchtig sei. Ich fühlte mich wie ein Idiot, weil ich nichts davon gemerkt hatte. Ich war wütend, verletzt, enttäuscht. Mir schossen alle möglichen Gedanken durch den Kopf, und ich fragte ihn, wie lange

er dieses Zeug schon nehme. Er gestand mir, dass er es seit seinem 15. Lebensjahr nahm. Ich schrie ihn an. Wir wohnten Tür an Tür mit einem Polizisten vom Rauschgiftdezernat, und unsere Nachbarin auf der anderen Seite war Gefängnisaufseherin. Vor meinem inneren Auge lief die Drogenrazzia, die ich schon einmal erleben musste, wie ein Film ab. Ich hatte furchtbare Angst, vor allem um Christopher. Ich dachte bei mir, mein Gott, wenn die Polizei unser Haus durchsucht und dieses Zeug findet, landen wir beide im Gefängnis, und Christopher, was wird dann aus Christopher? Ich war geschockt. Mark hatte es geschafft, seine Abhängigkeit mit Alkohol zu überspielen. Ich dachte immer, er sei nur betrunken, und habe nie gemerkt, dass er auch auf Drogen war. Wir hatten einen fürchterlichen Streit, und ich bettelte, beschwor und drohte Mark, mit dem Zeug aufzuhören. Mir war überhaupt nicht klar, wie dramatisch die Lage war. Ich dachte, Mark könne mit dem Zeug aufhören, wie man mit dem Rauchen aufhört. Mark kapierte überhaupt nichts. Er muss sich eingebildet haben, jetzt, wo die Katze aus dem Sack ist, könnte er so weitermachen wie bisher. Und anstatt dieses Zeug in der Garage zu verstecken, brachte er es ins Haus und ließ es dort rumliegen.

Ich habe noch sehr lebhaft das Bild vor Augen, wie ich auf der Couch saß und Christopher auf dem Boden spielte. Ich sah ihm gedankenverloren zu und spürte, wie sehr ich ihn liebte. Alles, was ich mir für ihn wünschte, war eine intakte Familie: Vater, Mutter, Sohn und ein nettes kleines Häuschen. Dann schossen mir wieder die Bilder von der Hausdurchsuchung durch den Kopf. Wenn man Mark festnähme, würde man auch

> mich verdächtigen. Mich ergriff Panik bei der Vorstellung, Christopher in einem Kinderheim heranwachsen zu sehen. Ich wollte meinen Sohn nicht mit Drogen groß werden lassen. Was sollte ich nur tun? Ich hatte zwei Möglichkeiten: ihn in Sicherheit bringen oder weiterhin die Ahnungslose spielen.
> Ich traf meine Entscheidung sehr schnell. Chris und ich zogen aus. Ich wollte ihn nicht länger dieser Umgebung aussetzen. *(aus Debbies Aufzeichnungen)*

Debbie rang sich zu einer Trennung durch. Dass Mark sich noch ändern würde, war nicht zu erwarten. Die beiden Schwestern beschlossen, ihre Situation gemeinsam zu meistern, und mieteten zusammen ein Appartement. Im gleichen Haus wohnte Jim Styers. Da Debbie bei einer Versicherung arbeitete und Sandy sich zu Hause um die beiden Jungs kümmerte, lernte Sandy ihren Nachbarn näher kennen und schloss mit ihm Freundschaft.

Alex und ich flogen ein weiteres Mal nach Phoenix, um meinen beiden Töchtern zu helfen. Während unseres Besuches traf ich auch Mark Milke, den ich zur Seite nahm und inständig bat, seinem Sohn zuliebe doch ein neues Leben zu beginnen. In Debbies Augen sah ich, dass sie ihn immer noch liebte und nicht vergessen konnte. Aber Debbie war auch sehr willensstark und verstand es zu kämpfen. Sie konzentrierte sich auf ihren Job, versuchte, die Schulden abzubauen, die sich angesammelt hatten, und arbeitete an ihrer Unabhängigkeit.

Das Zusammenleben meiner Töchter ging nicht sehr lange gut, weil Sandys alte Eifersüchteleien wieder zunahmen und sie auch Debbie bestahl. Von den Wirren des Jahres 1988 erfuhr ich nur Bruchstücke, im Wesentlichen durch Sandys Anrufe und Berichterstattungen. Alex und ich zogen 1988 in die Schweiz um, deshalb verzichteten wir darauf, unseren Urlaub in Arizona zu verbringen. Zudem hatte ich zu dieser Zeit keine Arbeit, wir lebten beide von Alex' Gehalt und mussten unser neues Haus einrichten, was uns keine großen finanziellen Ausgaben oder weite Reisen erlaubte.

> Mark kam ab und zu bei uns vorbei. Er trat in unser Leben und verschwand genauso schnell, wie er aufgetaucht war. Wir waren noch immer verheiratet, und ich konnte ihm nicht verbieten, Chris hin und wieder zu besuchen. Chris war jedes Mal begeistert, seinen Daddy zu sehen, und ich beschwor Mark regelmäßig, die Finger von dem Zeug zu lassen. »Kein Alkohol, keine Drogen, Mark, ich flehe dich an, das ist kein Spiel, es geht um unser Kind«, machte ich ihm wieder und wieder klar. Und er antwortete mir: »Ich weiß, Debbie, du hast ja Recht.« Damals mietete meine Schwester ein Haus. Sie lebte dort mit ihrem Sohn und einer ihrer besten Freundinnen. Ich vermute, dass Mark irgendwie Verantwortung demonstrieren oder das bisher Geschehene wieder gut machen wollte, auf jeden Fall fragte er meine Schwester, ob er ein Zimmer in diesem Haus anmieten könnte. Ich weiß nicht, wie sie übereinkamen, aber er zog bei ihr ein. *(aus Debbies Aufzeichnungen)*

Debbie wohnte mit Christopher alleine in einer Wohnung. Da sie wusste, dass sie ihren Sohn nicht vor den Zugriffen seines Vater schützen konnte, solange sie verheiratet waren, reichte sie die Scheidung ein. Mark willigte ein, bestand aber auf gemeinsamem Sorgerecht und darauf, seinen Sohn hin und wieder sehen zu können. Debbie war nach wie vor in großer Sorge und wollte nicht, dass Mark mit Christopher alleine war. Als sie beruflich nach Carlsberg, Kalifornien, musste, fragte sie deshalb ihre Schwester, ob Christopher so lange bei ihr bleiben könne. Sandy versicherte ihr, ein Auge auf Christopher zu haben, wenn er sich bei seinem Vater aufhielt, und versprach ihr, dass Christopher kein Haar gekrümmt würde, solange sie in der Nähe sei. Was Kinder anging, hatte man sich auf Sandy immer verlassen können, deshalb vertraute Debbie ihr vollkommen.

Einige Wochen verstrichen ruhig, und Christopher schien die Tage mit seinem Daddy zu genießen. Eines Abends, als Debbie zur Hochzeit einer Freundin eingeladen war, erhielt sie jedoch einen besorgniserregenden Anruf ihrer Schwester. Von Eddie, einem Freund ihrer Schwester und früheren Nachbarsjungen, erfuhr sie im Anschluss an diesen Anruf, dass Mark die ganze Nacht mit seinen Drogenkumpanen verbracht, Kokain geschnupft und Heroin gespritzt hatte – und Christopher noch immer bei ihm war. Debbie war außer sich vor Entsetzen. Sie alarmierte die Polizei und forderte Eddie auf, sie unverzüglich in das Haus zu bringen, in dem Mark und Christopher sich aufhielten.

Während die Polizisten des Rauschgiftdezernats das Haus durchsuchten, kam es zwischen Debbie und Mark zu einem fürchterlichen Streit. Debbie forderte auf Grund dieses Vorfalls am 27. Juni 1988 das alleinige Sorgerecht für Christopher am Superior Court in Maricopa County. Das Gericht entschied für die Mutter. Mark musste kurz darauf wieder ins Gefängnis, und Debbie erhielt Drohanrufe, die vermutlich von jemandem aus dem Drogenmilieu kamen. Sie lebte seitdem in ständiger Angst um ihr Leben und flüchtete deshalb mit Christopher nach Colorado zu ihrer Freundin Dorothy, wo sie einige Monate verbrachte.

Ich blickte meinen kleinen Jungen an und wünschte mir, dass er ein ganz normales Verhältnis zu seinem Vater hatte. Ich focht so bittere Kämpfe mit Mark aus, bat ihn immer wieder, Verantwortung zu zeigen. Es war hoffnungslos. Ich rief meine Mutter an und erzählte ihr, dass ich einen Anwalt brauchte, um das alleinige Sorgerecht für Chris zu bekommen, weil ich mir selbst keinen Anwalt leisten konnte. Sie schickte mir Geld und unterstützte mich. Ich erzählte dem Anwalt meine ganze Geschichte, wie viel mir mein Sohn bedeutete und dass ich ihn vor den Zugriffen seines Vaters schützen musste. Wir zogen vor Gericht, und alles begann wieder von vorne. Ich war gezwungen, Mark seine elterlichen Rechte abzusprechen, was ich nur ungern getan habe. Aber ich wollte das alleinige Sorgerecht und überwachte Besuchszeiten. Mark landete wieder im Gefängnis, und ich erhielt gemeine Drohanrufe am Telefon. Sie machten mir Angst, und ich wusste nicht, woher sie kamen. Ich hatte solche Angst, dass ich meine Freundin Dorothy in Colorado anrief, ihr meine Situation schilderte, alles, was ich tragen konnte, in mein Auto packte und mit Chris nach Denver fuhr.

Ich war fix und fertig, als wir bei Dorothy ankamen. Ich erzählte ihr, was in den vergangenen Jahren passiert war, und sie hieß uns herzlich willkommen. Dorothy hatte inzwischen geheiratet und selbst zwei Söhne – ich kannte den älteren noch vom Babysitting – und arbei-

Christopher bei einem Wochenendausflug in Colorado (1988)

tete als Tagesmutter. Ich fand schnell eine neue Arbeit, und Christopher konnte tagsüber bei Dorothy und den anderen Kindern bleiben. Ich wollte einfach nur etwas Normalität in Christophers Leben bringen.

An einem langen Wochenende gingen wir alle zum Zelten, es war für Christopher das erste Mal in seinem Leben. Es war wunderbar, er genoss es so sehr. Wir hatten eine großartige Zeit. Ich kaufte ihm kleine Wanderstiefel, wir stapften durch die Berge und gingen zum Baden. Wir zeigten ihm, wie man Fische fängt, und er war hell-

auf begeistert. Er liebte die Wiesen in Colorado – in Arizona gibt es kein richtiges Gras –, kullerte stundenlang auf der Wiese herum und meinte, es fühle sich an wie ein Teppich. Christopher genoss es einfach, Kind zu sein, mit den anderen Kindern zu spielen und zu toben.
Mein Scheidungstermin vor Gericht war auf einen Tag im Oktober festgesetzt worden. Ich entschied, alleine dorthin zu fliegen und anschließend nach Denver zurückzukehren. Ich wollte uns dort oben ein neues Leben aufbauen.
Als ich nach einigen Tagen zurückkehrte, änderte sich Christophers Verhalten. Er gehorchte nicht mehr, war nicht zu disziplinieren und gab freche Antworten. Er warf sich auf den Boden, schrie, strampelte und schlug um sich. So hatte ich ihn noch nie erlebt. Ich wusste mir nicht mehr zu helfen, und auch Dorothy stellte fest, dass er hyperaktiv und kaum zu beruhigen war. Christopher schrie oft nach seiner Großmutter, nach Jason und Sandy, und ich überlegte, ob er vielleicht Heimweh hatte. Ich fühlte mich schuldig, weil ich ihn von all den Menschen, die er liebte, weggebracht hatte.
Dorothy und ich diskutierten sein Verhalten stundenlang, und irgendwann reagierte auch Dorothy aggressiv. Wochenlang hatten wir ein gespanntes Verhältnis. Wir kamen nicht weiter. Ich fühlte mich völlig ausgelaugt. Zwischendurch telefonierte ich noch mit Marks Mutter. Sie weinte während unseres Gespräches und bat uns inständig, nach Phoenix zurückzukommen, weil sie ihren Enkel so vermisste. Irgendwann zogen wir aus, ich sammelte mein Geld zusammen und kaufte uns ein Flugticket. Wir kehrten nach Phoenix zurück. *(aus Debbies Aufzeichnungen)*

Christophers Verhalten änderte sich aber auch in Phoenix nicht. Debbie versuchte, die Ursache für seine Ausbrüche herauszufinden, und vermutete, dass er seine gewohnte Umgebung, seinen Daddy und seine Grandma Ilse vermisste. Ilse bot den beiden schließlich an, bei ihr zu leben, und Debbie kehrte tatsächlich mit Christopher zu ihrer Schwiegermutter zurück. Kurz darauf entdeckte sie eine Geschwulst an Christophers Hals. Beim Arzt stellte sich heraus, dass Christopher an der Schilddrüse operiert werden musste. Ein Klinikaufenthalt folgte, der sich mehrere Wochen hinzog. Debbie ließ Christopher kaum eine Sekunde aus den Augen, sie wechselte sich mit Ilse ab, sodass rund um die Uhr jemand am Bett des Kleinen war. Debbie war unendlich besorgt über seinen Zustand, die späteren Aussagen der Ärzte vor Gericht belegen, dass sie sich ganz rührend um ihren Sohn gekümmert hat. Christophers Verhalten normalisierte sich nach der Operation auch schlagartig: Er war wieder das aufgeweckte, fröhliche Kind, das er vorher gewesen war.

Auch Sandys Leben veränderte sich 1988. Sie heiratete Ron Pickinpaugh, einen Mann, den sie einige Monate zuvor kennen gelernt hatte. Er kam aus einer angesehenen Familie, die aber wenig Begeisterung für Sandy zeigte, weil sie einen Sohn mit in die Ehe brachte. Sandy, Ron und Jason zogen nach Wyoming. Alex und ich lernten ihren Mann erst im darauf folgenden Jahr persönlich kennen.

ESKALATION DER EREIGNISSE

Nach seiner Entlassung aus dem Gefängnis, etwa sechs Monate später, wollte Mark seinen Sohn wieder sehen. Debbie war bei den Besuchen stets anwesend und hoffte inständig, dass er seine Abhängigkeit nun im Griff hatte. Mark musste regelmäßig einen Bewährungshelfer aufsuchen und eine Urinprobe abgeben. Aber nur einen Monat nach seiner Freilassung rief er Debbie verzweifelt an und bat sie, mit ihm zu seinem Bewährungshelfer zu fahren, um seine Urinprobe gegen ihre eigene zu tauschen. Debbie reagierte entsetzt und lehnte dies strikt ab. Sie bot ihm jedoch an, mitzufahren und selbst mit dem Bewährungshelfer zu sprechen, damit Mark einen Platz in einer Rehabilitationseinrichtung für Heroinsüchtige bekam. Ansonsten drohte Mark eine langjährige Haftstrafe.

Debbies Bemühungen waren erfolgreich. Jeden Samstag fuhr Debbie in den darauf folgenden Wochen mit Christopher in die Heilanstalt, damit er seinen Daddy besuchen konnte. Im Mai 1989 wurde Mark entlassen und lebte bei einem Bewährungsbeamten. Debbie glaubte fest daran, dass Mark es nun geschafft habe und clean sei, deshalb ließ sie Christopher – auch nach Rücksprache mit dem Bewährungshelfer – hin und wieder tagsüber bei seinem Vater. Diese Regelung verlief zunächst ohne Zwischenfälle, doch dann hörte sie längere Zeit nichts mehr von Mark. Ende Juli wollte Mark seinen Sohn wieder sehen. Debbie kontaktierte den Bewährungshelfer und ließ sich bestätigen, dass der Beamte bei Christophers Besuch zugegen sei. Sie verabredete, Christopher gegen 18.00 Uhr wieder abzuholen.

Als sie an diesem Abend eintraf und an die Tür klopfte, befiel sie eine seltsame Vorahnung. Mark öffnete, er stand vollkommen unter Drogen. Hinter ihm erkannte Debbie einige seiner Freunde, die ebenfalls komplett zugekokst waren. Debbie fühlte Wut in sich aufsteigen, dass ihr Sohn abermals dieser Umgebung ausgesetzt war. Nur mit Mühe gelang es ihr so normal wie möglich nach Christopher zu fragen: »Vergiss es, du bekommst ihn nicht!«, lautete Marks Antwort. Als Christopher die Stimme seiner Mutter hörte, rannte er sofort zur Tür und versuchte, sich zwischen den Beinen seines Vaters durchzudrängeln. Mark brüllte ihn an und befahl Debbie, von der Tür wegzutreten. »Ich sage es dir noch einmal, ich bin hier um Chris abzuholen, und ich möchte meinen Sohn!«, forderte Debbie erneut. Daraufhin verlor Mark die Beherrschung. Er stieß Christopher zurück ins Haus, schlug die Tür hinter sich zu und ging auf Debbie los. Er warf sie zu Boden, schrie sie an, sie solle sich nach Hause scheren und ihn in Ruhe lassen. Debbie versuchte, mit ihm zu diskutieren, ihm klarzumachen, dass sie das alleinige Sorgerecht hatte und es einer Entführung gleichkam, wenn er Christopher nicht herausgab. Sie drohte ihm auch damit, die Polizei zu holen, was für Mark bedeutet hätte, dass er wieder inhaftiert worden wäre. Daraufhin packte Mark sie, schleuderte ihr alle möglichen Beschimpfungen entgegen und warf ihr vor, ihn in diese Rehabilitationseinrichtung geschickt zu haben. »Ich habe es satt, von dir bemuttert zu werden. Ich will nur meinen Sohn!«, brüllte er. Der Streit eskalierte so weit, dass

Mark sie würgte, ihr die Autoschlüssel entwendete und damit drohte, ihr Christopher wegzunehmen und sie umzubringen. Christopher beobachtete diese Szene bitterlich weinend und schreiend vom Fenster aus, was seinen Vater noch mehr in Rage brachte.

Debbie gelang es schließlich, sich aus seinem Griff zu befreien, sie flüchtete auf die Straße und rannte um ihr Leben. Einer der Männer, die ebenfalls im Haus gewesen waren, lief hinter ihr her und redete beruhigend auf sie ein. Debbie war fest entschlossen, die Polizei zu rufen, aber Marks Freund schaffte es, sie davon abzuhalten, indem er versprach, Christopher aus dem Haus zu holen. Debbie kehrte schließlich zum Haus zurück und wartete etwa zwanzig Minuten im Garten, bis Mark mit dem Vierjährigen an der Hand in der Tür erschien. Dem Kleinen liefen große Tränen übers Gesicht, er wollte zu seiner Mutter, aber Mark ließ seine Hand nicht los und schleuderte Debbie weiter die wüstesten Beschimpfungen entgegen. Christopher machte sich vor lauter Angst in die Hose, was Mark noch wütender machte. Er versetzte seinem Sohn einen Stoß und brüllte: »Nimm ihn! Aber eines Tages werde ich ihn bekommen, und wenn ich dich dafür umbringen muss!« Christopher flüchtete in die Arme seiner Mutter, sie packte ihn und rannte, so schnell sie nur konnte. In Panik versteckte sie sich mit ihm hinter Mülltonnen und versuchte, das brüllende und am ganzen Leib zitternde Kind zu beruhigen.

Debbie wusste zu diesem Zeitpunkt nicht mehr, wohin. Sie wagte nicht, in das Haus ihrer Schwiegermutter zurückzukehren, weil sie fürchtete, Mark würde sie dort suchen. Zudem hatte sie keine Autoschlüssel mehr und war gezwungen, in der Nähe eine vorübergehende Bleibe für sich und Christopher zu finden. Ihr fiel Jim Styers ein, der Freund ihrer Schwester und ihr ehemaliger Nachbar. Sie hatte ihn als sehr religiösen und hilfsbereiten Menschen kennen gelernt, der nicht trank und nicht rauchte, selbst Vater einer kleinen Tochter war und auch oftmals Kinder aus der Nachbarschaft betreute. Als Debbie Jim Styers von ihrer Misere erzählte, bot er ihr sofort ein Zimmer in seiner Wohnung zur Untermiete an. Für Debbie war es in dieser Situation ein Rettungsanker, den sie dankbar ergriff, ohne jedoch in irgendeiner Weise Gefühle oder Zuneigung für Jim Styers zu empfinden. Für sie war es eine vorübergehende Notlösung. So fühlte sie sich einigermaßen sicher, obgleich Mark nicht aufhörte, sie zu tyrannisieren. Schon nach kurzer Zeit hatte er ihren neuen Aufenthaltsort ausfindig gemacht und terrorisierte sie mit Telefonanrufen und der Drohung, Christopher zu entführen. Debbie lebte in ständiger Angst, wenn sie morgens zur Arbeit ging und instruierte Jim Styers, sofort die Polizei zu alarmieren, sollte Mark in der Nähe der Wohnung auftauchen.

Bei Jim Styers wohnte Debbie zur Untermiete

Debbie war, wie aus ihren Erzählungen deutlich wurde, zu diesem Zeitpunkt mehr denn je entschlossen, in ihrem

Jim Styers' Appartement – Debbies letzte Wohnstätte

Beruf weiterzukommen und sich und ihrem Kind eine neue Zukunft aufzubauen. Sie bewarb sich im August 1989 um eine Stelle bei John Aldens Versicherungsgesellschaft, die ihr die Chance bot, zur Agentin aufzusteigen. Nach einmonatiger Probezeit wurde ihr ein fester Vertrag offeriert, der die in den USA üblichen Sozialleistungen einschloss. Dazu zählten – neben einer Kranken- und Rentenversicherung – auch eine Absicherung im Todesfall für sie und Christopher im Wert von je 5.000 Dollar. Als Begünstigten ihrer eigenen Police trug Debbie ihren Vater ein, da er vor Ort lebte und es anderweitig große Schwierigkeiten bereitet hätte. Für Christopher musste es laut Gesetz der nächste Angehörige, also sie selbst, sein. Diese Versicherungspolice wurde ihr kurze Zeit darauf als Motiv für den Mord an ihrem Sohn unterstellt. Tatsache war aber – und ich möchte dies noch einmal betonen –, dass die Lebensversicherung ein übliches Angebot des Arbeitsvertrages war. Die Vertragsklausel schloss zudem den Fall eines gewaltsamen Todes aus.

Jim Styers war, wie mir Debbie später erzählte, zugegen, als sie die Formulare im Wohnzimmer seines Appartements ausfüllte.

Im September 1989 verbrachten Alex und ich wie jedes Jahr einen großen Teil unseres Jahresurlaubs bei meinen Töchtern in den USA. Wir flogen zunächst nach Phoenix, um Debbie und Christopher zu besuchen. Besonders glücklich waren wir nicht, als wir Jim Styers kennen lernten und sahen, in welch beengten Verhältnissen die beiden lebten. Aber auf der anderen Seite war ich wirklich froh, dass Debbie sich von Mark getrennt hatte und er aus ihrem unmittelbaren Lebensumfeld verschwunden war. Jim Styers erzählte uns auch gleich, dass er Christopher und Debbie beschützen werde und nicht zulasse, dass Mark Milke sich auch nur in die Nähe der beiden wage.

> Meine Mutter merkte gleich, dass irgendetwas nicht in Ordnung war. Ich wohnte bei Jim und hatte kein Auto mehr. Ich ließ meine Eltern meist im Dunkeln über das, was in meinem Leben passierte. Es war mir so peinlich, und ich schämte mich so dafür, dass ich nicht einmal darüber reden wollte. Also vermied ich es einfach, mit ihnen über die negativen Ereignisse in meinem Leben zu sprechen. Diesmal stellte meine Mutter aber Fragen über Fragen, und irgendwann musste ich sie in alles einweihen. *(aus Debbies Aufzeichnungen)*

Debbie nahm während unseres Besuches einige Tage Urlaub und erzählte uns von ihrer neuen Arbeitsstelle und ihren Plänen. Wir besuchten sie auch in ihrer Firma, und sie stellte uns ihre Kollegen und ihre Vorgesetzte vor. Die Dame sprach sehr anerkennend von Debbie und lobte ihre Arbeit und ihr Engagement. Debbie besaß, nachdem Mark ihr die Schlüssel abgenommen hatte, noch kein neues Auto. Bislang hatte Jim Styers sie jeden Tag ins Büro gefahren und abends auch wieder abgeholt. Sein Wagen war allerdings ziemlich alt und unzuverlässig. Deshalb ging Alex in den nächsten Tagen mit Debbie los, um ihr einen eigenen Wagen zu kaufen.

Debbie erzählte uns auch von den Drohungen, die Mark Milke ihr gegenüber nach wie vor äußerte. Trotz Marks Rückfällen, die Debbie immer wieder enttäuschten, hatte sie es nicht übers Herz gebracht, ihrer Schwiegermutter Ilse den Wunsch abzuschlagen, Christophers vierten Geburtstag gemeinsam mit ihm zu verbringen. Als Ilse und Mark das Kind am Nachmittag zurückbrachten, merkte Debbie sofort, dass Mark wieder einmal unter Drogen stand. Dies war der sprichwörtlich letzte Tropfen, der das Fass zum Überlaufen brachte. Marks Bemerkung, dass »ein bisschen Kokain dem Kind bestimmt nicht schaden würde«, war für sie ein eindeutiges Indiz dafür, dass Mark sich nicht mehr ändern würde. Sie erwirkte ein Besuchsverbot, wogegen Mark Einspruch erhob. Die Sache musste vor Gericht verhandelt werden. Ich konnte Debbies Angst vor ihrem Exmann fühlen, sah aber gleichzeitig, wie weh es ihr tat, den Kontakt zwischen Christopher und seinem Vater per Gerichtsbeschluss abbrechen zu müssen. Angst um ihr Leben und die Sorge um ihr Kind zwangen sie zu diesem Schritt. Debbie erzählte uns auch, dass sie unbe-

Debbie mit Ernie Sweat (links) und Alexander Janka auf dem Firmengelände John Aldens (September 1989)

dingt aus der Gegend wegziehen wollte und bereits ein neues Appartement in Tempe, nahe ihrer neuen Arbeitsstelle, in Aussicht habe. Sie hatte sich auch um einen Kindergartenplatz für Christopher bemüht und hoffte, dass sie bald eine Zusage erhalten würde.

Während Alex und Debbie tagsüber nach einem neuen Wagen Ausschau hielten, war ich viel mit Christopher allein in der Wohnanlage. Es ist in dieser Jahreszeit zu heiß in Arizona, um weite Ausflüge zu machen, deshalb spielten wir die meiste Zeit im Haus oder im Garten. Ich erinnere mich, wie er eines Tages auf meinen Schoß kletterte und mir erzählte, welch »böse Dinge« sein Daddy seiner Mommy angetan habe, dass aber Jim das jetzt nicht mehr zulassen würde. Es tat mir weh, von meinem vierjährigen Enkel solche Geschichten zu hören. Einmal war ich mit ihm draußen, weil er sein neues Spielzeugauto, das ich ihm gekauft hatte, ausprobieren wollte. Ich beobachtete, wie größere Kinder versuchten, es ihm wegzunehmen. Christopher war ein tapferer kleiner Kerl, der sich zu wehren wusste, und er biss einen Jungen, der fast doppelt so groß war wie er, kurzerhand in den Rücken. Ich griff ein und wies Christopher zurecht. Christopher antwortete mir, er wüsste, dass er andere Kinder nicht schlagen oder beißen dürfe, dass er es aber nicht zulassen würde, dass ihm noch einmal jemand wehtat. Ich fragte ihn, wer ihm denn wehgetan habe. Er antwortete: »Mein Daddy und seine Freunde, als sie so komisch waren.« Ich wusste damals noch nicht, was in dieser Nacht, als Debbie zu Styers flüchtete, passiert war, und konnte mit seiner Aussage deshalb auch nicht allzu viel anfangen, nahm mir aber vor, Debbie danach zu fragen.

Wenn Debbie abends nach Hause kam, freute sich Christopher unbändig. Er sprang an ihr hoch, kletterte auf ihren Schoß und schmiegte sich eng an sie, um ihr von seinen Erlebnissen zu erzählen. Die Liebe und enge Bindung zwischen Mutter und Sohn war offensichtlich. Ich wünschte beiden aus tiefstem Herzen, dass sie bald ein neues Zuhause finden würden.

An einem der Tage, die ich zu Hause verbrachte, war auch Jim Styers in der Wohnung. Christopher spielte draußen, und ich war naiv genug, um Styers von Debbies Absichten zu erzählen, wieder auf eigenen Füßen stehen zu wollen. Ich unterstützte ihre Bemühungen, was ich auch zum Ausdruck brachte, und wollte Styers eigentlich dafür danken, dass er sich um Debbie und Christopher gekümmert hatte und die beiden vorübergehend bei ihm wohnen konnten. Der Mann, der mir gegenübersaß und den mir sowohl Sandy als auch Debbie immer wieder als überaus hilfsbereit und freundlich beschrieben hatten, wechselte binnen Sekunden den Gesichtsausdruck. Er wurde bleich wie ein Leichentuch, Schweiß lief ihm über das Gesicht und er erhob sich. Dann hielt er mir einen abgehobenen Vortrag über meine Sünden, die ich an meinen eigenen Kindern begangen hätte. »Sie haben kein Recht, plötzlich hier aufzukreuzen und sich in unser Leben einzumischen!«, warf er mir vor. »Sie sollten sofort mit mir in die Kirche gehen und Buße tun für alles, was Sie Ihren Kindern angetan haben!« Ich war völlig fassungslos und in meiner Bestürzung liefen mir Tränen übers Gesicht. »Ich werde Debbie beschützen, ich werde für sie sorgen, und ich dulde nicht, dass irgendjemand ihr etwas tut!«, schrie er und verließ mit einem lauten Türknallen die Wohnung. Ich saß da und konnte gar nicht recht begreifen, was gerade vorgefallen war. Ich wusste nur, dass Debbie und Christopher so schnell wie möglich aus diesem Umfeld wegmussten, und ich war dankbar dafür, dass sich ein Ende abzeichnete.

Debbie erzählte uns während unseres Besuches auch von Ernie Sweat, einem jungen Mann, mit dem sie befreundet war. Wir gingen an seinem Geburtstag zusammen Mittagessen und waren sehr angetan von ihm.

Debbie verstand sich gut mit ihm, sie waren auch beide ineinander verliebt, wollten aber keine feste Beziehung. Sowohl Debbie als auch Ernie schmiedeten eigene Pläne für die Zukunft, und Debbie erzählte mir später, dass sie noch nicht für eine neue Partnerschaft bereit sei, da ihre unglückliche Ehe mit Mark sie noch immer sehr beschäftigte. Als wir uns darüber unterhielten und sie so offen von ihren Verletzungen sprach, hatte ich das Gefühl, dass die »alte« Debbie, so wie ich sie kannte, wieder zum Vorschein kam. Debbie bedauerte auch, dass sie, wie sie es ausdrückte, in den vergangenen Jahren so viel verloren hatte. Es ging ihr hierbei nicht nur um materielle Dinge, die meine Eltern und wir ihr für ihr Zuhause geschickt hatten und die für sie natürlich Erinnerungen bargen, sie weinte auch über ihre verlorene Jugend. Sie räumte ein, große Fehler gemacht zu haben, und wollte alles wieder in Ordnung bringen. Vor allem Christopher sollte eine gute Zukunft haben. Dann führte sie mich zu ihrem Schrank und zeigte mir einige Kartons, die dort lagerten. Sie enthielten neues Geschirr, ein paar Kleinigkeiten für Christophers Zimmer, ihre neue Arbeitskleidung, Garderobe für Christopher und Dinge, die er brauchen würde, wenn er in den Kindergarten ging. »Das ist unser neues Leben, Mom!«, sagte sie lächelnd und mit Stolz in der Stimme. Endlich fanden wir in langen Gesprächen das einst verloren gegangene Vertrauen zwischen Mutter und Tochter wieder.

Als Alex und ich Phoenix verließen, waren wir, was Debbies Zukunft betraf, sehr zuversichtlich. Wir verabschiedeten uns auch von Styers. Er hatte eiskalte Hände, als wir einander auf Wiedersehen sagten, und in mir stiegen unangenehme Erinnerungen an unser Gespräch in der Küche hoch. Im Flugzeug sprach ich noch einmal mit Alex über ihn. Auch er hatte ein seltsames Gefühl. Allerdings konnten wir beide nicht genau definieren, an was es lag. Wir schoben es ein Stück weit auf Styers übertriebene religiöse Einstellung – er ging mindestens drei Mal wöchentlich in die Kirche –, wischten aber die Bedenken in der Hoffnung weg, dass Debbie und Christopher sowieso bald ausziehen würden.

Als wir in Wyoming bei Sandy und ihrer Familie eintrafen, wo wir die zweite Hälfte unseres Urlaubs verbringen wollten, waren wir anfänglich begeistert. Sandy und Ron lebten mit Jason in einem netten kleinen Häuschen, und es schien ihnen sehr gut zu gehen. Ron behandelte Jason wie seinen eigenen Sohn, und er erzählte uns auch, dass er ihn gerne adoptieren wollte. Sandy aber war dagegen, weil sie, wie sie sagte, erst noch ihre Ansprüche auf Unterhaltszahlungen geltend machen wollte. Ich schüttelte darüber nur den Kopf, wollte mich aber nicht weiter einmischen. Die ersten Tage verliefen sehr harmonisch. Wir lernten auch Rons Eltern kennen – allerdings wurde bei diesem Besuch sehr schnell deutlich, dass sie mit ihrer neuen Schwiegertochter nicht sonderlich zufrieden waren. Und auch Jason entsprach mit seinem zarten Körperbau und seiner leichten Behinderung wohl nicht ganz ihren Vorstellungen von einem Enkelkind.

Als wir einige Tage später zusammen am Frühstückstisch saßen und ich ganz beiläufig von Debbies Situation erzählte und erwähnte, dass wir ihr einen neuen Wagen sowie einige andere Dinge gekauft hatten, damit sie sich ihr neues Leben aufbauen könnte, bekam Sandy von einer Sekunde auf die andere einen Wutanfall. Sie schrie mich an, dass das mal wieder typisch für mich sei, Debbie würde ich immer alles nachwerfen und sie sei immer diejenige, die leer ausgehe. Sie tobte minutenlang durch die Küche und schleuderte mir hasserfüllt ihre Vorwürfe entgegen. Ron war die ganze Situation unglaublich peinlich, er stand auf und ging. Alex bemühte sich, Sandy zu beruhigen, und machte ihr klar, dass wir immer versuchten, beiden gerecht zu werden, und dass wir auch ihr in den letzten Jahren zwei Autos gekauft hatten – abgesehen von den zahlreichen beglichenen Rechnungen und dem Darlehen, das wir Ron und ihr für das Haus gewährten. Aber wenn Sandy in Rage gerät, ist jede Diskussion sinnlos. Der Streit eskalierte, und die Stimmung blieb den ganzen Tag frostig. Abends teilte mir Alex mit, dass er am nächsten Tag zurück in die Schweiz fliegen würde, weil er Sandys Verhalten und ihre unverschämten Äußerungen mir gegenüber nicht ertragen konnte. Ich hätte seinem Rat folgen und mit ihm fliegen sollen, da die darauf folgenden Tage nicht besser wurden. Aber ich wollte nicht im Zorn gehen und außerdem gab es auch noch meinen Enkel Jason, den ich nur selten sehen konnte, also blieb ich bis zum Ende unseres geplanten Aufenthalts.

Ende Oktober 1989 rief Debbie mich aufgeregt und wütend in der Schweiz an. Sie erzählte mir, dass sich Jim Styers eine Waffe zugelegt habe und damit vor den Nachbarn protze. Debbie hasste Waffen ebenso wie ich, und ich verstand ihren Zorn. Sie fühlte sich so hilflos, weil sie Styers nicht verbieten konnte, in seiner eigenen Wohnung eine Waffe zu deponieren. Ich riet ihr, in jedem Fall sicherzustellen, dass Styers die Pistole zumindest vor den Kindern versteckt hielt. Christopher war ein sehr aufgewecktes und neugieriges Kind, und eine Waffe hätte mit Sicherheit seine Aufmerksamkeit gefunden. Debbie hatte die gleichen Befürchtungen, und dieser Vorfall bestärkte sie nochmals in ihrem Entschluss, Styers' Wohnung so schnell wie möglich zu verlassen und ein eigenes Appartement zu beziehen. Sie hatte aber auch gute Nachrichten: Das Gericht hatte am 24. Oktober entschieden, Mark Milke die Besuchsrechte bei seinem Sohn zu verweigern und Debbie das alleinige Sorgerecht zuzusprechen. Außerdem zeichnete sich ab, dass sie sowohl die Wohnung als auch den

Kindergartenplatz für Christopher in Tempe bekommen würde. Den Umzug plante sie für Januar kommenden Jahres. Sie hatte bislang niemandem davon erzählt und hielt auch – aus Angst vor Mark Milkes Drohungen – die Adresse geheim.

Als der Mietvertrag am 24. November unterzeichnet wurde, informierte Debbie Jim Styers darüber, dass sie nach den Feiertagen ausziehen würde. Sie wollte ihm genügend Zeit lassen, einen neuen Untermieter zu finden. Jim Styers beschwor sie, bei ihm zu bleiben; er wollte, so beteuerte er immer wieder, sie und Christopher beschützen. Debbie begann zu ahnen, dass Styers mehr für sie empfand als sie für ihn. Doch ihr Entschluss stand fest: Sie wollte ihrem Sohn eine bessere Zukunft und geordnete Verhältnisse bieten.

TATORT WÜSTE

Acht Tage später, am 2. Dezember 1989, bat Jim Styers Debbie, sich ihren Wagen, den wir für sie gekauft hatten, ausleihen zu dürfen, da er in das nahe gelegene Einkaufszentrum fahren wollte. Debbie gab ihm bedenkenlos die Schlüssel. Christopher bettelte, mitfahren zu dürfen, um ein Foto mit dem Weihnachtsmann machen zu lassen. Debbie fragte Jim, ob es in Ordnung wäre, wenn Christopher mitkäme. Jim hatte kein Problem damit. Sie mussten über die Euphorie des Vierjährigen lachen. Christopher bestand darauf, für das Foto sein Lieblings-Outfit, Jeans, ein gelbes Sweatshirt und seine Cowboystiefel, anziehen zu dürfen, und sprang aufgeregt durch die Wohnung. An der Tür winkte sie Christopher noch zu, als er auf den Rücksitz des Wagens kletterte. »See you later, alligator«, rief er ihr lachend zu, sie antwortete: »After a while, crocodile!«, und winkte schmunzelnd zurück. Dies waren die letzten Worte, die sie mit Christopher gewechselt hat.

Debbie machte sich keine Sorgen und glaubte Christopher in guten Händen. Sie hatte Styers als fürsorglichen und verlässlichen Menschen kennen gelernt, dem sie vertraute. Also begann sie mit ihren üblichen samstäglichen Tätigkeiten, räumte die Wohnung auf, holte die Post ab, legte Wäsche zusammen, hielt ein Pläuschchen mit den Nachbarn an der Wohnungstür und telefonierte mit Freunden. Einige Stunden später erhielt sie einen Anruf von

Styers, der ihr erzählte, Christopher sei verschwunden. Für Debbie muss in diesem Augenblick eine Welt zusammengebrochen sein. Ihre Angst, Mark Milke könnte seine Drohung wahrmachen und Christopher entführen, saß tief. Debbie verständigte deshalb sofort die Polizei und rief ihren Vater in Florence sowie ihre Schwester in Wyoming an. Auch Nachbarn und Freunde bat sie um Mithilfe. Sie stattete sie mit Fotos von Christopher aus, damit sie zum Einkaufszentrum fuhren, um die Polizei, die bereits vor Ort war, bei der Suche zu unterstützen. Debbie saß währenddessen in der Wohnung vor dem Telefon in der Hoffnung, Christopher würde sich melden. Sie wartete stundenlang, schlief in der folgenden Nacht kaum und konnte vor lauter Kummer und Panik keinen Bissen essen. Sie beantwortete bereitwillig alle Fragen, die die Polizisten ihr stellten, und weigerte sich vehement, das Telefon zu verlassen.

> Man muss sich vorstellen, dass ich ein ganz normales Leben geführt habe; ich habe ehrlich gearbeitet und versucht, ein Leben für mich und mein Kind aufzubauen. Es gab da einen vertrauten Menschen, mit dem ich seit ein paar Jahren gut befreundet war und bei dem ich wohnte – ein Mensch, der sich mir gegenüber immer anständig verhalten hatte. Mal gingen wir alle zusammen eine Pizza essen, mal zusammen einkaufen, halt so alltägliche Dinge, die man mit jemandem im Freundeskreis macht. Eines Tages fragt dich dieser Bekannte, ob er dein Auto borgen kann, weil sein Wagen nicht in Ordnung ist. Er will einkaufen gehen und dein Kind will mit. Du denkst, es geht in Ordnung – das Kind kennt ihn ja, und du hast keinen Grund, dem Bekannten zu misstrauen. Stunden später ruft er an und sagt, dass dein

Kind entführt worden ist. Da bist du nur noch total aufgelöst und hysterisch – endlose Stunden vergehen. Du bist krank vor Kummer und Schmerz, du kannst nicht schlafen, nicht essen, und du kannst keinen klaren Gedanken fassen. Du bist bis lang in die Nacht hinein wach, versuchst, so gut es geht, der Polizei zu helfen, und musst doch immer wieder an das Schlimmste denken. Du stellst dir vor, dein Kind wird von einem Kinderschänder missbraucht, vielleicht mit Drogen voll gepumpt. Du erlebst so viele Gefühle auf einmal, und die ganze Zeit versuchst du natürlich, der Polizei zu helfen – körperlich und seelisch bist du nach 30 Stunden Wartezeit am Ende deiner Kräfte. *(aus Debbies Aufzeichnungen)*

Erst am nächsten Tag, nach 30 Stunden ergebnislosen Wartens, konnten ihre Stiefmutter und ihre Stiefschwester Debbie überreden, mit ihnen nach Florence in das Haus ihres Vaters zu fahren. Debbie willigte schließlich ein und hinterließ der Polizei die dortige Adresse und Telefonnummer mit der Bitte, sie sofort zu informieren, wenn man Christopher gefunden habe.

Die Fahrt nach Florence zu den anderen ist mir nur bruchstückhaft in Erinnerung geblieben. Mein Kopf war leer, und ich weinte immer wieder.

Ich kann mich erinnern, wie ich im Pick-up saß, benommen aus dem Fenster starrte und zu Maureen, der Frau meines Vaters, sagte, ich würde fühlen, dass Chris tot sei, er sei schon zu lange spurlos verschwunden. Welche Mutter würde in einer solchen Situation nicht an das Schlimmste denken? Mir tut es tief in meiner Seele weh,

> dass Maureen dies später vor Gericht vollkommen verdreht wiedergegeben hat.
>
> Als wir das Haus meines Vaters erreichten, kam meine Großmutter auf mich zu und nahm mich in die Arme. Ich heulte wie ein Schlosshund. Mein Dad zwang mich dazu, etwas zu essen, aber ich bekam nichts hinunter. Maureen gab mir eine Valiumtablette und sagte, ich müsse mich hinlegen. Ich bin praktisch sofort eingeschlafen, aber schon nach kurzer Zeit kam Karen, Maureens Tochter, und weckte mich wieder. So plötzlich aus dem Tiefschlaf gerissen, wusste ich nicht einmal, wo ich war, geschweige denn, was für ein Tag war – gar nichts. Sie sagte, der Sheriff von Florence wolle mit mir sprechen, und ich kann mich auch noch erinnern, dass ich abwehrte. Ich war so verwirrt, ich wusste gar nicht, was vor sich ging. Irgendwie wurde ich aber endlich wach und habe so gut wie möglich versucht, mich zusammenzureißen. *(aus Debbies Aufzeichnungen)*

Debbie hatte keine Ahnung, was an diesem 2. Dezember 1989 tatsächlich passiert war. Ihre persönlichen Aufzeichnungen, die sie im Gefängnis festgehalten hat, zeigen, dass sie als Mutter Todesangst um ihr Kind hatte. Zu viel war in den vergangenen Monaten geschehen.

Während Debbie noch in Ungewissheit wartete, verhörten Beamte der Vermisstenabteilung Jim Styers und Roger Scott. Ersterer hatte den Polizisten zunächst erklärt, er sei auf dem Weg zum Einkaufszentrum an der Wohnung seines Freundes, Roger Scott, vorbeigefahren und habe diesen mitgenommen. Anschließend seien sie zusammen mit Christopher in das Einkaufszentrum gefahren. Während er auf der Toilette gewesen sei, sei Christopher spurlos verschwunden. Roger Scotts Darstellungen – er erzählte mehrere Varianten der Geschichte – wichen in wesentlichen Punkten von Jim Styers' Aussage ab.

Die Nervosität der beiden Männer und ihre widersprüchlichen Versionen machten die Beamten misstrauisch. Sie nahmen Roger Scott ins Kreuzverhör. Roger Scott ist nicht nur Alkoholiker, sondern nachweislich schizophren und auf lebenswichtige Medikamente angewiesen; nach einem etwa 14-stündigen Verhör und unter Entzug dieser Medikamente sagte Roger Scott schließlich aus, Jim Styers habe »das Baby in der Wüste erschossen«. Er habe lediglich den Wagen gefahren, könne aber der Polizei den Weg zum Tatort weisen. Auf dem Weg dorthin machte er die verhängnisvolle Aussage, die Debbie auf die Anklagebank brachte. Scott erzählte den Ermittlern: »Ich werde euch etwas über die Mutter des Babys verraten: Sie weiß alles über den Mord. Sie wollte, dass Chris getötet wird, niemand sonst.« Jim Styers hat dieser Aussage immer wieder vehement widersprochen. Er betonte nicht nur vor Gericht, sondern auch in Briefen aus dem Gefängnis, dass Debbie nichts von dem Mord gewusst habe und in keiner Weise involviert gewesen sei.

Die Polizei fand Christophers Leiche in der Wüste, nördlich der Happy Valley Road. Er lag zusammengekauert in einem ausgetrockneten Flussbett und hatte drei Kugeln im Hinterkopf. Daneben waren Abdrücke von Schuhen erkennbar, die vermutlich Styers getragen hat. Aus den verschiedenen Protokollen des Phoenix Police Department und der Staatsanwaltschaft geht jedoch bis heute nicht hervor, welcher der beiden Männer die Todesschüsse tatsächlich abgegeben hat. Sie bezichtigten sich auch während der späteren Strafprozesse gegenseitig, die Tat begangen zu haben. Jim Styers behauptete, dass Scott ihn am Tatort bedroht habe. Die Waffe, mit der Christopher erschossen wurde, gehörte Styers, sie wurde aber in Scotts Wohnung gefunden.

Debbie wollte lange Zeit nicht glauben, dass Styers zu dieser Tat fähig war. Später erfuhr sie von ihrem Pflichtverteidiger und einem Ermittler, dass Styers Pläne geschmiedet hatte, ihren Sohn umzubringen. Nachbarn sagten aus, dass er ihnen gegenüber geklagt habe, dass Christopher ihm fürchterlich auf die Nerven gehe. »Ich wünschte, er wäre tot«, soll er geäußert haben. Weil er die Tat aber nicht alleine durchziehen wollte, nahm er seinen Bekannten Roger Scott mit. Jim Styers hatte Debbie anfangs nie etwas von diesem Freund erzählt. Er tauchte einfach eines Tages unangemeldet in der Wohnung auf; Debbie empfand ihn als sehr unangenehm, da er ständig betrunken zu sein schien und sie wiederholt um Geld anbettelte. Offensichtlich kam Scott auch nicht allzu oft zu Besuch, da ihn der Lärm nervte, den die Kinder verursachten. Er schien auch mehrmals mit Styers gestritten zu haben, weshalb dieser »diesen Zirkus mitmacht«. In späteren gerichtsmedizinischen Gutachten wurde Scott als jemand beschrieben, der anderen bedingungslos folgt und zu allem Ja sagt. Er leidet seit seiner Kindheit unter verschiedenen mentalen Störungen, die es ihm unmöglich machen, klar zu denken oder sich an Ereignisse zu erinnern. Er hat einen sehr geringen IQ, weshalb ihm später bescheinigt wurde, dass er geistig zu beschränkt sei, um diesen Mord geplant zu haben. Debbie hatte während Christophers Verschwinden keine Sekunde an Roger Scott gedacht. Erst als sein Name während des Verhörs von

Detective Saldate erwähnt wurde, erinnerte sie sich wieder an ihn.

Jim Styers, so belegen spätere psychiatrische Gutachten, hatte ein schweres mentales Trauma und war Patient in der Klinik für Kriegsgeschädigte, dem so genannten Veteran Administration Hospital. Seine Verhaltensstörungen sind auf seinen Einsatz im Vietnamkrieg zurückzuführen, wo er als Marinesoldat gedient hatte. Während seines eigenen Prozesses hat Jim Styers ausgesagt, dass er in Vietnam ältere Menschen, Frauen und Kinder getötet habe. Traumatisiert hätte ihn vor allem ein Vorkommnis, bei dem er einen kleinen Jungen erschoss, der auf einen LKW der US Army klettern wollte. Er hörte Stimmen in seinem Kopf, die »Schreie der toten Frauen und Kinder« peinigten ihn, so seine späteren Erklärungen vor Gericht. Experten schildern, dass es bei ehemaligen Vietnamveteranen nichts Ungewöhnliches sei, wenn sie später wieder Kinder töteten. Auf Grund ihrer Ausbildung, des permanenten Trainings und der gemachten Erfahrungen könne es vorkommen, dass der normale menschliche Verstand aussetze. Auch wenn man es kaum fassen kann, aber medizinische Experten und verschiedene psychiatrische Gutachten erklärten Styers' Motiv für den Mord damit, dass er versucht habe, Debbie durch diese Tat an sich zu ketten. Die Verlustangst habe ihn zu dieser Tat getrieben.

Detective Saldate, der zum damaligen Zeitpunkt die Ermittlungen leitete, ordnete an, dass Scotts Geständnis auf Tonband aufgezeichnet wurde. Er selbst erhielt von seinem Vorgesetzten den Auftrag, nach Florence zu fahren, um die Mutter des Kindes zu befragen. An dieser Stelle muss noch einmal festgehalten werden, dass Debbie zu diesem Zeitpunkt nicht unter Mordverdacht stand; sie war lediglich durch die Aussage eines schizophrenen Mannes belastet worden. Es gab keine Beweise, die ihre Mittäterschaft belegt hätten. Saldate wurde von seinem Vorgesetzten ausdrücklich angewiesen, das Gespräch mit Debbie auf Tonband aufzuzeichnen. Er ließ einen Helikopter kommen und flog etwa 90 km bis Florence ins dortige Police Department.

Debbie war zu dieser Zeit im Haus ihres Vaters. Sie hatte, wie schon erwähnt, von ihrer Stiefmutter Maureen eine Valiumtablette bekommen und etwa eine halbe Stunde geschlafen, als sie wieder geweckt wurde und man ihr mitteilte, sie solle zum hiesigen Gefängnis kommen, um mit jemandem von der Polizei zu sprechen. Sie stand zwar unter Einfluss des Beruhigungsmittels, war aber durch die Ereignisse der letzten Stunden innerlich noch völlig durcheinander und aufgewühlt. Sie beschreibt selbst, wie sie die Situation erlebt hat:

> Der Sheriff von Florence stand in der Tür und sagte, die Polizei aus Phoenix sei auf dem Weg zu uns. Mir wurde erklärt, ich müsste zum Ortsgefängnis, um mit jemandem von der Polizei zu sprechen. Ich dachte, sie hätten Chris gefunden und würden ihn zu mir bringen. Ich fragte den Sheriff sofort, ob er etwas wüsste; er sagte »Nein«. Jan, eine Freundin der Familie, fuhr mit mir ins Gefängnis. Sie haben uns zu einem kleinen Sanitätsraum gebracht, wo wir uns hingesetzt und gewartet haben; es kam mir wie Stunden vor. Ich konnte nicht verstehen, wieso die Polizisten aus Phoenix noch nicht da waren. Niemand konnte mir darauf eine Antwort geben, also saßen Jan und ich da und warteten und warteten.

> Schließlich kam ein großer, dicker Mann in Zivil zu uns in den kleinen Raum, schickte Jan weg und schloss die Tür. *(aus Debbies Aufzeichnungen)*

Debbie und Jan hatten tatsächlich zwei Stunden lang im Sanitätsraum des Gefängnisses gewartet. Trotz wiederholter Nachfrage erhielten sie keine näheren Informationen über Christophers Verbleib. Jan versuchte immer wieder, Debbie zu beruhigen. Debbie klammerte sich an die Hoffnung, die Polizei hätte Christopher unversehrt gefunden und sie könne ihn gleich in ihre Arme schließen. Detective Saldate, ein 1,80 Meter großer und 110 kg schwerer Mann, der die Ermittlungen leitete, betrat den Raum – ohne Kassettenrekorder und Diktiergerät – und forderte Jan auf zu gehen. Nur Debbie und er blieben hinter der verschlossenen Tür zurück. Während ich noch vollkommen ahnungslos in der Schweiz auf einen erlösenden Anruf wartete, sollten die folgenden 35 Minuten über Debbies weiteres Schicksal entscheiden. Über den genauen Dialog der beiden existieren zwei unterschiedliche Versionen – Debbies Aufzeichnungen und Saldates Polizeiprotokoll, das er erst drei Tage später aus dem Gedächtnis anfertigte. Nichts wäre dringender gewesen, als dieses Gespräch auf Tonband aufzuzeichnen oder – wie es korrekte Ermittlungen und gute Polizeiarbeit gefordert hätten – eine weitere Person als Zeuge und Protokollführer im Raum zu belassen.

DAS VERHÖR

Debbie hat das Gespräch mit Saldate in ihren Aufzeichnungen genau wiedergegeben. Im Laufe der Jahre schilderte sie diesen Dialog mehreren, voneinander unabhängigen Personen, ohne dass es dabei zu Diskrepanzen kam:

> Der Sanitätsraum war sehr klein. Er war mit einer Untersuchungsliege, einem Schreibtisch und zwei Stühlen möbliert, und eine Tür zu einem Nebenraum, der voll mit Lagermaterial war, stand offen. Es gab überhaupt keine Fenster. Ich saß auf einem Stuhl an der Wand und konnte ein Telefon im Nebenraum sehen sowie ein Waschbecken mit einem Papierhandtuchspender. Ich war sehr aufgewühlt, natürlich auch ausgelaugt und erschöpft. Jan und ich, wir hatten beide gedacht, die Polizei in Phoenix hätte Chris gefunden und sie brächten ihn jetzt.
>
> Endlich kam dieser Mann in den Raum, schickte Jan weg und wies sich als Detective Armando Saldate von der Polizei in Phoenix aus. Zuerst war er eine ganze Weile damit beschäftigt, es sich bequem zu machen – dabei rollte er seinen Stuhl vor mir hin und her und die ganze Zeit über suchte er in seinen Taschen nach irgendetwas. Ich fragte ihn sofort, ob er mir etwas über Christopher sagen könne, aber er schaute mich gar

nicht an. Dann zog er eine Visitenkarte aus einer Tasche, schaute auf seine Uhr, schrieb etwas auf einen Notizblock, schaute mich an und fragte, ob ich Debbie sei. Ich stutzte und antwortete: »Ja, natürlich.« Dann leierte er völlig emotionslos herunter: »Wir haben deinen Sohn, er wurde ermordet und du stehst unter Arrest.« Ich bin total ausgeflippt und begann zu schreien »Was!? Was!?« Dann fing ich völlig unkontrolliert zu heulen an und hyperventilierte wahrscheinlich auch. Mein Gehirn funktionierte nicht mehr. Er begann, etwas von einer Visitenkarte abzulesen. Ich verstand nicht, was er vorlas, begriff nichts, weil ich völlig unter Schock stand. Ich konnte seine Stimme hören, aber ich war so durcheinander, dass ich einfach nicht verstand, was er mir vorlas. Er fragte mich, ob ich meine Rechte verstanden hätte, und ich schrie nur: »Nein! Ich bin noch nie festgenommen worden!« Also las er mir meine Rechte nochmals vor, bis ich sie zumindest den Worten nach verstanden hatte.
Er fragte, ob ich das Gespräch auf Tonband aufgenommen haben möchte. Ich antwortete: »Nein, ich will einen Anwalt. Ich möchte meinen Vater anrufen, damit er einen Anwalt besorgt.« Er sagte, dass es zu spät am Abend sei, um einen Anwalt zu finden. Stattdessen rückte er seinen Stuhl näher an mich heran, sodass ich, die ich mit dem Rücken zur Wand saß, keine Möglichkeit mehr hatte, ihm auszuweichen. Sein Gesicht kam ganz nahe, er legte seine Hände auf meine Knie und sagte: »Ich bin hier, um die Wahrheit zu erfahren. Du kannst mir alles sagen, ich bin dein Freund.« Ich wiederholte, dass ich das Telefon im Lagerraum benutzen möchte, um meinen Vater anzurufen, er aber versuchte

immer wieder, meine Aufmerksamkeit vom Telefon abzulenken. Er wiederholte mehrmals: »Ich bin hier, um die Wahrheit zu hören. Du kannst es mir sagen.«

Ich konnte nicht aufhören zu heulen. Mein Gesicht tat überall weh, die Nase lief ununterbrochen. Ich wollte Papiertaschentücher aus dem Nebenraum holen, aber er ließ das nicht zu. Am Ende musste ich mir die Nase an meiner Jacke putzen, einem Sweatshirt mit Knöpfen, das ich über einem T-Shirt anhatte. Er wurde böse und schrie mich an: »Ich bin nicht hier, um mir so etwas ansehen zu müssen. Du kannst mit dem Theater aufhören, ich kenne doch schon die ganze Geschichte.« Ich fragte zurück: »Was für eine Geschichte? Was erzählen Sie denn da?« Ich habe ihn angeschrien und gesagt, dass das mit meinem Sohn gelogen ist und wie er nur so einen makabren Scherz mit mir treiben könne. Er sagte: »Ich weiß alles über Jim, Roger, das Versicherungsgeld und deine Beteiligung.« Ich war so schockiert und durcheinander, dass ich überhaupt nichts mehr verstand. In einem fort bezichtigte er mich irgendeiner Verschwörung mit Versicherungsgeld. Und was hatte Roger damit zu tun? Was für Versicherungsgeld? Jim würde Chris nie etwas antun! Mir blieben die Worte weg, und plötzlich kam mir ein Gespräch in den Sinn, das ich mit Chris vor kurzem geführt hatte.

In deinem Kopf siehst du dich und dein Kind miteinander sprechen und mit der Erinnerung an dieses Gespräch schreist du auf, weil es so wehtut. Der Detective fragt, was du gerade denkst. Du sagst ihm, dass es vielleicht drei Wochen her sein könnte, da kam dein Kind von der Bibelstunde nach Hause und hielt ein Bildchen von Jesus mit einer Engelsschar um sich herum in Händen. Mein Kind wollte wissen, wer Gott ist und wo er wohnt. Du überlegst einen Moment lang, wie du das einem kleinen Kind am einfachsten erklären kannst, damit es die Zusammenhänge versteht. Du sagst ihm, dass Gott an einem Ort lebt, den wir Himmel nennen, und dass er alle Menschen liebt, auch die kleinen Jungen und Mädchen. Er kann alles sehen, was die Menschen tun, und er ist immer bei dir. Er ist in deinem Herzen und er ist gut zu allen Menschen. Dein Kind fragt, ob man Gott sehen kann, ob man Ihn irgendwo finden kann, und du sagst »Nein«. Du erklärst dem Kind, dass Menschen erst in den Himmel kommen, wenn sie sterben, um beim lieben Gott zu sein. Dein Kind sagt, dann möchte es, dass du mit ihm dorthin gehst, um Gott zu sehen. Du musst darüber lachen, legst die Arme um den Kleinen und sagst, er brauche sich keine Gedanken zu machen, er sei doch noch ein kleiner Junge und müsse noch so viel wachsen.

Dieses Gespräch hast du im Kopf, und während des ganzen »Verhörs« musst du immer daran denken, dass du zu deinem Kind gesagt hast, es müsse sich keine Sorgen um das Sterben machen, es habe doch noch so viele Jahre Leben vor sich. Plötzlich geht dir auf, dass dein Kind betrogen worden ist. Du beginnst wieder zu weinen und kannst nicht aufhören zu denken, dass das Kind bestimmt bei den Großeltern ist und der Polizist lügt. Ich begriff einfach nicht, dass mein Sohn tot sein sollte und ich ihn nie wieder sehen würde. Der Polizist schikanierte mich weiter und fuhr auf übelste Weise fort mit seinen Beschuldigungen; ich begann ihn anzuschreien: »Hören Sie auf! Ich bin nicht verrückt. Ich möchte endlich wissen, was mit meinem Sohn passiert ist!« Ich sagte ihm auch, dass ich nicht im Leben daran glaubte, dass der Jim, den ich kannte, meinem Sohn jemals etwas antun könnte. Das war alles total unlogisch.

Dann fragte er, ob ich verheiratet sei. Ich erklärte ihm, was in unserer Ehe vorgefallen war, dass wir geschieden waren, weil ich keine andere Möglichkeit gesehen hatte, meinen Sohn vor Marks Umfeld zu beschützen. Ich erwähnte an dieser Stelle auch, dass ich nicht wollte, dass mein Sohn eines Tages wie sein Vater wird und Drogen nimmt. Ich kann mich erinnern, dass ich dasaß und auf den Fußboden gestarrt habe. Ich schaukelte auf meinem Stuhl hin und her und war wie erschlagen. Es war so eine Qual. Ich weiß noch, dass ich sagte: »O Gott, ich wollte doch nur für ihn sorgen!« Ich fühlte mich so leer, als ob in meinem Körper das Leben aufgehört hätte. Ich fühlte mich wie tot. *(aus Debbies Aufzeichnungen)*

Erst Wochen später erfuhr Debbie von ihrem Pflichtverteidiger, dass Saldate von diesem Gespräch drei Tage später ein Protokoll angefertigt hatte. Viele ihrer wesentlichen Bemerkungen wurden von ihm aus dem Kontext gerissen, verdreht und in einen neuen Zusammenhang gestellt, um seine Version des Geschehens »stimmig« zu machen. Seine Aufzeichnungen, so Saldates spätere Aussage, habe er unmittelbar danach vernichtet. Tatsache ist – und das kann ich nicht nachvollziehen –, dass gegen Debbie allein auf Grund Saldates Aussage das Verfahren wegen Mordes eröffnet wurde. Ansonsten lagen keine Beweise oder Beschuldigungen vor. Weder Jim Styers noch Roger Scott waren auf Grund ihrer widersprüchlichen Aussagen und ihrer psychischen Verfassung brauchbare Zeugen bei Debbies Verhandlung.

Die Medien erhielten von der Polizei eine selektive Zusammenfassung der Ereignisse. Die darauf folgende negative, einseitige Berichterstattung spiegelte sich auch später ganz klar in den Maßnahmen der staatsanwältlichen Behörden sowie der Zeugen und Geschworenen wider.

Saldate, so viel sollte man als Hintergrundinformation wissen, kandidierte zu diesem Zeitpunkt für die Wahl zum Friedensrichter. Der – bisweilen hyperengagierte – Detective war sehr stolz auf seine bisherigen Auszeichnungen, die die Wände seines Büros schmückten, konnte aber trotzdem noch einige Wählerstimmen gebrauchen. Ein medienträchtiger Fall so kurz vor der Wahl und noch dazu so kurz vor Weihnachten schien ihm sehr gelegen zu kommen. Er wollte derjenige sein, der den Fall löst, den Täter überführt und der Öffentlichkeit die »Bestie« präsentiert. Hier der erste und wesentliche Teil seines Polizeiberichtes, der vor Gericht als einer der Hauptbeweise diente, obwohl dieser Bericht – ich muss diese Tatsache noch einmal nachdrücklich erwähnen – nie von Debbie unterzeichnet worden ist:

Am 3.12.1989 gegen 19.53 Uhr traf ich Debra Jean Milke in einem Verhörzimmer im Pinal County Sheriff's Office in Florence, Arizona. Ich sollte sie im Rahmen unserer Ermittlungen zum vorliegenden Mordfall befragen. Im Folgenden eine paraphrasierte Wiedergabe ihrer Aussagen:
Am 3.12.1989 landete der Phoenix Police Helicopter mit mir als Passagier am Pinal County Hospital. Ich wurde dann zum örtlichen Gefängnis gebracht, von wo aus mich Gefängnismitarbeiter zum Büro begleiteten, in dem Debra und ihre Tante bereits warteten. Ich bat ihre Tante, nach draußen zu gehen und mit Detective

Hamrick zu sprechen, während ich selbst mich Debra zuwandte. Debra wollte sofort wissen, wer ich sei und was ich wolle, also stellte ich mich vor und sagte ihr, dass ich im Fall ihres Sohnes ermittle. Gegen 19.53 Uhr erklärte ich ihr, dass man ihren Sohn Chris in der Wüste gefunden habe und dass er erschossen worden sei. Sie begann sofort »was, was« zu schreien und zu schluchzen und gab Geräusche von sich, als ob sie heulen würde, aber ich konnte keine einzige Träne sehen. Ich erklärte ihr, dass ich ihre Heulerei nicht tolerieren würde und dass sie wegen Mordes an ihrem Sohn unter Arrest stehe. Sie regte sich sehr auf und fragte, warum ich das tue. Ich antwortete, dass sie von Jim und Roger der

Detective Armando Saldate verfasste drei Tage nach Debbies Verhör aus dem Gedächtnis den folgenden Polizeibericht. Vor Gericht wurde dieses von Debbie nicht unterschriebene Dokument als Hauptbeweismittel zugelassen.

Page - 1

TYPE OF REPORT	SUPPLEMENT DATE	DR #
HOMICIDE	12-5-89	89-179406A
VICTIM'S NAME	LOCATION OF OCCURRENCE	
MILKE, CHRISTOPHER	99 AVENUE AND HAPPY VALLEY	
OFFICER WRITING REPORT'S #	SUPPLEMENT #	
DET. SALDATE #1875	89-179406.A10	
DATE & TIME TYPED	BUREAU	CLERK
BER 6, 1989 8:40 AM	GIB	A1724

rview: MILKE, DEBRA JEAN
W/F, 3-10-64 5'8", 145#, bln, haz
526-67-1656
7734 N. 12 Street #5
John Alden Life Insurance
8222 S. 48 Street, 438-7694
BOOKED #1390389
Miranda rights: 12-3-89, 1954 hrs "Yes"

2-3-89 at approximately 1953 hrs, I contacted DEBRA JEAN MILKE inside
nterview room at the Pinal County Sheriff's Office in Florence,
ona. The purpose of my contact was to interview her in regards to this
h investigation. The following is a paraphrased account of her
rview.

2-3-89 at approximately 1945 hrs, the Phoenix Police helicopter landed
Pinal County Hospital with me as a passenger. I was then transported by
al County Sheriffs to the County Jail where DEBRA had been taken to be
erviewed. Upon my arrival, I contacted jail personnel who directed me
an office where DEBRA and her aunt were sitting. I asked her aunt to
o out and speak to DET. HAMRICK while I introduced myself to DEBRA.
RA immediately wanted to know who I was and what I wanted and I then
ntified myself and told her I was investigating her son's
appearance.

approximately 1953 hrs, I explained to DEBRA that her son CHRIS had
n found in a desert area and that he had been found shot to death.
RA immediately began to yell "what, what". She then started to scream
make noises as if she was crying but no tears were visible. I then
lained to her that I would not tolerate her crying and that she was
o under arrest for her son's death. Again she became very excited and
ed why I was doing this and I told her that she had been implicated in
murder by JIM and ROGER. I then told her to be quiet while I removed a
anda rights card from my identification badge case and read her her
anda rights verbatim from the card. I asked DEBRA if she understood her
hts and she moved her head in an up and down motion indicating yes but
again asked her if she understood her rights, which she responded yes.

Page - 2

TYPE OF REPORT	VICTIM	OFFICER	DR #
HOMICIDE	MILKE, CHRISTOPHER	SALDATE #1875	89-17940

Again DEBRA began to appear to cry and was yelling but again I saw no tears. I again told her that I would not tolerate that type of activity from her and that I was going to question her about her involvement in this murder. I explained to her that it was very important for her to tell me the truth and that the only reason I was there was to get the truth and that I would not tolerate any lies. DEBRA immediately settled down and was shaking somewhat but kept asking me what I needed to know. I then told her that I wanted her to tell me the truth about her involvement as she saw it and I did not want her to minimize her involvement. DEBRA at this point kept moving her head in an up and down motion as if she was agreeing with me. I then asked her if she was going to tell me what occurred and she said she was.

DEBRA first told me that she had been feeling sorry for her son because of what he has to go through and that she had told JIM her roommate that CHRIS was probably going to grow up just like his father and not be any good. She said she may have told JIM this several times but she didn't think that he would ever do anything to her son to hurt him. DEBRA then began to cry but again no tears were visible. I then told DEBRA that she was not telling me the truth and that I would not tolerate that because I was not here talking to her by accident. I told her that I already knew what had happened but that this was her opportunity to tell me the truth from her standpoint. DEBRA then told me "look I just didn't want him to grow up like his father, I'm not a crazy person, I'm not an animal, I just didn't want him to grow up like that."

DEBRA then continued and said that while she was in high school, she was a very popular person and considered herself to be a very likeable and friendly person. She said her self esteem was very high, she was positive and was in love with life. She then met her ex-husband MARK who she said was involved with drugs and was an alcoholic. After their marriage, she said that MARK was constantly putting her down, telling her that she was no good and would never amount to anything. She said MARK continued to drink constantly during their marriage and to use drugs. MARK was also incarcerated several times during their marriage.

DEBRA also said that because of MARK, she has a very difficult time having sex and feels that it is a dirty thing to do. She believes it was because MARK was into a lot of kinky stuff and was heavily into pornographic material. During this period of time, she said she was taking birth control pills because she did not want to have any children. She said she knew before she had CHRIS that she would not make a good mother and because of that, she never wanted children. CHRIS she said was a mistake and while she was pregnant, she had several tests to ensure he was not deformed in any way. At one point during her pregnancy, DEBRA had decided to have an abortion and made an appointment. She, however, failed to show up for the appointment because she felt the pain would be too much.

Mittäterschaft bezichtigt worden sei. Ich befahl ihr, ruhig zu sein, und las ihr ihre Rechte vor. Anschließend fragte ich sie, ob sie sie verstanden habe. Sie bewegte ihren Kopf auf und ab, als ob sie nickte, doch ich fragte sie noch einmal und sie antwortete »ja«. Dann begann Debra wieder zu heulen und zu schluchzen, aber ich sah noch immer keine Tränen. Ich wies sie nochmals zurecht. Ich erklärte ihr, dass es wichtig sei, mir die Wahrheit zu erzählen. Debra sank in sich zusammen und zitterte, aber sie fragte mich, was ich denn wissen müsse. Ich forderte sie nochmals auf, mir die Wahrheit aus ihrer Sicht zu erzählen und ihre Beteiligung dabei nicht zu verharmlosen. Debra bewegte ihren Kopf auf und ab, so als ob sie nicken und mir zustimmen würde. Ich fragte sie, ob sie mir nun erzählen würde, was passiert sei, und sie antwortete, das tue sie.

Debra sagte zunächst, dass es ihr Leid tue, was Chris alles erleben musste, und berichtete, wie sie mit ihrem Mitbewohner Jim darüber gesprochen habe, dass Chris wie sein Vater aufwachsen würde – was sie nicht wollte. Sie bestätigte, dass sie mehrere Male mit Jim darüber gesprochen habe, aber nicht davon ausgegangen sei, dass Jim ihrem Sohn tatsächlich etwas antun würde. Dann begann die Heulerei von neuem – wie gehabt, ohne eine Träne. Nichts von dem, was sie erzählte, entsprach der Wahrheit, und ich konfrontierte sie damit. Ich sagte ihr, dass ich bereits wüsste, was geschehen sei, dass sie aber nun die Chance habe, die Geschichte aus ihrer Perspektive zu erzählen. Debra antwortete mir darauf: »Schauen Sie, ich wollte nur nicht, dass er aufwächst wie sein Vater, ich bin nicht verrückt, ich bin kein Tier, ich wollte nur nicht, dass er so aufwächst.«

Debra fuhr fort und erzählte aus ihrer Highschool-Zeit. Sie war sehr beliebt gewesen und beschrieb sich auch selbst als sehr freundliche und liebenswerte Person, als Mensch mit positiver Lebenseinstellung. Sie hatte hohe Ansprüche an sich selbst, doch als sie ihren alkohol- und drogenabhängigen Exmann Mark traf, änderte sich alles. Nach ihrer Hochzeit schaffte es Mark, ihr allmählich ihr Selbstvertrauen zu nehmen. Er saß mehrfach wegen Alkohol- und Drogenmissbrauchs im Gefängnis.

Debra berichtete auch, dass sie wegen Mark Probleme mit Sex gehabt und dabei das Gefühl gehabt hätte, etwas Schmutziges zu tun. Sie führte es auf Marks Gewohnheiten und seinen Hang zur Pornografie zurück. Sie erzählte auch, dass sie die Pille genommen hätte, weil sie keine Kinder wollte. Sie habe bereits vor Chris gewusst, dass sie keine gute Mutter sein würde. Chris sei einfach die Folge eines Fehltritts gewesen. Während ihrer Schwangerschaft habe sie mehrere Tests machen lassen, um sicherzugehen, dass das Kind nicht missgebildet sei. Sie habe sogar eine Abtreibung in Betracht gezogen und bereits einen Termin vereinbart, den sie dann wieder verworfen habe, weil sie Angst vor den Schmerzen gehabt habe.

Nach Chris' Geburt sei ihr jedoch erst richtig bewusst geworden, dass sie keine gute Mutter sei, aber die Alternative, ihn bei seinem

Page - 3

PE OF REPORT	VICTIM	OFFICER	DR #
HOMICIDE	MILKE, CHRISTOPHER	SALDATE #1875	89-179406

CHRIS' birth, she said she realized she was not going to be a good
but that the alternative of having CHRIS stay with his father was
ny better. She finally got a divorce from MARK and then MARK did end
th visitation rights. For the most part, MARK was always in jail and
could not take advantage of those visitation rights. Recently MARK
een having CHRIS for visitation and she noticed that CHRIS was acting
like her ex-husband MARK. She described CHRIS as being very
ievous and at times malicious. She said this really bothered her
se she did not want her child to grow up and be like MARK, spending
ime in and out of jails.

then told me that she felt very bad about this and said she had a
empty feeling. She then said "I'm not a malicious person, I just
d God to take care of him." DEBRA then told me that she was very
d about what was going to happen.

ximately one month ago, DEBRA said that she had contemplated suicide.
said the more she thought about it, she thought that it would not
her problems about her son. She said if she committed suicide, MARK
have sole custody of CHRIS and he would definitely grow up like
Because of that, she then spoke to her friend JIM about helping her
re out a way for her child CHRIS to die. DEBRA said at first, she
not tell JIM that she wanted her son CHRIS killed because it was
hard for her. Finally she told him that it would be better for her
to die than to grow up like her husband, his father. She said JIM
ed to help her and that the only agreement they made was that he would
tell her the specifics about the killing.

en asked DEBRA if she had killed her son because of some insurance she
have had on him and she told me she did not. She then said she did not
any life insurance on him but she believed that her father who lives
lorence did. She also believes that her father was the beneficiary of
policy. I then told DEBRA that it had been my understanding that JIM
ROGER were to receive a partial payment of the $5000 policy which she
on her child's life. DEBRA denied having a policy but said she may
told JIM about her father's policy and said that that may have been
and ROGER's motivation for the killing but that it was definitely not
's.

hen asked DEBRA if she, JIM and ROGER had spoken about how they were
ng to kill CHRIS and she told me that they had. She said that she and
spoke about it several times and she believes that she, JIM and ROGER
spoke about it on one occasion. DEBRA said that she did go out with
on one occasion with her son and that JIM was going to "do it" but
t something happened and they decided not to do it. I asked DEBRA if do
meant to kill him and she responded yes. DEBRA said the plan was for
to do it and that he and ROGER would then go to Metro Center and claim
t CHRIS had been lost. She said she never knew what method JIM was
ng to use to do it.

Page - 4

TYPE OF REPORT	VICTIM	OFFICER	DR #
HOMICIDE	MILKE, CHRISTOPHER	SALDATE #1875	89-17940

On Saturday morning, she woke up and spoke to JIM. JIM told her that they
were planning to do it today and that he was going to pick up ROGER. She
said she then got her son dressed in the clothing that she had previously
described on the missing person's report and that she told him that JIM
was going to take him to see Santa Claus. She said when JIM and her son
left, she knew that they were going to do it today but was not positive
because JIM had taken him out at least two other times and for several
reasons had brought him back

DEBRA said that during the past month, she has laid in bed next to her son
and that her son has told her that he missed his father and wanted to know
when his father would be home. She said on those occasions, she felt
disappointed that JIM had not done it yet. I asked DEBRA if she was
getting angry with JIM and ROGER and she told me she was not getting angry
but was disappointed because the longer they waited, the more influence
her ex-husband could put on CHRIS.

I asked DEBRA if that morning when her son left, if she gave him a special
hug or kiss and she told me that she did not have to. I asked her if she
could explain and she told me that approximately one week ago, she told
her son that God was coming down and going to take him and that he was
going to be going to Heaven. She said she also told him that she would see
him later in Heaven. I then asked her if she dressed her son especially
for that day with his boots, levis and sweatshirt and she said she did
not. She said she let CHRIS pick out the clothes he wanted that day and
that he loved wearing his boots.

At approximately 3:20 PM that day, DEBRA said she received a call from JIM
and he said that he was at the mall. DEBRA said she immediately realized
that he had done it and that her son was now dead. JIM also told her that
CHRIS was lost somewhere at Sears and that he had a security guard
standing next to him. DEBRA said she never told JIM anything other than to
call her back later. When she hung up the phone, she said she immediately
prayed to God to take care of CHRIS and that she would not be mad at him
if he sent her to Hell. She also prayed to God to do something that would
never allow her to have any more kids. DEBRA then told me that she was not
crazy and she would hope that nobody thought she was. She said she did
this because she loved her son and did not want see him grow up like her
ex-husband. She asked me if I understood her and I told her that I
understood what she was telling me but that I did not understand the end
result.

DEBRA was worried about her family not understanding and said that she
believed her family would now disown her. I explained to DEBRA that her
family was still her family and that they would probably try to help her
but she could not expect them to support what she did. She then told me
that she was sure her father would probably think that she was crazy and
again said she was not. She then asked me if she thought someone would try

Vater aufwachsen zu lassen, sei auch nicht besser gewesen. Schließlich habe sie sich von Mark scheiden lassen und Mark wurde das Besuchsrecht abgesprochen. Die meiste Zeit sei Mark im Gefängnis gewesen und habe deshalb seine Besuchsrechte sowieso nicht wahrnehmen können. Als Mark seinen Sohn vor kurzem bei sich hatte, war ihr aufgefallen, dass Chris sich schon genauso wie ihr Exmann verhalte. Sie beschrieb Chris als boshaft und manchmal auch schadenfoh. Dies habe ihr wirklich zu schaffen gemacht, weil sie nicht wollte, dass Chris so aufwachsen und werden würde wie sein Vater, der seine Zeit mehr innerhalb als außerhalb der Gefängnismauern verbrachte. Debra gestand mir dann, dass sie sich jetzt sehr schlecht und irgendwie leer fühle. Sie sagte dann: »Ich bin weder böswillig noch heimtückisch, ich wollte nur, dass Gott auf ihn aufpasst«, und fügte noch hinzu, dass sie sich vor dem fürchte, was nun auf sie zukomme.

Etwa einen Monat vorher, so erzählte sie weiter, habe sie an Selbstmord gedacht, sei dann aber zu dem Schluss gekommen, dass dies die Probleme mit ihrem Sohn nicht lösen würde. Denn wenn sie Selbstmord begangen hätte, hätte Mark das alleinige Sorgerecht erhalten, und Chris wäre definitiv so aufgewachsen wie er. Aus diesem Grund habe sie sich an ihren Freund Jim gewandt, um mit ihm zusammen einen Weg zu finden, Chris zu töten. Anfangs sei es ihr schwer gefallen, Jim vorzuschlagen, ihren Sohn zu töten. Sie habe ihm gesagt, es wäre besser für ihren Sohn zu sterben, als aufzuwachsen wie sein Vater. Sie meinte, Jim habe zugestimmt, ihr zu helfen, und die einzige Vereinbarung, die sie getroffen hätten, sei die gewesen, dass er ihr keine Details über den Mord mitteilen würde.

Ich fragte Debra anschließend, ob sie ihren Sohn auf Grund der Lebensversicherungsprämie, die sie auf ihn abgeschlossen hatte, umgebracht hätte. Sie verneinte dies und meinte dann, sie habe gar keine Lebensversicherung auf ihn abgeschlossen, aber sie glaube, dass ihr Vater, der in Florence lebe, eine habe. Sie glaubte auch, dass ihr Vater der Begünstigte sei. Ich wusste jedoch von Jim und Roger, dass sie einen Teil der Prämie über 5.000 Dollar, die Debra auf das Leben ihres Kindes abgeschlossen hatte, erhalten sollten. Debra beteuerte nochmals, es gebe keine Police, räumte aber ein, sie habe vielleicht Jim gegenüber die Police ihres Vaters erwähnt, und meinte dann, dass dies vielleicht das Mordmotiv für Jim und Roger gewesen sein könnte, aber definitiv nicht ihres.

Ich fragte Debra dann, ob sie, Jim und Roger darüber gesprochen hätten, wie sie Chris umbrächten. Sie meinte, Jim und sie hätten mehrmals darüber gesprochen, sie vermute aber, dass Jim und Roger dies nur bei einer Gelegenheit getan hätten. Als sie einmal mit Jim und Chris weggegangen sei, habe Jim »es tun« wollen, aber dann sei etwas dazwischengekommen, und sie hätten beschlossen, es nicht zu tun. Ich fragte Debra, ob sie mit »es tun« meinte, ihn umzubringen, und sie bestätigte dies. Es sei Jims Plan gewesen, Chris umzubringen und dann mit Roger zur Metro Hall zu fahren, um

Page - 5

›E OF REPORT	VICTIM	OFFICER	DR #
HOMICIDE	MILKE, CHRISTOPHER	SALDATE #1875	89-179406

nounce her insane and I asked her if she was. She then responded
▪ just an emotionally troubled 25 year old girl who needs help
g with her problems." She then told me that she has had her problems
d up in her and that she has never been able to express herself from
me she married MARK until now.

then asked me how I felt about her and I told her I could understand
he had been telling me but that there were other alternatives if she
t want her child CHRIS. I suggested to her that she could have given
ild to the grandparents, her sister or someone else in her family
ay have wanted him. She then told me that she probably could have
en said "I guess I just made a bad judgment call."

was very concerned about what was going to happen to her and at the
part of the interview wanted to know if we were going to let her go
home. I explained to her that she was under arrest and that she
be going back to Phoenix and be put into jail. DEBRA kept asking why
ouldn't just be let go and given a court date because she had never
in any type of trouble. I told DEBRA that because of the seriousness
r crime, she would have to go to jail. DEBRA continued through the
view asking if it was possible that she could get probation and I
her that she would be charged with first degree murder and that I was
he judge, however, first degree murder could carry the death penalty,
imprisonment, or a lengthy jail term. She then asked me if it was
ble to get probation for life and I told her it was possible but not
probable. She said she would even let the court tie her tubes and
re that she would never have kids if they would only put her on
ation so she could go back to work. DEBRA then explained to me that
work was very important to her and that was the only thing she ever
good. She said she started as a file clerk and was now in accounting
she said she would really miss her job if she had to go jail.

A also kept telling me that she felt bad and she felt ashamed and said
she knew that everyone was going to be staring at her because of
. She then told me "I worry about JIM". I asked her why and she
inued and said "well, you know, because he had to be the one to do
I then explained to her that she should concern herself about her
re and let JIM worry about his.

A was transported back to the Phoenix Police Department in a uniform
l County Sheriff's vehicle. She and I sat in the back seat of the
orm police vehicle and DEBRA was not handcuffed. Corporal M. ANDONIE
of Pinal County was the driver.

Page - 6

TYPE OF REPORT	VICTIM	OFFICER	DR #
HOMICIDE	MILKE, CHRISTOPHER	SALDATE #1875	89-179406

During the trip back to Phoenix, she kept on asking questions to see if I knew what she was going to get and I told her I did not. She asked if she could possibly get bailed out and I told her that it would probably be a bailable offense and that her family could probably help her in that aspect. She then told me that she didn't believe that her family would help her and that she thought her family would probably disown her. She then commented that her family would probably not understand why she did it like I did. I then again reminded her that I understood what she was telling me but I could not condone her actions. She also asked me if I would call her father, explain to him what she had told me and ask him to try and bail her out and get her an attorney. I agreed and told her when we arrived back into Phoenix, that I would call him from my office.

At approximately 2250 hrs, we arrived back in Phoenix and she was taken to the General Investigations Bureau where the booking information was obtained. She was given a Pepsi and some cigarettes were purchased for her. She then asked me if I would call her father which I did. I explained to her father that DEBRA had confessed to her involvement and that she had told me that she had done it because she did not want CHRIS to grow up like his father. I then told him that DEBRA wanted me to ask him to try and bail her out and he immediately told me that he would not. I then told him that DEBRA also wanted me to ask him if he could get her an attorney and he told me that he had gotten in touch with her mother in Switzerland and that she had talked about getting an attorney for her but that as far as he was concerned, they should give her a public defender because he would not make any attempts to get an attorney for her. I asked him if he wanted to speak with DEBRA and he said he did not at this time but for me to tell her that he may talk to her several days down the road. He then asked me if I understood how he felt and I told him that I did. He asked me to tell her that he would cross each bridge as he came it to and that at this time he could not talk with her. I then relayed the information to DEBRA.

While waiting to be transported to be booked, DEBRA asked me if I thought there was a possibility that she may be released on her recognizance so she could go to work and I told her that probably would not be possible. She then commented that she had never been in any trouble and that she would never leave the state and would be available for court. Again I told her that it would probably not be possible. DEBRA also asked me if I was going to call her employer and tell him about what happened and I told her I was not. I then asked DEBRA why and she told me that just in case she does get out on bail or on her own, that she would like to go back to work because she really liked her job.

Chris als vermisst zu melden. Sie sagte aus, sie habe nie gewusst, wie Jim ihn töten würde.

Am Samstagmorgen habe Jim ihr erzählt, dass es für diesen Tag geplant sei und er Roger abholen wolle. Sie habe ihren Sohn, der den Weihnachtsmann sehen wollte, dann so angekleidet, wie sie es vorher in ihrem Vermisstenbericht beschrieben habe. Als Jim und ihr Sohn schließlich das Haus verließen, habe sie gewusst, dass er es heute tun würde, glaubte es aber noch nicht, da Jim ihn bereits vorher mindestens zwei Mal mitgenommen und aus verschiedenen Gründen wieder mit zurückgebracht hatte. Debra sagte aus, dass sie während der vergangenen Monate neben ihrem Sohn im Bett gelegen sei und ihr Sohn ihr erzählt habe, er vermisse seinen Vater. Er wollte wissen, wann dieser wieder nach Hause zurückkomme. In diesem Moment habe sie bedauert, dass Jim es noch nicht getan hatte. Ich fragte Debra, ob sie sauer auf Jim und Roger gewesen sei, aber sie verneinte dies und antwortete, sie sei nicht sauer, sondern enttäuscht gewesen, denn je länger sie warteten, desto mehr Einfluss konnte ihr Exmann auf Chris ausüben.

Ich fragte Debra, ob sie Chris an diesem Morgen mit einem extra Kuss oder einer besonderen Umarmung verabschiedet habe. Sie verneinte. Auf meine Frage, ob sie dies erklären könne, antwortete sie, dass sie vor etwa einer Woche ihrem Sohn erklärt habe, dass Gott herabkommen und ihn in den Himmel mitnehmen würde. Sie habe ihm auch

Page - 7

TYPE OF REPORT	VICTIM	OFFICER	DR #
HOMICIDE	MILKE, CHRISTOPHER	SALDATE #1875	89-179406

I finally told DEBRA that it was time to go and that I would have to handcuff her for the first time. I then handcuffed her with her hands to her front and she asked if I could go with her. I told her that I could not go with her this time and she immedfately said that she was scared. I told her that she would have to face this by herself and that she was an adult and had made an adult decision to do something and now she had to face the music. She then told me that she had never had anyone that she could speak with before and that this may sound strange but she was starting to feel better and she thought she was now getting her self esteem back. DEBRA was then taken by uniform OFF. BAKER to the main jail and booked.

It should be noted that this interview was not tape recorded because DEBRA refused to have her statement tape recorded.

Investigation Continuing.

erzählt, dass sie sich im Himmel wieder sehen würden. Ich fragte sie dann, ob sie ihren Sohn an diesem Tag besonders gekleidet habe. Sie verneinte dies und meinte, sie habe Chris aussuchen lassen, was er gerne tragen wollte.
Gegen 15.20 Uhr, so sagte sie aus, habe sie dann einen Telefonanruf von Jim erhalten, der berichtete, dass sie jetzt im Einkaufszentrum seien. Sie habe sofort gewusst, dass er es getan habe und dass ihr Sohn jetzt tot sei. Jim sagte ihr, dass Chris irgendwo bei Sears verschwunden sei und dass ein Sicherheitsbeamter neben ihm stehe. Sie habe ihm nur geantwortet, dass er später nochmals anrufen solle. Als sie auflegte, habe sie sofort zu Gott gebetet und ihn darum gebeten, auf Chris aufzupassen und dass sie nicht böse auf ihn sei, wenn er sie dafür in die Hölle schicken würde. Sie bat Gott auch darum, etwas geschehen zu lassen, dass es ihr nicht mehr erlauben würde, noch einmal Kinder zu bekommen. Debra beteuerte mir gegenüber, dass sie nicht verrückt sei und auch hoffe, dass niemand das annehme. Sie habe es aus Liebe für ihr Kind getan und weil sie ihn nicht wie seinen Vater aufwachsen sehen wollte. Und dann fragte sie mich, ob ich sie verstehen könne (…).

Saldate schärfte Debbie nach dem Verhör ein, kein Wort zu irgendjemandem zu sagen. Er brachte sie zum Phoenix Police Department zurück, ohne ihr Handschellen anzulegen. Gegen 22.50 Uhr kamen sie in Phoenix an. Erst dort wurde Debbie festgenommen und in Handschellen abgeführt.

Auch Debbie hat die Stunden und Tage nach dem Verhör in ihren Aufzeichnungen festgehalten:

> Saldate verließ kurz den Raum und redete mit anderen, dann informierte er mich, dass er mich nach Phoenix

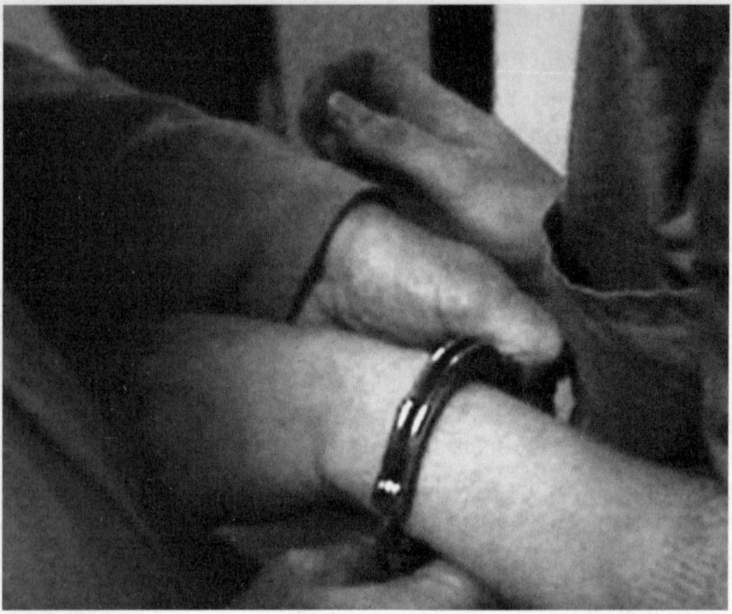

Debbies Verhaftung am 3. Dezember 1989

mitnehmen müsste. Bevor wir den Raum verließen, sagte er mir, dass ich bloß kein einziges Wort von mir geben sollte. Ich solle nicht nach einem Anwalt fragen und keine Fragen stellen. Er habe alles unter Kontrolle. Er begleitete mich aus dem Raum hinaus. Ich hatte keine Handschellen an. Ich kann mich nicht erinnern, wie viele Polizeibeamte draußen waren, aber es waren viele. Wir gingen zu einem Polizeiwagen und stiegen hinten ein. Er flüsterte mir zu stillzubleiben. Ich fragte ihn, ob er mich nach Phoenix zu meinem Sohn bringe; er erklärte wieder, Chris sei doch tot. Ich glaubte immer noch kein Wort. Er sagte ständig, er müsse mich ins Gefängnis bringen, weil es so ein schweres Verbrechen sei. Ich dachte, ich müsste ins Gefängnis, weil ich die Aufsichtspflicht verletzt hatte, da ich Chris in die Obhut eines Anderen gegeben hatte und er daraufhin entführt worden war. Erst später hörte ich, dass Chris nie entführt worden ist. Jim hatte mir dies nur am Telefon erzählt, damit es so aussieht, als ob ein Fremder ihn entführt und getötet hätte.

Ich saß da und starrte während der hundert Kilometer langen Strecke nach Phoenix zurück vor mich hin in die Leere. Ich fühlte mich am Rande des Wahnsinns. Dann kamen wir beim Polizeirevier an, und Saldate führte mich hinein. Wir nahmen den Aufzug zu seinem Büro. Er fragte, ob ich ein Getränk aus dem Automaten haben wollte. Ich sagte: »Ja, und ich möchte mit meinem Vater sprechen.« Das wurde wieder abgelehnt. Ich kann mich an die vielen Kameras und die starken Lichter erinnern. Aber ich stand voll unter Schock und verstand nichts von dem, was um mich herum geschah. Ich kann mich auch erinnern, dass er mich in seinem Büro herumführte und mit den Urkunden und Auszeichnungen an seiner Wand prahlte. Dann wurde es Zeit, ins Gefängnis zu gehen. Ich weiß noch, dass ein Polizist mit Handschellen auftauchte. Da habe ich fast den Verstand verloren und schrie: »Ich habe nichts verbrochen! Ich habe nichts Falsches gemacht! Bitte legen Sie mir diese Dinger nicht an. Wieso muss ich ins Gefängnis?« Saldate versuchte mich zu beruhigen, indem er sagte, dass ich von dort aus meinen Vater anrufen und man dann über eine Haftkaution sprechen könnte.

Danach setzt mein Gedächtnis aus. Ich erinnere mich nicht daran, ob jemand aus der Familie bei mir war, aber wie ich später gehört habe, hat anscheinend niemand versucht, mir zu helfen.

Ich weiß nicht, wie viele Tage im Gefängnis vergingen, und kann mich auch nicht daran erinnern, nach Durango in ein anderes Gefängnis gebracht worden zu sein. Ich kann mich nicht einmal entsinnen, wann ich meinen Pflichtverteidiger das erste Mal gesehen habe. Ich war so traumatisiert, dass es mir bis heute nicht gelingt, mir Ereignisse vor einem gewissen Zeitpunkt irgendwann im Januar 1990 ins Gedächtnis zu rufen. Die ganze Zeit habe ich vollständig verdrängt, was mit meinem Sohn geschehen ist. Woran ich mich allerdings erinnern kann, ist, dass ich in Durango in der psychiatrischen Abteilung war und ein paar Psychiater regelmäßig zu mir kamen. Ich litt unter schweren Depressionen, stundenlangen Heulkrämpfen und stand immer noch unter Schock. *(aus Debbies Aufzeichnungen)*

Die Geschehnisse in den Tagen nach Debbies Verhaftung blieben für mich weiterhin im Dunkeln. Ich war vollkommen ahnungslos, hatte nicht die geringste Vorstellung, wie es meiner Tochter ging und was sich ereignete. Erst im Nachhinein war es mir möglich, die Vorgänge mit Hilfe von Debbies Aufzeichnungen zu rekonstruieren. Irgendwann im Dezember 1989 traf sie wohl das erste Mal mit ihrem Pflichtverteidiger, Kenneth Ray, zusammen:

Bei der ersten Zusammenkunft, die mir mit meinem Pflichtverteidiger in Erinnerung ist, fragte ich ihn, ob es wahr sei, dass mein Sohn ermordet worden sei. Er schaute mich komisch an und fragte, »Wissen Sie das denn nicht? Ich sagte ihm, dass dieser Detective mir gesagt habe, dass Chris ermordet worden sei, ich es aber nicht glauben konnte. Ich sagte ihm auch, dass ich nicht begreifen könne, warum ich im Gefängnis war, da ich nichts Falsches getan hätte. Ich hätte überhaupt kein Verbrechen begangen. Mein Anwalt bekam ein ganz ernstes Gesicht und reichte mir einen sechsseitigen Polizeibericht, den Saldate mit der Schreibmaschine angefertigt hatte. Beim Durchlesen konnte ich nicht fassen, was ich da schwarz auf weiß vor meinen Augen sah. Saldate behauptete, ich hätte gestanden, an diesem Verbrechen teilgehabt zu haben. Ich war wütend und beteuerte meinem Anwalt, dass ich niemals ein solches Geständnis abgelegt, sondern mich nur gegen die Anschuldigungen dieses Polizisten gewehrt hätte. Ich hatte im guten Glauben in das Gespräch eingewilligt, weil ich wissen wollte, was mit meinem Sohn passiert war, und jetzt bekam ich so einen Bericht zu lesen – den er drei Tage später allein aufgesetzt hatte – das haute mich einfach um. Ich hatte keine Chance gehabt, jemanden anzurufen, es gab keine Zeugen, keine Tonbandaufnahme (weil ich keine Ahnung hatte, was er vorhatte, als er mich fragte, ob das Gespräch auf Band aufgezeichnet werden sollte). Dann hat dieser Mann drei Tage Zeit gehabt, eine Geschichte zu basteln, die mit seiner vorgefassten Meinung zusammenpasste. Als Herr Ray mir diese Blätter zeigte, habe ich immer noch nicht begriffen, welche Bedeutung sie am Ende haben würden. Ich dachte immer, nach einer Vernehmung schreiben sie auf der Stelle ein Protokoll. Die Leute lesen das Protokoll durch, können Korrekturen anmerken und unterschreiben, wenn es richtig ist. Ich hatte nicht die geringste Ahnung, dass diese sechs Seiten Papier ganz offiziell ein Protokoll waren, und ich kann mich nicht erinnern, dass mein Verteidiger mir sagte, wie wichtig der Bericht für den anstehenden Prozess sein würde. Ich wusste nur, ich hatte nichts verbrochen, ich hatte zu keiner Zeit und niemandem gegenüber ein Geständnis abgelegt, und ich hatte niemals etwas bekommen, was ich durchlesen und unterschreiben sollte!

Mein Anwalt erzählte mir, Jim habe seinem Freund Roger vorgemacht, ich sei eingeweiht. Als Roger von der Polizei vernommen wurde, gestand er bei laufendem Tonband, und zwar bei dem gleichen Polizisten, der mich später »vernommen« und in Untersuchungshaft gebracht hat. Damals hat er sich an die Vorschriften gehalten und seine Arbeit richtig gemacht. Bei mir hat er nicht einmal klar gesagt, worum es ging. Roger lenkte den Verdacht auf mich, als er sagte, ich wüsste Bescheid. Die Polizisten fragten Roger, ob er mit mir über den Mord gesprochen habe. Roger sagte »Nein«. Er sagte, Jim habe gesagt, ich sei involviert.

Roger wurde zuerst festgenommen, dann Jim (auf dem Weg in die Kirche). Der Polizeibeamte, der bei diesem Fall die Aufsicht hatte, schickte Saldate, damit er mit mir ein Gespräch führte und mich befragte. Er sagte ausdrücklich, dass ich nicht unter Verdacht stehe und dass er ein Tonbandgerät für das Gespräch mitnehmen solle. Er hatte auch die Anweisung gegeben, dass andere Polizeibeamte dabei sein sollten. (Anscheinend wusste dieser Polizeibeamte, wie Saldate bei seinen Ermittlungen vorging. Warum sonst hätte er ihm diese Instruktionen mit auf den Weg gegeben.) Saldate hat alle diese Anweisungen missachtet, und er hat sein eigenes Süppchen gekocht, soweit ich das beurteilen kann. Ihm war klar, dass er einen sensationellen Fall hätte, wenn er mich mit dem Verbrechen in Verbindung bringen

> könnte und in den Zeitungen Schlagzeilen wie »Mutter heuert Killer an« zu finden wären. Er hatte einen Plan, wie er mich festnageln konnte, schon bevor er mich überhaupt zu Gesicht bekommen hatte. Es gab nicht den geringsten Beweis für meine Schuld, nur das Gefasel, das ein seelisch gestörter Mensch im Delirium, nach Entzug seiner Drogen, und nach stundenlangem Verhör von sich gab. *(aus Debbies Aufzeichnungen)*

In der Zwischenzeit warteten wir sehnsüchtig auf den Prozessbeginn. Ich wollte endlich Klarheit und überlegte hin und her, einfach ins nächste Flugzeug zu steigen und selbst nach dem Rechten zu sehen. Ich werde mir nie verzeihen, es nicht getan zu haben. Vielleicht ist wirklich die einzige Entschuldigung für mein damaliges Verhalten, dass mich das vermeintliche Geständnis meiner Tochter so aus der Bahn geworfen hatte, dass ich nicht mehr klar denken konnte. Sandy rief mich in diesen Monaten häufig an, allerdings war, was Debbie betraf, nichts von ihr zu erfahren. »Die Staatsanwälte werden die Wahrheit schon herausfinden«, wich sie meinen Fragen immer wieder aus. »Jetzt warte doch mal, bis der Prozess beginnt.« Dafür begann sie wieder um finanzielle Unterstützung zu bitten, weil Ron und sie ein neues Haus suchten. Sie brauchten 12.000 Dollar als Anzahlung, und Sandy quengelte so lange, bis Alex schließlich nachgab und ihr das Geld überwies. Auch die Frage nach Debbies Auto beherrschte unsere Telefonate weiterhin. Letztlich gab auch ich nach und stellte Sandy Debbies Wagen zur Verfügung, unter der Bedingung, dass sie ihn, wie auch Debbie es getan hatte, in monatlichen Raten begleichen sollte. Wir haben nie einen Pfennig von ihr gesehen. Wenige Monate später erzählte mir Ron, dass sie das Auto verkauft hätten, weil der Motor seinen Geist aufgegeben hätte. Auch das neue Haus war plötzlich kein Thema mehr, aus irgendeinem Grund haben sie es nicht gekauft. Ich hatte damals nicht mehr die Kraft, mich aufzuregen, weil uns sehr viel gravierendere Probleme beschäftigten.

DER PROZESS

Bereits sechs Tage nach Christophers Tod hatte sich die Grand Jury, wie schon erwähnt, das erste Mal versammelt und entschieden, Debbie den Prozess zu machen und sie wegen Mordes anzuklagen. Kenneth Ray, den ich bis heute nie erreicht habe, wurde als ihr Pflichtverteidiger bestellt. Außerdem wurde Kirk Fowler, ein Privatdetektiv, vom Staat beauftragt, im Verteidigungsteam mitzuarbeiten. Die Seite der Anklage vertrat Staatsanwalt Noel Levy mit seinem Team. Sein wichtigster Zeuge war Armando Saldate, dessen fingierter Polizeibericht zur Anklage wegen Mordes geführt hatte.

Debbies Verhandlung fand auf eigenen Wunsch zuerst statt – Jim Styers und Roger Scott standen erst nach ihr vor Gericht. Debbie beteuerte von Anfang an, dass sie nie an dem Mord beteiligt war, nichts davon wusste oder ahnte und auch nie ein Geständnis abgelegt hatte.

Nach einem ersten Termin im Mai 1990 vertagte Richterin Hendrix die Verhandlung auf September. Detective Armando Saldate wurde allerdings schon in den Monaten vorher aktiv und war bestrebt, neue Beweise für Debbies Schuld zu finden.

Im September 1990 erzählte Sandy mir während eines Telefonats, dass Detective Saldate nach Wyoming gekommen war, um auch sie zu befragen. Sandy hatte erst Anfang August ihren zweiten Sohn Cody zur Welt gebracht. Mich überraschte dieser Besuch, und ich verstand nicht ganz, was es mit dieser »Befragung« auf sich hatte. Was wollte Detective Saldate dadurch bewirken? Sollte Sandy für die Gegenseite aussagen? Meine jüngste Tochter würde sich doch nicht gegen ihre eigene Schwester stellen? Fragen dieser Art beschäftigten mich in den nächsten Tagen.

Aus Sandy war kaum etwas herauszubekommen. Sie wollte mir weder erzählen, wie dieses Gespräch verlaufen war, noch, was Armando Saldate genau von ihr wollte. Sie antwortete nur ausweichend, dass sie, wenn sie seinem Besuch nicht zugestimmt hätte, gezwungen gewesen wäre, vor Gericht zu erscheinen. Außerdem erwähnte sie, dass sie das Gespräch von sich aus auf Tonband aufgezeichnet habe, weil ihr Vater es ihr empfohlen habe. Irgendwie war mir unwohl bei diesem Gedanken. Ich konnte mir zwar nicht vorstellen, dass Sandy für die Anklage und damit gegen ihre Schwester ausgesagt hatte, aber die ganze Geschichte war mir sehr suspekt. »Mach dir um mich keine Sorgen, Mom«, beruhigte mich meine Tochter. »Übrigens möchte Detective Saldate, dass du mit ihm Kontakt aufnimmst, weil du ebenfalls als Zeugin vor Gericht geladen wirst.« Mich durchfuhr ein eisiger Schrecken. »Ich werde auf gar keinen Fall nach Phoenix kommen, um gegen meine eigene Tochter auszusagen!«, erwiderte ich entschieden und versuchte gleich im Anschluss an dieses Telefonat, Debbies Pflichtverteidiger zu erreichen. Ich wollte wissen, mit welcher Zielsetzung dieses Ermittlungsverfahren die eigene Familie als Zeugen der Anklage in den Zeugenstand rief. Aber ich erreichte ihn auch dieses Mal nicht. Es war und ist mir noch heute unverständlich, dass Kenneth Ray ganz offensichtlich die Mutter der Person, für die er vor Gericht eintreten sollte, nicht sprechen wollte.

Spätestens zu diesem Zeitpunkt hätte ich mich in ein Flugzeug setzen sollen und ich überlegte auch – wie schon erwähnt – lange, ob ich zum Prozess nach Arizona fliegen sollte. Es gab eine Reihe von Argumenten, die dafür, aber auch gute Gründe, die dagegen sprachen. Natürlich wollte ich meiner Tochter Debbie gerne zur Seite stehen und auch alle Beweise liefern, die eine Mutter erbringen kann, um die Verteidigung zu unterstützen. Allerdings war Kenneth Ray nicht zu sprechen, und ich wusste auch nicht, welche Strategie er verfolgte. Zudem hatte ich Angst, tatsächlich als Zeugin der Anklage vor Gericht zu einer Aussage gezwungen zu werden. Mein zugegebenermaßen rudimentäres Wissen über derartige Gerichtsszenen stammte damals aus Filmen und daher wusste ich, dass man oftmals nur die Chance hat, mit »Ja« oder »Nein« zu antworten, und kaum Erklärungen abgeben darf. Mir war auch klar, wie lange sich Prozesse hinziehen können: Wenn das Gericht entschied, die Verhandlung einige Wochen oder mehrere Monate zu vertagen, war es für mich ausgeschlossen – oder zumindest erschien es mir damals so –, so lange in Arizona zu bleiben. Ich arbeitete in der Schweiz in einer kleinen Bank, und mein Arbeitgeber erklärte mir, dass er nicht kurzfristig jemanden einstellen könnte, der vorübergehend meine Arbeit erledigte. Ich konnte mich auch nicht einfach auf unbestimmte Zeit beurlauben lassen. So war ich hin- und hergerissen zwischen meinem Pflichtbewusstsein meinem Chef gegenüber und meinen Muttergefühlen. Nach nächtelangen Diskussionen mit meinem Mann rief ich mir schließlich noch einmal mein Vertrauen in das amerikanische Justizsystem ins Gedächtnis und beschloss, den Prozess vorerst von Europa aus zu verfolgen.

Das Gerichtsverfahren begann am 12. September 1990. Es wurden zwölf Geschworene gewählt und vier Ersatzleute benannt. Die Richterin, Cheryl Hendrix, erkannte den Polizeibericht Saldates zu Beginn des Prozesses als Geständnis und als Beweismittel an – obwohl er nicht von Debbie unterschrieben worden war und sie dessen Inhalt weiterhin vehement bestritt. Staatsanwalt Noel Levy verkündete, dass er die Todesstrafe fordern würde, sollte Debbie für schuldig befunden werden. Der Gerichtssaal war berstend voll mit Schaulustigen, die sich das Spektakel nicht entgehen lassen wollten. In der *Phoenix Gazette* war zu lesen, dass so viele Gaffer gekommen waren und keinen Sitzplatz mehr gefunden hatten, dass die Beamten schließlich den Mittelgang räumen lassen mussten.

Zunächst brachte die Staatsanwaltschaft ihre Anklage vor. Sie lautete auf Verschwörung zum Mord, Kindesmisshandlung, Freiheitsberaubung und Mord. Staatsanwalt Noel Levy rief Debbies Vater Sam, seine Frau Maureen, deren Tochter Karen, Debbies Schwester Sandy sowie ihre Freundin Dorothy Markwell in den Zeugenstand. Die Aussage von Debbies Vater war erschütternd und traf mich tief, obwohl ich Sams Charakter längst hätte kennen sollen. Aber ich denke, dass kein normaler Mensch anders als ich reagiert hätte, wenn er einen Vater vor Gericht über seine Tochter sagen hört: »Sie sollte nie eine Mutter sein. Wenn diese Frau jemals wieder ein Kind bekommen würde, würde sie es wahrscheinlich wieder umbringen. Sie muss hart bestraft werden.« Maureen hatte Debbie bereits vorher belastet, indem sie von jenem Gespräch im Auto an Christophers Todestag erzählte, als Debbie verzweifelt und verängstigt äußerte, dass Christopher vielleicht nicht mehr am Leben sei. Karen behauptete, Debbie habe geflucht, als der

1990/1991

DEBRA JEAN MILKE CAUSE NO. CR8912631A
Defendant

---

should receive the death sentence in this matter or, in the alternative, a lifetime of isolation (prison).

Mr. Richard Albert Sadeik, the victim's meternal grandfather, informs that Christopher had "two strikes against him from the start," that being "his mother and father." He informs that his daughter was never "meant to be a mother" and that if given the opportunity to have more children, she would most probably continue to murder again. In his opinion, he does not think "all the counseling in the world will help her" and he believed that she needs to spend the rest of her life in prison. Mr. Sadeik indicated that he tended to spoil Debbie throughout most of her life and that as an adult, she was basically a "high strung" and self-serving individual. Shortly after Christopher's birth, she would frequently drop the child off at the respective grandparents' homes, other family members and friends, for extended periods of time, making it very clear to him that she simply did not want the child. Mr. Sadeik advised that he believes that Debra did undergo an abortion in 1987, although he did not know who the child's father was. Mr. Sadeik is concerned that the Court may use his daughter as an example for the "death sentence" which he is recommending against, at this juncture. Mr. Sadeik was responsible for his grandson's funeral and burial services, which were performed through the Brown Colonial Mortuary in Phoenix, at a cost of $1,772.43 (verified). He is requesting full restitution.

Denise Pickinpaugh, the defendant's sister, informs that she was more responsible for raising Christopher for the first three years of his life than his mother was. During this time period, she recalls the defendant simply dropping her child off at her home and "taking off for months at a time." Ms. Pickinpaugh recalls her sister having physically and emotionally abused Christopher on a number of occasions. She recalls in particular her sister having taped a pacifier to Christopher's mouth when he was an infant, to discourage him from spitting it out. Ms. Pickinpaugh informed that Debra never spanked the child, although she would witness her take great pleasure in simply "throwing him across the room" as a disciplinary measure. When "potty training" Christopher, the defendant would "lock the child outside of the house naked every time he went in his pants." On one particular occasion, Ms. Pickinpaugh recalls her sister having refused the child medication because she was mad at him for getting sick in the first place. Ms. Pickinpaugh added that her sister would admittedly and purposely give day-care providers wrong residential and telephone information in hopes that she would be able to stay away from the child for greater periods of time. In 1987, Ms. Pickinpaugh recalls having returned home from work on one occasion to observe the child locked inside a room. Upon inquiry, the defendant informed Ms. Pickinpaugh "that goddamned Christopher gets in my way so I burnt him with a cookie sheet to teach him a lesson." Ms. Pickinpaugh feels that the defendant conspired to kill Christopher "to get back at all of us (the family) for some reason." Ms. Pickinpaugh does feel that the defendant should be subjected to the death sentence in this matter.

PAGE 3

Das Protokoll der gerichtlichen Aussagen von Debbies Vater Sam und ihrer Schwester Sandy

Sheriff von Florence in der Tür stand und man sie geweckt hatte. Sandys Rache an ihrer Schwester – und nur so kann man es nennen – fiel noch weitaus bitterer aus. Sie sagte vor Gericht aus, Debbie habe sich bei ihr beklagt, dass Christopher ihr bei einer neuen Beziehung mit Ernie Sweat im Weg gestanden habe. Ernie wollte Christopher nicht in seinem Leben haben, deshalb habe das Kind ein Problem dargestellt. Außerdem äußerte Sandy, dass ihre Schwester Christopher mehrfach misshandelt habe, und beschrieb diese Szenarien ausführlich. Debbie habe Christopher nackt vor die Tür gesperrt, wenn er sich in die Hose gemacht hatte, sie habe ihn mit einem Backblech gebrannt oder ihm ein Pflaster auf den Mund geklebt, um ihn zu disziplinieren, und sie habe ihm Medikamente verweigert, wenn er krank gewesen sei. »Sie hat die Todesstrafe verdient!«, schloss sie ihre Vorwürfe. Auch Dorothy Markwell sagte vor Gericht plötzlich aus, Debbie habe Christopher misshandelt, obwohl sie in vorhergehenden Befragungen immer wieder betont hatte, sie könne nichts Negatives über Debbie sagen. Debbies Pflichtverteidiger Kenneth Ray erfuhr im Übrigen erst an einem Freitag, vier Tage vor Dorothy Markwells Aussage, dass sie als Zeugin der Anklage geladen war. Es folgte das Wochenende, der Montag war ein Feiertag. Seine Bitte, ihm genügend Zeit einzuräumen, um diese Zeugin vorab prüfen zu können, wurde abgelehnt.

Nachdem die Anklage ihre Zeugen aufgerufen hatte, war die Verteidigung gefragt. Kenneth Rays Antrag, Saldates Polizeibericht nicht als Beweismittel zuzulassen, weil er von der Angeklagten nie unterschrieben worden sei und Debbie diesem auch heftig widersprach, wurde abgelehnt. Kenneth Ray wollte Debbies Freunde, ihre Bekannten und Arbeitskollegen sowie Dr. Kevin Zuerlein, den Arzt, der

Christopher an der Schilddrüse behandelt hatte, in den Zeugenstand rufen. Dies wurde abgelehnt. Er beantragte, den Lügendetektortest als Beweismittel aufzunehmen. Auch dies wurde abgelehnt, ebenso wie sein Antrag, weitere Hintergrundinformationen über Armando Saldate einsehen zu dürfen. Jahre nach dem Prozess fand man heraus, dass Saldate in 25 weiteren Fällen Geständnisse erzwungen oder gefälscht hatte.

Kenneth Ray schrieb in einer späteren eidesstattlichen Erklärung:

»Ich schätze, dass meine erfolglose Verteidigung von Debra Milke durch die absonderliche und gemeinschaftliche Verfahrensleitung der Richterin und des Staatsanwaltes verursacht wurde. Hätte man mir

- genügend Geld für ausführliche Nachforschungen in diesem Fall zur Verfügung gestellt,
- erlaubt, ein vollständiges Kreuzverhör der Zeugen während des Verfahrens vorzunehmen,
- erlaubt, alle Zeugen zu berufen und aussagen zu lassen, die ich aufrufen wollte,
- eine gründliche Überprüfung in zeitlich angemessenem Rahmen ermöglicht,
- die Möglichkeit gegeben, an wichtige Informationen zu gelangen, die für die Verteidigung notwendig gewesen wären, ohne dabei vom Gericht daran gehindert zu werden,
- während des Prozesses Fairness von Seiten des Gerichts entgegengebracht,
- ermöglicht, flexibel zu agieren, um die Verteidigung vorzubereiten und diese gerichtlich darzustellen,

wäre das Ergebnis anders ausgefallen.

Meiner Meinung nach war die Richterin in diesem Fall extrem voreingenommen. Sie hat sich besonders durch ihre Entscheidungen während der Verfahren sowie durch extrem unsaubere Arbeit bei der Geltendmachung neuer Beweismittel zu Gunsten der Anklage verhalten.«

Debbie wurde während ihrer Verhandlung in den Medien als »kalt und emotionslos« beschrieben. Auch Sandy erzählte mir am Telefon: »Mom, ich wünschte, du hättest sie gesehen. Sie war kalt wie ein Eisblock und tat, als hätte sie nichts mit dem Ganzen zu tun. Sie sah aus wie ein Zombie, und es scheint so, als würde sie kein bisschen trauern oder Gewissensbisse haben.« Niemand schien zu berücksichtigen, dass Debbie unter starken Antidepressiva und Beruhigungsmitteln stand. Ihre Ärzte und psychiatrischen Betreuer bestätigten, dass sie nach jedem Gerichtstermin weinend zusammenbrach, weil sie über den Verlust ihres Kindes nicht hinwegkam. Außerdem war sie natürlich extrem verzweifelt, weil sie angeklagt war, am Mord an ihrem einzigen Kind beteiligt gewesen zu sein. Ihr Psychiater, Dr. med. Leonardo Garcia-Bunuel, schrieb in seiner eidesstattlichen Erklärung:

1. Es gab eine Reihe von Begebenheiten, die zeigten, dass sie tiefe Trauer empfand, die auch nicht im Laufe der Zeit gemildert wurde. Oft fing sie an zu weinen und sagte: »Ich habe meinen Sohn verlassen, als ich ihn mit diesem Mann zum Metrocenter gehen ließ.« Sie sagte nie etwas oder tat irgendetwas, was mich glauben ließ, dass sie etwas mit dem Tod ihres Sohnes zu tun hatte. Tatsächlich beteuerte sie immer wieder ihre Unschuld, indem sie sagte: »Wie können sie mir das antun? Wie können sie mir vorwerfen, meinen Sohn umgebracht zu haben?« Während

der gesamten Zeit, in der ich sie behandelte, waren ihr Verhalten und ihre Aussagen ihrem tiefen Schmerz, ihrer Trauer entsprechend. Rückschlüsse auf Schuldgefühle ihrerseits ließen sich daraus jedoch nicht ableiten, abgesehen davon, wenn sie sich selbst die Schuld daran gab, dass sie ihren Sohn an jenem Tag in das Metrocenter gehen ließ.

2. Nachdem wir ihr Verhalten beobachtet, zahlreiche Gespräche mit ihr geführt hatten und die Informationen der Leute, die mit ihr zu tun hatten, ausgewertet waren, war ich davon überzeugt, dass sie Schmerzen empfand, keine Schuld. Ich war sicher, dass sie nichts mit dem Tod ihres Sohnes zu tun hatte; Debbie war nicht schuldig. Sie wusste nicht, was ihrem Sohn zustoßen würde, und sie hat auf keine Art und Weise daran teilgehabt.
3. Sie hatte mehrfach über ihre Angst gesprochen, in der Öffentlichkeit ihr Gesicht zu verlieren. Mein Team und ich haben in vielen Gesprächen und zu verschiedenen Gelegenheiten mit Debra über diese Angst diskutiert. Wir haben sie auf die Situation vor Gericht gezielt vorbereitet und sie instruiert, »cool« zu bleiben, ihre Gefühle zu kontrollieren, nicht zu reagieren, nicht zu weinen oder sich aufzuregen, auf die Fragen zu hören und auf diese so genau wie möglich zu antworten. Dies empfehlen wir grundsätzlich allen, die schwerer Verbrechen angeklagt sind und vor Gericht müssen. Wir versuchen, die Angeklagten darauf vorzubereiten, mit emotionalem Stress umzugehen, ohne dabei zusammenzubrechen. Wir spielen deshalb oft Gerichtssituationen mit ihnen durch. Hier lernen sie unter höchster nervlicher Anspannung ihre Emotionen unter Kontrolle zu halten. Wir haben auch mit Debra eine Gerichtssituation durchgespielt. Ich habe Debra sogar persönlich mehrfach gezeigt, wie sie ihre Gefühle kontrollieren kann, ohne vor Gericht zusammenzubrechen. Ich betone es nochmals, Debra wurde lange Zeit darauf vorbereitet, keine Gefühle zu zeigen, wenn sie vor Gericht stehen würde.

4. Das Antidepressivum, das Debra während des Verfahrens einnahm, hatte keine Emotionslosigkeit zur Folge, sollte ihr aber helfen, emotionslos zu bleiben, wie sie trainiert und angewiesen worden war.
5. Während der fünfzehn Monate, die Debra in der psychiatrischen Abteilung verbrachte, empfanden weder das Personal noch ich sie als hinterhältig oder manipulativ. Sie war immer freundlich, ehrlich und hat niemals versucht, ihre Gefühle als Entschuldigung zu verwenden.
6. Eine schwere Schmerzreaktion dauert sechs Monate bis ein Jahr, dann heilt sie und schwächt in unterschiedlichen Abstufungen ab. Als Debra vor Gericht ging, war sie also bereits durch den schwersten Teil ihrer Trauer und Schmerzen gegangen. Sie hatte den Umstand akzeptiert, dass ihr Sohn tot war, und dies bis zu einem gewissen Punkt verarbeitet, was ihr auch bei der Kontrolle ihrer Gefühle half.
7. Jedes Mal, wenn Debra während des Verfahrens vom Gericht zurück ins Gefängnis kam, ging sie in ihre Zelle und war am Boden zerstört. Sie wurde hysterisch, war völlig aufgelöst und weinte lange Zeit.

Debbie beschreibt in ihren Aufzeichnungen ebenfalls ihre Erfahrungen im Gerichtssaal und bestätigt, dass sie zum einen unter Medikamenten stand und zum anderen ihre Fassung nicht vor allen Leuten verlieren wollte:

> Die ganze Zeit und bis in den Prozess hinein bekam ich Medikamente gegen meine Depressionen. Die Ursache dieser Depressionen lag nicht darin begründet, eingesperrt zu sein und die Freiheit verloren zu haben, sondern im Verlust meines Sohnes – das einzig Wertvolle in meinem zerstörten Leben. Später sagten die Leute zu

mir, dass ich auch nicht mit meinem Pflichtverteidiger reden konnte, ohne in Depressionen zu fallen, weil ich über Stunden hinweg weinen musste. Ich weiß nicht, was für eine Wirkung die Medikamente auf mich hatten, aber ich weiß, dass sie begannen, mich darauf vorzubereiten, in den Prozesssaal zu gehen und »cool« zu bleiben. Es war auch immer meine schlimmste Befürchtung, unter Umständen vor allen Leuten die »Kontrolle« zu verlieren. Ich wollte nicht im Gerichtssaal die Fassung verlieren. *(aus Debbies Aufzeichnungen)*

Dr. Kevin Zuerlein, der Christopher vom 4. bis 22. Dezember 1988 im Krankenhaus an der Schilddrüse behandelte, gab später ebenfalls eine eidesstattliche Erklärung ab, die bescheinigte, dass der Vorwurf der Kindesmisshandlung nicht haltbar war:

1. Christopher war wohlerzogen und zeigte die für sein Alter angemessenen Entwicklungsschritte.
2. Während seines Krankenhausaufenthaltes zeigte sich seine Mutter, Debra Milke, sehr besorgt. Sie ersuchte kurze Zeit, nachdem sie die physische Veränderung festgestellt hatte, um eine Behandlung.
3. Debra befand sich häufig an seinem Bett und arbeitete gut mit dem Krankenhausteam zusammen.
4. Debra schien eng mit Christopher verbunden zu sein, und Christopher schien ebenso eng mit seiner Mutter verbunden zu sein.
5. Verglichen mit vielen anderen Familien, deren Kinder im medizinischen Zentrum behandelt werden, waren Debras Gegenwart und ihre Besorgnis um Christopher überdurchschnittlich.
6. Debra war aufrichtig um ihr Kind besorgt. Sie war kooperativ,

hilfsbereit und freundlich während Christophers Aufenthalt im Krankenhaus.

7. Christopher zeigte keine störenden Anzeichen in seiner Entwicklung, er schien sich körperlich und geistig ganz normal zu entwickeln.
8. Christopher zeigte keine Anzeichen körperlicher oder psychischer Misshandlung.

Am Mittwoch, den 10. Oktober 1990, titelte die *Phoenix Gazette:* »Der Fall Milke droht zu scheitern, so Richterin Hendrix«. In einem Kommentar von J.W. Brown war zu lesen, dass Richterin Cheryl Hendrix im Fall Debra Jean Milke die Zeit davonzulaufen droht. Wörtlich hieß es: »Der Fall könnte in einem fehlerhaften Gerichtsverfahren enden, wenn er nicht bis Donnerstag entschieden ist.« Der Grund: Zwei der zwölf Geschworenen hatten »Reisepläne gegen Ende der Woche, die nicht geändert werden« konnten. Als das Gerichtsverfahren am 12. September 1990 begann, standen 16 Geschworene zur Auswahl. Zwölf waren für ein ordnungsgemäßes Verfahren notwendig. Bereits in der ersten Woche musste ein Geschworener aus persönlichen Gründen entlassen werden. Am Ende der Beweisaufnahme verließen zwei weitere Geschworene, die Geschäftstermine oder Reisen geplant hatten, den Kreis. Die Richterin stand vor der Wahl, den Prozess kurzfristig zu Ende zu bringen oder die Verhandlung auf den 29. Oktober zu vertagen. »Meine Damen und Herren, nehmen Sie bitte zur Kenntnis, dass wir am kommenden Donnerstag entweder die Verhandlung einstellen müssen oder sehr ausgedehnte Ferien machen werden«, sagte Hendrix. Sie entschied sich für die schnellere Variante. Obgleich die Verteidigung ihre Ausführungen noch nicht beendet hatte und wichtige Zeugen noch nicht gehört worden waren, schickte sie die Geschworenen ins Beratungszimmer.

Die sechs Frauen und sechs Männer waren sich uneinig darüber, welches Urteil sie fällen sollten. Sechs von ihnen plädierten für unschuldig, sechs für schuldig. Die Beratungen zogen sich stundenlang hin. Schließlich entschied man sich für eine kurze Unterbrechung. Als die Geschworenen in das Beratungszimmer zurückkehrten, fanden sie ein Tonband auf dem Tisch vor. Jemand hatte es kommentarlos dorthin gelegt. Die Geschworenen baten um einen Rekorder, der ihnen auch gebracht wurde, und spielten das Tonband ab. Es enthielt das Interview, das Saldate mit Sandy im Sommer 1990 geführt hatte und das meine Tochter auf eigene Initiative aufgenommen hatte. Der Inhalt dieses ominösen Bandes blieb lange Zeit verborgen. Die Geschworenen hatten sich damals einander verpflichtet, über die Geschehnisse hinter den verschlossenen Türen zu schweigen. Tatsache ist jedoch, dass alle Geschworenen, nachdem sie jenes Band abgehört hatten, dafür plädierten, Debbie schuldig zu sprechen. Erst Jahre später deckte der Journalist Paul Huebl, der den Prozess für einen regionalen Fernsehsender verfolgte, auf, was sich in dem Beratungszimmer genau abgespielt hatte. Doch dazu später mehr.

Mark Milke, Jim Styers und Roger Scott waren nicht als Zeugen geladen. Sowohl die Anklage als auch dic Verteidigung wussten, dass ihre Aussagen auf Grund ihres Drogen-, Alkohol- und Medikamentenkonsums unglaubwürdig und leicht zu widerlegen gewesen wären. Jeder noch so schlechte Anwalt hätte sie in einem Kreuzverhör auseinander genommen.

Am 12. Oktober 1990 endete der Prozess. Die Geschworenen befanden Debbie der mörderischen Verschwörung, des Kindesmissbrauchs, der Freiheitsberaubung und des Mordes an ihrem Sohn für schuldig. Mark Milkes Kommentar gegenüber der Presse: »Sie hat ihren vier Jahre alten Sohn abgetrieben. Bisher hat sie es geschafft, sich immer aus allem herauszureden. Sie verdient es, den Rest ihres Lebens in Isolationshaft zu verbringen.«

Richterin Cheryl Hendrix setzte als Termin für die Urteilsverkündung den 18. Januar 1991 fest. Nach der Gerichtsverhandlung informierte uns mein Exmann, dass Debbie schuldig gesprochen worden war.

Ich erhielt – wen wundert es – kaum Informationen über den Prozessverlauf, die Zeugenaussagen oder Hintergründe. Sandy schickte mir lediglich Zeitungsberichte, ansonsten war wenig von ihr zu erfahren. Sam reagierte abweisend und unwirsch am Telefon. Von ihm durfte ich mir so gut wie keine Auskunft erhoffen, und die gesamte Familie Sadeik wollte mit uns sowieso nichts mehr zu tun haben. Maureen beantragte zudem kurz nach dem Urteilsspruch eine geheime Telefonnummer, was dazu führte, dass der Kontakt völlig abbrach. Ich tappte weiterhin im Dunkeln über die tatsächlichen Vorkommnisse. Die subjektiv gefilterten und sehr spärlichen Details, die ich in der Schweiz aus Zeitungsausschnitten erhielt, musste ich unkommentiert hinnehmen. Und auch Debbies Aufzeichnungen erhielt ich, wie erwähnt, erst viele Jahre später.

Der Tag der Urteilsverkündung schien mir die Krönung dieses ganzen grotesken Gerichtsverfahrens zu sein, denn am 18. Januar 1991 wurde im Gerichtssaal des Maricopa County Superior Court ein Konzert gegeben. Ein junger Mann erhob sich und spielte vor den Anwälten, Zuschauern und Angeklagten ein fünfzehnminütiges Solo auf seiner

Office Distribution	
DOC	x
MCSO	x
Certification Desk	x
General Acctg.	x
Disposition	x
Appeals	x
APO	x

SUPERIOR COURT OF ARIZONA
MARICOPA COUNTY

RECEIVED JAN 23 '91 Clerk of the Court

PROCESSED JAN 24 '91 DIST. CENTER

CLERK OF THE COURT

1/18/91 CHERYL K. HENDRIX D. Wallwork
Deputy

NO. CR89-12631

STATE OF ARIZONA — Noel Levy CA

v.

DEBRA JEAN MILKE — C. Kenneth Ray

Remand Desk

File Room

SENTENCE OF DEATH ON COUNT I:
SENTENCE OF IMPRISONMENT COUNTS II, III AND IV

2:40 p.m. This is the time set for Sentencing. The State is represented by above-named counsel. The defendant is present with above-named counsel.

Court reporter, Pauline Wood, is present.

Motion for New Trial and Motion for Judgment of Acquittal Notwithstanding Verdicts are argued and denied.

Based upon the jury verdict returned on October 12, 1990 it is the Judgment of this Court, the defendant is guilty,

in Count One, of Murder in the First Degree, a class 1 felony, in violation of A.R.S. § 13-1105, -1101, and -703;

Docket Number 181 Page 1

Die ersten zwei Seiten des 16-seitigen Todesurteils (siehe auch Seite 149)

Violine. Die Richterin Cheryl Hendrix erklärte anschließend, sie habe den jungen Mann eingeladen, etwas Musik zu machen, um die Atmosphäre zu entspannen und etwas Unterhaltung zu bieten. Die meisten der anwesenden Juristen fanden dieses Szenario grausam und vollkommen unpassend und äußerten sich auch vor der Presse empört über diese Einlage. Denn nur wenig später erhob sich Richterin Hendrix in eben jenem Gerichtssaal und verlas ihr 16-seitiges Todesurteil über Debra Jean Milke:

»Ausgehend von den dem Gericht vorliegenden Indizien und dem Urteil der Geschworenen auf Mord, ist die Beweislage – trotz der Offensichtlichkeit, dass die Angeklagte nicht die Schüsse abgegeben und dem Opfer die tödlichen Wunden zugefügt hat – klar, und das Gericht entscheidet, ohne jeglichen Zweifel, dass die Angeklagte den Mord an Christopher Milke vorsätzlich beabsichtigte und daran teilhatte und dass Debra Milke für seinen Tod verantwortlich ist.«

Noch erschwerend komme das Alter des Opfers, die Abscheulichkeit des Verbrechens und die Tatsache hinzu, dass den Ausführenden Geld versprochen wurde, so die Richterin. Debra Jean Milke verdiene es, für ihr Verbrechen zu sterben. Milke habe geplant, 5.000 Dollar aus einer Lebensversicherung zu kassieren, die sie auf das Kind abgeschlossen hatte. Die Gründe, für mildernde Umstände zu plädieren, – keine Vorstrafe der Angeklagten, sichere Beschäftigung und gute Führung im Gefängnis – seien unzureichend. »Es ist offensichtlich: Das Opfer war hilflos

in Count Two, of Conspiracy to Commit Murder in the First Degree, a class 1 felony and dangerous offense, in violation of A.R.S. § 13-1003, -1105 and -604 (G);

in Count Three, of Child Abuse, a class 2 felony and a Dangerous Crime Against Children in the First Degree, and a dangerous offense, in violation of A.R.S. § 13-3623(B)(1), -604(G) and -604.01(B); and

in Count Four, of Kidnapping, a class 2 felony and a Dangerous Crime Against Children in the First Degree, in violation of A.R.S. § 13-1304 (B) and -604(G), -604.01(B) and (J).

A.R.S. § 13-702 applies to counts II, III, and IV, and A.R.S. § 13-203(A) & (B)(2), -301, -302, -303, -304, -801, -812 apply to all counts. All offenses were committed on December 2, 1989 in Maricopa County.

A Presentence Hearing pursuant to A.R.S. §13-703 was conducted on December 7 and 14, 1990 and on January 11, 1991. The State and the Defendant presented evidence and argument concerning the existence or nonexistence of aggravating and mitigating circumstances. Both parties have been given the opportunity to present any relevant evidence of mitigation.

The court read the presentence report. The court

und der Mord sinnlos«, äußerte sie gegenüber den Zuschauern, die sich in den Saal gedrängt hatten.

»Die Tatsache, dass eine Mutter plant, ihr Kind töten zu lassen, ist schockierend und widerspricht jeglicher Moral und allen sozialen Wertvorstellungen. Das Gericht befindet ohne jeglichen Zweifel, dass dieser Mord auf besonders widerliche und verabscheuungswürdige Weise begangen wurde.«

Das Gutachten Dr. Garcia-Bunuels wischte Richterin Cheryl Hendrix mit den folgenden Worten beiseite: »Dr. Garcia-Bunuel mag ein guter Psychiater sein, und ich respektiere seine Meinung, aber es fehlt ihm doch an kriminologischen Fähigkeiten.« Sie beendete ihre Urteilsverkündung mit folgenden Worten:

»Deshalb beschließt das Gericht, die Angeklagte wie folgt zu verurteilen:
1. Wegen oben angeführter Punkte zum Tode
2. Wegen Verschwörung zum Mord zu lebenslanger Haft, ohne Bewährung, bis zu 25 Jahren
3. Wegen Kindesmisshandlung zu 20 Jahren
4. Wegen Freiheitsberaubung zu 20 Jahren.«

Dies unbarmherzige Urteil widersprach all meinen Erwartungen. Ich konnte tagelang keine Nahrung zu mir nehmen, saß apathisch in unserem Haus und war völlig gelähmt vor Schock. Stundenlang liefen mir Tränen über die Wangen. Selbst Alex fand keine tröstenden und beruhigenden Worte mehr für mich. Meine Tochter – tatsächlich eine

Mörderin? Zum Tode verurteilt? Es gibt keine Worte, die im Stande wären, die Gefühle einer Mutter, die diese Nachricht erhält, zu beschreiben. Lähmung, Entsetzen, Betroffenheit, Erschütterung, Bestürzung, Fassungslosigkeit, ein Strudel undefinierbaren Grauens hatte mich gepackt – das Leben hatte für mich seinen Sinn verloren. Ich wagte nicht, unseren Nachbarn und Freunden in der Schweiz davon zu erzählen. Zu groß waren der Schmerz und die Scham, die ich über das Schicksal meiner Familie empfand. Hatten wir vor dem Urteil zumindest noch mit einer kleinen Hoffnung leben können, erschien uns nun das Leben nur noch voller Unglück. »Was habe ich nur falsch gemacht?« Diese Frage habe ich mir in diesen Monaten unzählige Male gestellt, und die Antworten reichten nie aus, um das Ausmaß der Tragödie rechtfertigen zu können. Doch das Leben nimmt gnadenlos seinen Lauf und ich verheimliche nicht, dass eine gewisse Routine sehr förderlich sein kann, Schicksalsschläge zu überwinden. Auch bei uns ging die Sonne unbeirrt weiter auf und unter, mein Job forderte mich und ich versuchte zu verdrängen. Trotzdem schaffte ich es nicht, die innere Unruhe, die mich befallen hatte, in den Griff zu bekommen. Nachts schreckte ich oft schweißgebadet aus dem Tiefschlaf hoch, ich wanderte stundenlang durch unser Haus und starrte auf den Vierwaldstättersee, der ruhig und bedächtig wie immer zu meinen Füßen lag. Ich begann Zwiegespräche mit Debbie zu führen und kam doch nicht weiter, weil ich keine Antworten von ihr erhielt. Eine entsetzliche Leere und hektische Hyperaktivität zugleich machten mich psychisch wie physisch fertig. All meine Hoffnung konzentrierte sich nun absurderweise auf meine zweite Tochter, ihren Mann und meine beiden noch verbleibenden Enkelsöhne. Erklärend möchte ich noch einmal erwähnen, dass ich zu diesem Zeitpunkt im Januar 1991 noch nichts von Sandys Aussagen vor Gericht gegen ihre Schwester wusste. Ich wünschte und hoffte so sehr, aus meinem Entsetzen aufzuwachen, wenn ich sie nur um mich hätte. Ich sträubte mich aber dagegen, in die Staaten zu reisen. Zu tief waren die Verletzungen, zu massiv die Erinnerungen, die ich mit diesem Land verband. Deshalb luden wir Sandy und ihre Familie ein, einen Urlaub mit uns in der Schweiz zu verbringen. Sie wollten in den Sommermonaten kommen, und ich begann mich sogar auf ihren Besuch zu freuen. Außerdem erhoffte ich so endlich Näheres über den Prozess, über Debbies Verhalten, ihre Aussagen etc. zu erfahren. Mir erschien der ganze Prozess seltsam und mit dem Wenigen, das ich aus den Zeitungen erfahren hatte, konnte ich mich einfach nicht zufrieden geben.

Sandy, Ron, Jason und Cody brachten etwas Licht in unser Zuhause. Die beiden Jungs tobten durch das Haus und erfüllten den Garten mit Leben. Wir machten Ausflüge, besuchten meine Eltern in Berlin und fuhren nach Italien, wir unternahmen Wanderungen in den Bergen, schwammen im See, feierten Codys ersten Geburtstag und fanden auch Zeit für Unterhaltungen. Sobald ich aber auf Debbie zu sprechen kam und Fragen stellte, die mit ihrer Person und dem Prozess in Zusammenhang standen, reagierte Sandy auch weiterhin unwirsch und abweisend. »Ach, lass mich doch damit in Ruhe!« oder »Sie hat bekommen, was sie verdient hat!«, waren ihre eisigen Bemerkungen, die sie mir entgegenschleuderte. »Sandy, bitte erzähl mir doch, was genau passiert ist!«, forderte ich sie immer wieder auf. »Wie sah Debbie aus? Hat sie wirklich alles zugegeben? Glaubst du tatsächlich, dass sie Christopher umgebracht hat?« – Fragen über Fragen, die Sandy stets mit einer mürrischen Bemerkung vom Tisch wischte. Ich begann mich über ihr eigenartiges und beleidigendes Verhalten zu wundern. Irgendetwas war geschehen, das ich nicht wusste. Aber was? Ich fühlte, dass mir meine jüngere Tochter etwas verheimlichte, und diese Tatsache brachte mein Denken wieder in Gang. Ich wurde misstrauisch und hatte das untrügliche Gefühl, dass irgendetwas in Debbies Fall schrecklich schief gelaufen war.

Gegen Ende ihres Aufenthaltes baten uns Sandy und Ron noch einmal um ein Darlehen für ein neues Haus. Wir zögerten und riefen zunächst Rons Eltern an, um ihnen den Vorschlag zu machen, dass jeder die Hälfte beisteuern sollte. Rons Eltern stimmten unter der Voraussetzung zu, dass Sandy und Ron das Geld zurückzahlten. Daraufhin liehen wir ihnen nochmals 20.000 Dollar, allerdings haben wir, wie zu erwarten war, auch hiervon keinen Pfennig mehr gesehen.

DEBBIES ERSTER BRIEF

Zwei Monate später erreichte mich über meine Eltern in Berlin ein langer Brief von Debbie aus dem Gefängnis. Debbie hatte ihn an ihre Großeltern geschickt, weil deren Berliner Adresse die einzige war, die sie noch aus ihrer Kindheit – wir hatten ein Jahr bei meinen Eltern gelebt – auswendig wusste. Der Brief kam auf den Tag genau am Geburtstag meiner Mutter an. Sie hat mich sofort angerufen und mir unter Tränen von dem Umschlag erzählt, auf den Debbie geschrieben hatte: »Oma und Opa – ist nicht wahr.« Meine Mutter versprach mir, ihn sofort auf die Post zu bringen, sodass ich ihn am nächsten Tag haben sollte. Ich konnte es kaum erwarten und stand am nächsten Tag den halben Vormittag in der Haustür und hielt nach unserem Postboten Ausschau. Auch wenn ich versuchte, mich zu einer Arbeit zu zwingen, gelang es mir nicht, mich zu konzentrieren. Ich wartete auf das erste Lebenszeichen meiner Tochter seit beinahe zwei Jahren. Endlich kam der Bote, endlich hielt ich den schweren Briefumschlag in meinen zitternden Händen. Ich riss ihn sofort auf und fand 32 eng beschriebene Seiten in Debbies Handschrift:

18. Oktober 1991

Liebe Mom, lieber Alex,
ich kann mir vorstellen, dass ihr nicht mehr erwartet habt, von mir zu hören. Ich wollte euch gerne schreiben, weil es einige Dinge gibt, die

Den ersten Brief aus dem Gefängnis schickte Debbie über ihre Großeltern an ihre Mutter. Dies war die einzige Adresse, die sie auswendig kannte (18. Oktober 1991)

ihr wissen solltet. Ich habe lange darüber nachgedacht, ob ich euch schreiben soll oder nicht. Lange hoffte ich auch, dass ihr auf mich zukommen würdet, was aber nicht geschah. Bevor ich aber weiterschreibe, möchte ich, dass du, Mom, weißt, dass ich nicht schuldig bin. Ich spiele kein Spiel oder Ähnliches. Ich muss dir so viel erzählen, ich weiß gar nicht, wo ich anfangen soll. Ich bin tief verletzt, dass nicht einmal meine eigene Familie, vor allem du, mir eine Chance gegeben oder auch nur an meiner Schuld gezweifelt hat, als ich dieses abscheulichen Verbrechens beschuldigt vor Gericht stand. Es ist unglaublich schwer für mich, mit dieser Tragödie allein fertig zu wer-

Dear Mom and Alex - October 18, 1991.

I imagine you never expected to hear from me. I wanted to write because there are some things I feel you should know. I have spent a great deal of time thinking whether I should write you or not. I kept hoping that you would have contacted me, however, that never happened. Before I go on mom, I want you to know that I am not guilty of conspiring with Jim to have Christopher killed. I am not playing any games or anything of that nature. I have so much to tell you but I don't know where to begin. I am deeply hurt that my own family, especially you, didn't even give me the benefit of the doubt when I was accused of this heinous, reprehensible crime. Something this devastating and tragic is a lot to deal with all alone. I had no support from anyone in my family and that hurts very much. When Chris died I died too. You can't imagine the shock I was in and what all of this has done to me, emotionally and mentally.

Contrary to what everyone believes, I am not guilty mom. I will tell you all that happened and how this entire thing got blown out of proportion. I have been advised by my attorney not to correspond with anyone but I can't go on any longer without letting you know. I could care less about dad because he is a vicious man and you of all people should know how he lies to people and exaggerates everything. Out of everyone in our family, you are the only person I love dearly because you are my mother. I will get into dad and Sandy later. I trust you wouldn't take this letter

den. Niemand in meiner Familie hat mich unterstützt – und das tut ganz schön weh. Als Chris starb, bin auch ich gestorben. Du kannst dir nicht vorstellen, unter welch tiefem Schock ich stand und was dies alles in mir ausgelöst hat – vor allen Dingen seelisch.
Entgegen der Meinung der Leute bin ich nicht schuldig, Mom. Ich möchte dir erzählen, was tatsächlich passiert ist und wie es dazu kam, dass alles aus dem Ruder lief. Ich bin zwar von meinem Anwalt angewiesen worden, mit niemandem darüber zu reden, aber ich halte es nicht länger aus, wenn du es nicht weißt. Um Dad mache ich mir weniger Gedanken, denn er ist ein schlechter Mensch, und du weißt sicherlich am besten, wie er lügen kann und alles übertreibt. Ich werde später auf Dad und Sandy zurückkommen. Von allen in unserer Familie habe ich mit dir die innigste Verbindung, du bist meine Mutter. Ich vertraue dir, dass du diesen Brief nicht gegen mich verwendest. Es würde sowieso nichts machen, weil ich nichts zu verbergen habe. Aber der Staat benutzt alles Mögliche gegen mich.
Egal. Ich frage mich oft, warum du nie versucht hast, Kontakt zu mir aufzunehmen – obwohl du ja sogar im Gefängnis warst, als du die Unterschrift für die Vollmacht über das Auto brauchtest. Ich hatte schon immer das Gefühl, dass unsere Familie zerstritten und gespalten ist, und diese Tragödie hat es noch einmal bewiesen. Ganz egal, was passiert, die Familie sollte eigentlich immer für einen da sein. Ich bin noch immer deine Tochter – und das wird sich auch nicht ändern. Wie konntest du dich nur mit allem abfinden, ohne auch nur einmal nachzufragen, ob es wahr ist oder nicht? Ich kann mir einfach nicht vorstellen, dass du Dad geglaubt und keine Sekunde gezweifelt hast. Ich habe mich noch nie in meinem Leben so alleine gefühlt. Mir kann nichts Schlimmeres mehr passieren, solange ich noch auf meinen eigenen Füßen stehen kann. Ich denke mal, du pflichtest mir bei, dass ich von meiner Familie keine Unterstützung mehr erwarten kann, ihr habt es mir bewiesen. Dad war nur einmal auf meiner Seite und ermunterte mich, es durchzustehen, als es aber Ernst wurde, fiel er mir

in den Rücken. Sandy schloss sich ihm an, wenn auch aus anderen Gründen, auf die ich später noch eingehen werde. Du weißt, Mom, dass ich sehr verletzt war, als du 1983 nach Deutschland gegangen bist, um bei Alex zu sein. Dad erzählte mir damals, dass du Sandy und mich nicht mehr lieben würdest. Er bezeichnete dich als egoistisch und meinte, dass du ihm die ganze Verantwortung für uns aufgebürdet hättest. Er versicherte mir, dass er immer für mich da sein würde, wenn ich ein Problem hätte und Hilfe bräuchte. Es tat mir richtig weh, als ich von ihm erfuhr, dass du gegangen bist, weil du die Staaten satt hattest und mich nicht mehr liebtest. Ich wollte ihm aber nicht glauben, weil ich seinen Zorn in seinen Worten spürte. Er hat dich immer noch geliebt und war verletzt, als du ihn verlassen hast. Er hat Maureen nur geheiratet, um zurückzuschlagen. Bis zum heutigen Tag schmeichelt er sich bei ihr und ihren Kindern ein aus Angst, sie zu verlieren. Dad konnte nie alleine sein, und du weißt das. Mittlerweile habe auch ich Dad durchschaut.

Du hast immer wieder versucht, vieles, was Dad betrifft, vor uns zu verheimlichen, ich denke, du weißt, worüber ich rede. Mom, in den vier Jahren, die Christopher gelebt hat, kam Dad ein einziges Mal nach Phoenix, um seinen Enkel zu sehen. Er hat sich um Chris genauso wenig gekümmert wie um Jason. Karen lebte mit ihren zwei Kindern in Phoenix, und Dad fuhr unzählige Male nach Phoenix, um sie abzuholen und übers Wochenende mit nach Florence zu nehmen. Glaubst du, er hätte das jemals für Chris oder Jason getan? Nein, ganz bestimmt nicht. Dad hat vor Gericht ausgesagt, dass er Christopher sehr liebte, was eine schwülstige Lüge ist. Er kümmerte sich genau eine Woche lang um Chris, es war 1989, und auch nur deshalb, weil der Wohnwagen von Marks Mutter, in dem wir eine Zeit lang gewohnt haben, Feuer gefangen hatte und wir auf die Schnelle nicht wussten, wo wir leben sollten. Chris war genau fünf Tage bei ihm, und als ich ihn wieder abholte, legte er mir Quittungen für neue Kleidung vor, die Maureen für Chris gekauft hatte, und er stellte mir eine

Rechnung fürs Babysitten. Ich konnte es einfach nicht glauben! Dann hat er weiter ausgesagt, dass er Ernie mehrmals getroffen habe, was ebenfalls eine glatte Lüge ist. Die beiden haben sich nur einmal gesehen, als Ernie Chris und mich nach dem Brand nach Florence fuhr. Ich habe Dad oder Maureen niemals erzählt, dass ich Ernie heiraten möchte. Ich habe ihnen lediglich gesagt, dass ich ihn sehr gern mag und dass er der *Typ* Mann wäre, den ich später einmal heiraten möchte. Dad sagte ebenfalls aus, dass er mich bis zu meinem 18. Lebensjahr aufgezogen hätte. Du weißt, dass das nicht wahr ist. Mom, du weißt, dass Dad nicht die Wahrheit sagt. Er verdreht die Wahrheit, prahlt und übertreibt. Als Sandy nach Jasons Geburt mit der Vaterschaftsklage vor Gericht zog, stellte er sich gegen sie. Erinnerst du dich? Ich weiß noch, wie entsetzt du warst, dass er seinem eigenen Kind so etwas antun konnte. Er kam auch nicht zu ihrer Hochzeit. Er war es gewohnt, sich über jeden von uns beim Abendessen auszulassen. Er ist verleumderisch und skrupellos. Er hat schon seinen einzigen Sohn verleugnet, und jetzt mich. Ich frage mich, wie lange es noch dauern wird, bis es Sandy trifft. Ich bin nur in den Ferien nach Florence gefahren, weil ich Chris seinen Opa nicht vorenthalten wollte. Ich hasste seine Art, mit den Kindern umzugehen, deshalb blieb ich ihm, soweit möglich, fern. Chris war 1988 etwa einen Monat lang wegen dieser Schilddrüsengeschichte im Krankenhaus. Dad hat nicht ein einziges Mal angerufen und gefragt, wie es seinem Enkel geht, geschweige denn, dass er uns mal besucht hätte. Nicht ein einziges Mal. Ilse konnte es nicht glauben!
Als ich 1988 in Colorado war, rief ich ihn an, und er machte mir klar, dass ich nicht nach Phoenix zurückkehren sollte, weil mich hier keiner haben wollte. Ich war einsam und verwirrt wegen meiner Scheidung und weil ich Mark noch immer sehr liebte. Ich wollte damals seinen väterlichen Rat hören. Er meinte nur: »Niemand will dich hier.« Ich ließ mich von Ilses Sohn scheiden, und sie war es, die mir und Chris anbot, bei ihr zu wohnen. Sie fühlte keinen Hass auf mich. Sie

Christopher, Oktober 1986, 1 Jahr alt

Renate Janka mit ihren beiden Töchtern und Verwandten aus Berlin bei einem Wochenendausflug am Grand Canyon (oben), Debbie in der Nähe der Navajo-Ruinen (unten), 1978

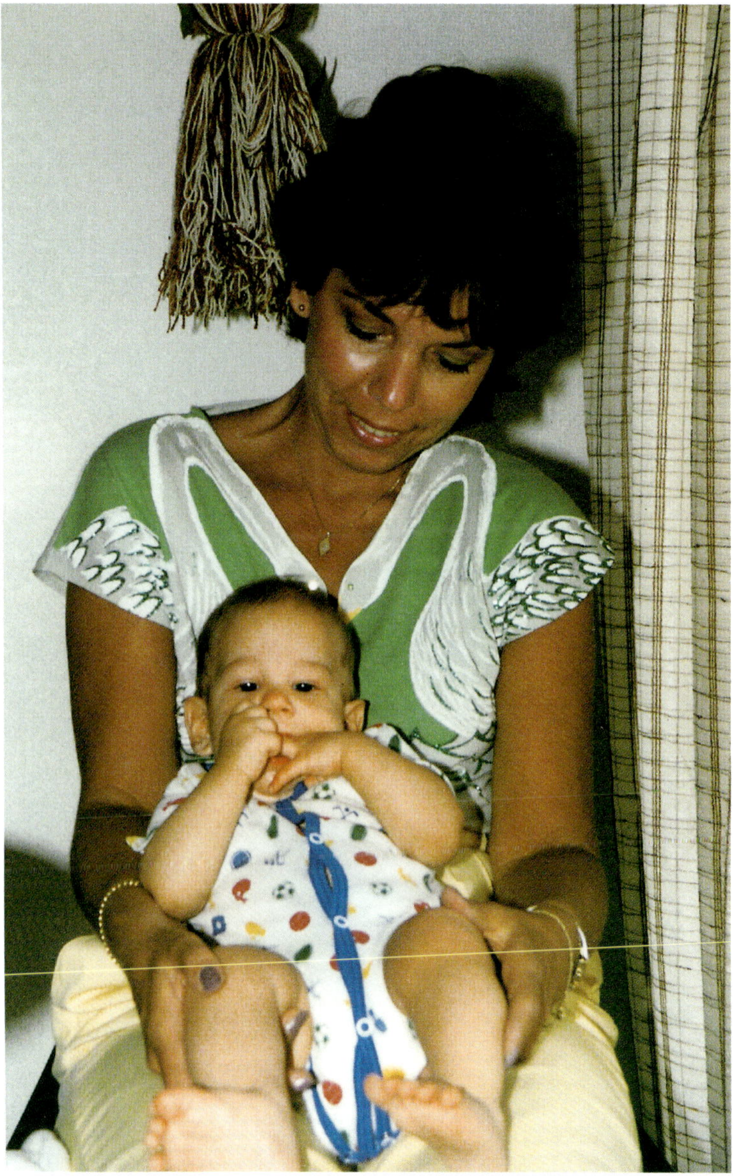

Renate Janka mit ihrem Enkel Christopher wenige Monate nach seiner Geburt, 1986

Erste Geburtstagsfeier, Christopher und sein Vater Mark Milke (oben), Christopher am selben Abend (unten), 1986

Christopher, 1986

Debbies Highschool-Abschluss, 1982

Mark Milke, 1998

Der vierjährige Christopher mit Freunden aus der Nachbarschaft, 1989

Debbie und Christopher – sie lebten mit Debbies Schwester Sandy in einer Wohngemeinschaft (oben), 1987; Christophers vierter Geburtstag (unten), 1989

Der Tatort in der Wüste Arizonas, nur wenige Kilometer entfernt von Christophers Zuhause; das weiße Kreuz hat Mark Milke für seinen Sohn errichten lassen

Renate Janka am Tatort – Dreharbeiten für eine deutsche Fernsehsendung, 1998

STYERS

Jim Styers und Roger Scott kurz nach ihrer Festnahme, 1989. Diese beiden Männer erschossen den vierjährigen Christopher am 3. Dezember 1989

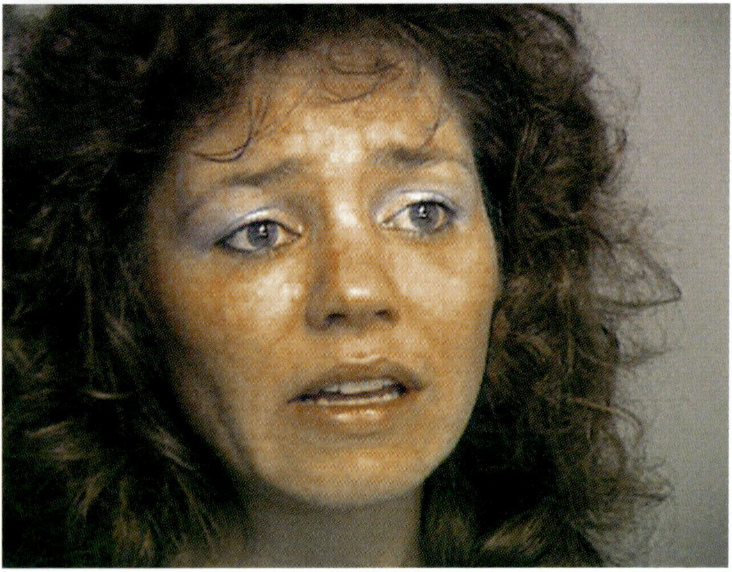

Detective Armando Saldate bei seiner Aussage vor Gericht (oben), 1989; Debbie Milke im Moment der Todesurteilsverkündung (unten), 18. Januar 1991

Debbies Abtransport in die Todeszelle, 18. Januar 1991

Renate Janka mit Privatdetektiv Kirk Fowler, 1998

Todeskandidatin Milke*, Verdächtige: *Leben im Käfig*

„Monströs, diabolisch, böse“

Einc deutsche Mutter will beweisen, daß ihre Tochter, die in Arizona auf die Hinrichtung wartet, unschuldig ist. *Von Clemens Höges*

Debbie Milkes Todesurteil besiegelt der Oberste Gerichtshof von Arizona kurz vor Silvester: Ihre letzte Petition im Bundesstaat sei abgewiesen. Häftling Nummer 83533 im Staatsgefängnis Perryville bei Phoenix möge nun „hingerichtet werden durch intravenöse Injektion von Substanzen in Mengen, die ausreichen, den Tod herbeizuführen“.

In Perryville läuft die Todesmaschinerie an. Debbie Milke muß Formulare ausfüllen – welche Henkersmahlzeit sie wünsche, welche Zeugen und was nachher mit ihrer Leiche geschehen soll.

Der Kaplan kommt zu Besuch, er redet über Schuld und Sühne. Ihm folgen die Psychiater. Dann erscheint der Arzt. Er tastet ihre Arme ab, rollt die Venen und bestimmt die beste Stelle für den Einstich.

Danach sollen Wärterinnen ihre Gefangene in jene Zelle bringen, hinter der nur noch die Todeskammer mit der Pritsche kommt. Und da, sagt Debbie Milke, sei sie fast durchgedreht: „Ich bin beinahe über die Klippe gegangen.“ Sie ist 34 Jahre alt. Ihre Haare waren blond, jetzt sind sie nahezu grau.

Diesmal schafft es ihr Anwalt, den Henker in einem Eilmanöver vor übergeordneten Gerichten zu stoppen. Nun kämpft er zusammen mit Debbies Mutter und einem Detektiv darum, daß die den Fall neu aufrollen lassen. Denn die Ankläger haben bislang keinen einwandfreien Beweis für ihre Schuld vorgelegt.

Soviel steht fest: Ein Verrückter und ein Säufer (die auf ihre Hinrichtung warten) haben Milkes Sohn Christopher erschossen; strittig ist, ob die Mutter sie dazu angestiftet hat, wie Staatsanwalt Noel Levy und die Ermittler glauben. Der Junge war erst vier Jahre alt. „Sie wird dafür brennen“, sagt Levy, ihr Verbrechen sei „monströs, diabolisch, böse“.

Über 3000 Männer und rund 40 Frauen sitzen in US-Todeszellen. Nicht wenige von ihnen, so warnen Bürgerrechtler, werden unschuldig sterben – Totschlag im Namen des Volkes. Debbie Milke könnte eine davon sein. Ihr Fall zeigt, wie lässig Gerichte in den Vereinigten Staaten oft mit der Todesstrafe umgehen.

Das Drama um Rache, Haß und zerstörte Familien beginnt, als die Ehe zwischen Debbies deutscher Mutter Renate Janka und dem US-Soldaten Richard „Sam“ Sadeik in die Brüche geht. Sam ist Alkoholiker. Er tobt: „Niemand verläßt Sam Sadeik. Das wirst du büßen.“

Und sie verläßt ihn doch. Janka zieht mit ihren beiden Töchtern nach Phoenix. Debbie ist ihr Liebling, „der Sonnenschein in meinem Leben“. Die jüngere Schwester Sandy dagegen rebelliert, zankt, klaut Geld. „Warum kannst du nicht sein wie Debbie?“ fragt die Mutter manchmal. Bald kehrt Sandy zurück zum Vater. Nun läuft der Graben mitten durch die Familie. Bei

* 1988 mit Sohn Christopher.

DER SPIEGEL 27/1998 — 123

Spiegelredakteur Clemens Höges verbrachte sechs Wochen für seine Recherchearbeiten in Arizona, Der Spiegel *27/1998*

Mutter Renate wird kurz darauf das Geld knapp. Über alte Kontakte bekommt sie eine gute Stellung bei Standard Elektrik Lorenz in Stuttgart. Debbie bleibt in Amerika und verliebt sich in den wilden Mark Milke.

Teppichverleger Milke ist keine Traumpartie. Er nimmt Drogen, wenn er nicht gerade im Knast sitzt. Aber sie heiraten trotzdem. Christopher wird geboren, doch die Ehe zerbricht, wie vorauszusehen war. „Nimm deine verlauste Brut und scher dich aus meinem Leben", brüllt Wild Mark. Debbie Milke zieht zu Jim Styers, einem Bekannten, der allein in einer großen Wohnung haust. Styers hat in Vietnam bei den Marines gekämpft. Er lebt von Behindertenrente. Was er in Vietnam getan hat, kann Milke nur ahnen. Von den Gespenstern, die ihn jagen, ahnt sie nichts.

Mindestens ein Kind, so wird Styers später in dem Prozeß um Christophers Tod gestehen, hat er in Vietnam von einem Laster heruntergeschossen. Es könnten auch ein paar mehr gewesen sein. Er hört Stimmen in seinem Kopf, die „Schreie der toten Frauen und Kinder" peinigen ihn. Schwere Medikamente dämpfen den Kriegslärm in Styers' Schädel ein wenig und auch die latente Verwirrung, die dort herrscht, seit er von einem Militärtransporter fiel und anschließend ein Vierteljahr lang mit Hirntrauma im Koma lag.

Debbie Milke sieht ihr Zusammenleben mit Jim als Wohngemeinschaft auf Zeit. Doch Styers, rund 15 Jahre älter, beginnt sich in sie zu verlieben. Er fährt sie zur Arbeit, wäscht die Hemden und hütet Christopher, auch wenn ihm der Bengel manchmal auf den Wecker geht: „Ich wünschte, er wäre tot", sagt er zu Nachbarn.

Styers will Debbie von ihrem Ex-Mann loseisen. Das letzte Bindeglied zwischen den beiden ist Christopher. Milke stutzt nicht, als Styers einen Revolver kauft. Angeblich will er in der Wüste Klapperschlangen schießen. Das ist in Arizona ein ganz normales Hobby.

Styers spürt, wie Debbie ihm entgleitet. Am 2. Dezember 1989, kurz vor Debbies

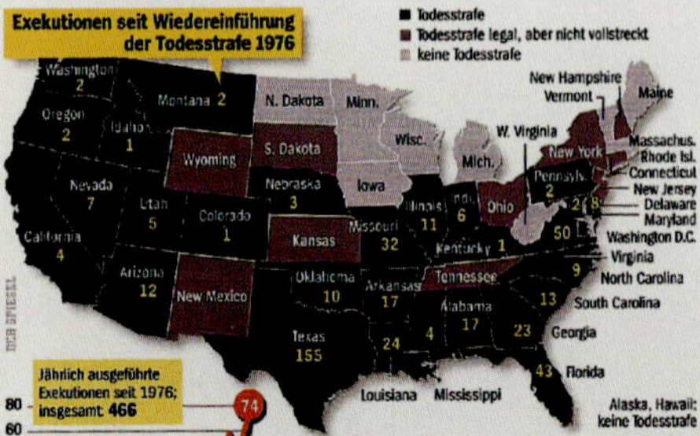

Auszug, borgt er sich ihren Toyota. Er wolle ins Einkaufszentrum – wo jetzt Weihnachtsmänner Reklame laufen, sagt er. Christopher liebt Weihnachtsmänner. Debbie zögert, doch der Kleine quengelt so lange, bis er mitfahren darf. „See you later, alligator", ruft Christopher in der Tür. „After a while, crocodile", antwortet sie.

Auf dem Weg zum Shopping-Center steigt Roger Scott zu Styers ins Auto. Scott hat im Leben stets nur zwei Freunde gehabt: die Flasche und Jim Styers. Um anderen zu gefallen, so ein Psychiater, tue Scott nahezu alles. Und er haßt es, wenn Styers sich verliebt. Dann spielt er selbst nämlich keine Rolle mehr.

Kommissar Saldate: *Geständnis ohne Unterschrift*

Drei Stunden später ruft Styers bei Debbie Milke an: Als er im Kaufhaus auf dem Klo war, sei Christopher plötzlich verschwunden. Ein Kaufhaus-Manager ruft die Polizei. Die Beamten spüren, daß Styers lügt. Die Klobrille in der Kabine, in der er gehockt haben will, ist gesplittert. Da hält nur ein Fakir eine Sitzung aus.

Armando Saldate von der Mordkommission schaltet sich ein. Er ist ein Bär von einem Mann mit einem Gesicht wie eine Faust und einem Ruf wie Donnerhall. Er kriegt Geständnisse, wo andere leer ausgehen. Er hat sich hochgekämpft, und gerade steht er vor dem größten Schritt seiner Karriere. Er kandidiert für den Posten des Constable, eine Art Gerichts-Sheriff. Dafür muß er eine Kommunalwahl gewinnen. Ein prominenter Fall käme ihm zupaß. Verbrechen an Kindern sind immer prominent.

15 Stunden lang wird Styers' Kumpan Scott gegrillt. Schließlich packt er aus, freilich in widersprüchlichen Versionen. Die grobe Linie: Styers und er hätten Christopher in die Wüste gefahren, dort sei Styers mit dem Jungen ausgestiegen. Er, Scott, sei im Wagen geblieben, habe Schüsse gehört. Styers sei zurückgekommen und habe gesagt: „Der kleine Bastard wird mir nicht mehr auf die Nerven gehen."

Scott führt die Beamten zur Leiche. Christopher liegt mit drei Kugeln im Hinterkopf zusammengekauert im Sand, als würde er schlafen. Daneben finden die Fahnder Abdrücke von Schuhen, die wahrscheinlich Styers getragen hat.

Auf der Rückfahrt erzählt Scott Saldate noch ganz nebenbei, Christophers Mutter habe Styers angestiftet.

„Debbie hat damit nichts zu tun", sagt jedoch Styers. Er behauptet, Scott habe geschossen; bei dem finden Polizisten auch Styers' Revolver. Styers sagt, Scott habe gedroht: „Wenn ich untergehe, nehme ich dich mit – und diese Frau."

Polizist Saldate beschließt, Scott zu glauben. Nur sind dessen wirre Aussagen vor Gericht nichts wert, er wird dort später nicht einmal gehört. Am nächsten Tag bestellt Saldate deshalb Debbie Milke aufs Revier. Sein Vorgesetzter ermahnt ihn, einen Kassettenrecorder zum Verhör mitzunehmen. Doch Saldate mißachtet die Order.

Debbie wartet zusammen mit einer Tante im Krankenzimmer des Reviers. Saldate scheucht die Tante aus dem Raum und schließt die Stahltür. Nun kann keiner mehr mithören. Dann setzt er sich vor Milke hin, in seiner üblichen Kampfdistanz: etwa 30 Zentimeter von Auge zu Auge. Sie hätten ihren Sohn gefunden, sagt der Fahnder. Der Kleine sei tot. Und sie stehe als Mörderin unter Arrest. Nach dem Verhör soll er ihr befohlen haben, mit nie-

Mutter Janka: *Nach dem Prozeß ein Brief nach Berlin*

mandem über ihr Gespräch zu reden.

Drei Tage später haben die Ermittler noch immer keinen Beweis für das Mordkomplott der Mutter gefunden. Da erst tippt Saldate seinen Bericht. Er behauptet, Milke habe ihm alles gestanden. Der Fall scheint gelöst. Die Jubelberichte in den Zeitungen sind für ihn der Durchbruch, er gewinnt die Wahl.

Niemand stolpert über die seltsame Verzögerung oder darüber, daß Saldate für das Geständnis keine Bandaufnahme beibringen kann, auch keinen Zeugen und schon gar nicht Debbie Milkes Unterschrift. Tja, und seine Originalnotizen vom Verhör, die habe er leider vernichtet, sorry.

Im Prozeß schildert Debbie den Geschworenen, wie Saldate ihr Gespräch verzerrt habe. Sie habe gesagt: „Ich wollte nie, daß Chris so wird wie sein Vater.“ In Saldates Text klingt das so: „Sie sagte mir, daß sie es tat, weil sie nicht wollte, daß Chris wird wie sein Vater.“

Dann zündet der Staatsanwalt seine Bombe. Er ruft Debbies Vater und ihre Schwester Sandy vor die Geschworenen – als Zeugen der Anklage.

Sam Sadeiks Aussage ist vernichtend. Debbie sei kalt, egoistisch, berechnend – eben ganz ihre Mutter, die ihn verlassen hat: „Wenn man ihr noch einmal die Chance gäbe, ein Kind zu bekommen, würde sie es wieder töten.“

Sandy setzt nach, ihre Schwester Debbie sei die typische Kindesmörderin. Sie will gesehen haben, wie sie Christopher einmal den Schnuller mit Klebeband auf den Mund pappte. Sandy fordert die Spritze für ihre Schwester: „Sie hat es verdient für das, was sie Chris angetan hat.“ Solche Aussagen von der eigenen Familie wiegen schwer.

Debbies Mutter könnte gegenhalten, aber Renate Janka ist nicht zum Prozeß rübergeflogen. Sie hat ihre Tochter aufgegeben, als sie von dem Geständnis erfuhr: „Wenn sie es war, dachte ich, dann will ich nichts mit ihr zu tun haben.“ Und nach Christophers Totenfeier hatte ihr Polizist Saldate am Telefon versichert, Debbie Milke sei „schuldig wie die Hölle und das Böse“.

Erst Monate nach dem Urteil traut sich Debbie, ihrer Mutter zu schreiben – über die Großeltern in Berlin. Dort wurde sie geboren, und „Totilastraße 35c“ ist die einzige deutsche Adresse, die sie nach Besuchen als Kind noch auswendig buchstabieren kann. Sie fürchtet, daß die Großeltern den Brief ungeöffnet wegschmeißen. So kritzelt sie mit den paar Brocken Deutsch, die sie kann, einen Hilferuf auf den Umschlag: „Oma und Opa – ist nicht wahr. Für Mutter. Bitte Oma!! Bitte!“

„Ich habe mich nie so einsam gefühlt“, schreibt sie in dem Brief. Dann erzählt sie ihre Version des Verhörs. Und: „Du mußt nicht antworten, Mutter, aber ich würde gerne wissen, warum du mich im Stich gelassen hast.“

So kennt Renate Janka, 55, die Geschichte noch nicht. Sie verspricht zu tun, was sie kann – beide vertrauen jedoch zunächst auf die höheren Instanzen. „So ein Geständnis ohne alles, das muß doch wegbrechen“, sagt sie. Aber nichts bricht weg. In Arizona gilt das Wort des Sheriffs.

Doch Debbie Milke bleibt nicht allein. Im Gefängnis meldet sich Strafverteidiger Anders Rosenquist, 55. Er bietet an, ihren Fall durchzufechten, kostenlos. Er ist sicher: „Die Frau ist unschuldig.“

Rosenquist heuert zehn Studenten an. Sie durchwühlen fünf Monate lang im Gericht 18 000 Akten aus Saldates Zeit. Ergebnis: Der eiserne Cop haßt Recorder im Verhör und Verdächtige, die einen Anwalt verlangen. Mehrfach haben Gerichte von ihm präsentierte Geständnisse gekippt.

Anwalt Rosenquist, Detektiv Fowler
Schüsse in der Wüste

Ein Skandal zwei Jahre nach Milkes Urteil scheint Rosenquist recht zu geben: Mit frisierten Geständnissen haben Sheriffs in Saldates Bezirk mindestens fünf Unschuldige als Mörder verhaftet. Die Sache fliegt auf, als die wahren Täter ins Netz gehen.

„Es gibt hier keinen Schutz gegen verlogene Polizisten“, schimpft Kirk Fowler, 61. Mehr als 20 Jahre lang hat er als Agent der Anti-Drogen-Behörde Dealer gejagt. Während Renate Janka an einer Internet-Seite bastelt und Briefe an Senatoren schreibt, durchforstet Privatdetektiv Fowler für sie Debbies Leben. Er findet Zeugen, die bestätigen, daß sich Milke immer liebevoll um ihren Sohn gekümmert habe.

„Es ist sehr schwer, 14 Monate lang eine ganze Truppe von Beobachtern zu belügen“, sagt der Chefpsychiater im Untersuchungsgefängnis. Auch seine Mitarbeiter hielten Milke für unschuldig. Polizeiexperten geben Fowler zudem schriftlich, sie hielten das Geständnis für „bullshit, glatt komponiert“. Saldate, so die Gutachter, habe entweder geschludert oder Debbie Milke gezielt auf die Schienen gelegt.

Doch die Gerichte scheren sich nicht um die Aussagen. Die Gutachten der Polizeiprofis fegt eine Richterin vom Tisch. Es handele sich dabei um „unzulässige Beweismittel, weil sie auf die Meinung hinauslaufen, Polizist Saldate sei ein Lügner“. Gutachter dürfen Zeugen nicht demontieren. So ist das im Wilden Westen.

Wie lange der Countdown ins Jenseits noch laufen mag, weiß niemand – ein Jahr, zwei Jahre. Bis zur letzten Entscheidung aber, fürchtet Rosenquist seit der Probe-Hinrichtung, „könnte Debbie uns verrückt werden“. Sie lebt völlig isoliert im Hochsicherheitstrakt. Bewegen darf sie sich nur allein in einem kleinen Gitterkäfig, wie ein Kanarienvogel.

Fünf Minuten pro Woche kann Debbie Milke mit ihrer Mutter telefonieren. Besuch will sie nicht mehr haben, weil die Prozedur sie quält. Die Wachen legen ihr vorher Stahlketten – nicht Handschellen – um Hände und Füße und brüllen über die Flure: „Milke coming.“ Andere Gefangene werden weggesperrt, und dann rasselt sie wie ein Gespenst mit Tippelschritten durch die Gänge.

„Die behandeln Debbie, als wäre sie Adolf Hitler“, sagt Detektiv Fowler, „dabei ist sie ebenso ungefährlich wie Mutter Teresa.“ ◆

THE NEIGHBORS ARE RESTLESS
Turf war heats up over new Phoenix council boundaries.
BY KATHLEEN STANTON
Page 8

NIGHT GROOVES
Club life stirs downtown after dark.
BY JOHN BLANCO
Page 96

Volume 22
Number 16
Phoenix, Arizona
April 10-16, 1991

New Times
The Valley's News and Arts Journal

HI! I'M DEBBIE MILKE
And I'm on death row for killing my little boy.
BY PAUL RUBIN
Page 18

WHO COULD REPLACE DANNY?
Let's look at the police blotter.
Page 16

HEEEERE'S TOM!!!
Ladies and germs: Presenting the Valley's only TV talk show!
BY DEWEY WEBB
Page 22

Boze gets AzScam sex
Page 24

Twentieth Century shocks
Page 43

Penelope powers lunch
Page 79

More than Motor
Page 146

In den USA wurde Debbie Milke sehr schnell als Mörderin ihres Sohnes abgestempelt, Titelseite der New Times*, April 1991*

DESPICABLE! Heartless Murder Defies Belief

Mom Hires Hit Man to KILL Her Little Boy

In a mind-numbing crime that horrified even hard-bitten police, a young mother had a hit man murder her 4-year-old son.

Debra Milke, 25, promised $250 to a thug who drove cute little Christopher Milke into the desert outside Phoenix, Ariz. — where his partner cold-bloodedly shot the tot three times in the head.

She got the trusting tyke to go with the two men by filling his heart with joy — telling him he was going to see Santa Claus.

She dressed her blond, brown-eyed son in his favorite dinosaur sweatshirt, jeans and snakeskin cowboy boots — then sent him off to die.

Later, Debra told detectives she'd ordered her son's …der because "I just didn't want him to grow up like his father." After admitting her part in the crime, she coldly told police: "I'm not a crazy person. I'm not an animal. I guess I just made a bad judgment call."

She Told Him He Was Going To See Santa — & Sent Him Off to Die . . .

The slain child's heartbroken father, Mark Milke, told The ENQUIRER: "Christopher was such a happy boy, such a good boy. He was the apple of my eye — my pride and joy.

"I get down on my knees every day and pray that he didn't go through a lot of pain in his dying moments."

It's a crime completely beyond comprehension and police reports obtained by The ENQUIRER reveal the shocking details of the innocent child's murder.

They show that Debra, her roommate James Styers — who allegedly shot Christopher — and a friend of his named Roger Scott hatched the plot to kill the boy after Debra decided he had to die.

Both Debra and Scott have confessed their parts in the crime.

The sickening story began after Debra and Christopher's father Mark were divorced last year and Mark got visitation rights.

Debra told police that her ex-husband was an alcoholic involved with drugs — and when Christopher began misbehaving, she blamed it on his father's influence and decided the boy had to be killed.

So Debra asked Styers, 42, to help her figure out a way for Christopher to die, according to Phoenix homicide Detective Armando Saldate.

Styers agreed to help her and on Saturday morning, December 2, he told Debra he was going to pick up Roger Scott and they were going to murder Christopher, said Detective Saldate.

Debra dressed Christopher in his favorite clothes, then told him Styers was taking him to see Santa Claus, Detective Saldate said.

But the poor tyke — his heart bubbling with Christmas excitement — never made it.

Instead — as police reconstructed the crime from Scott's confession — Styers and the boy got into Debra's car and picked up Scott at his home.

They ate pizza at a local pizza parlor, then drove to a desert area outside Phoenix.

"James Styers and Christopher Milke exited the car and walked into a wash (a dry stream bed)," according to police reports. "Scott heard three shots and then saw Styers return to the car with a .22-caliber blue steel revolver. Christopher Milke was not with Styers."

Christopher — who was chewing a piece of gum as the first slug entered his head — died with his boots on, curled in a fetal position, according to police. After the murder, the

(Continued on next page)

HEART-WRENCHING TRAGEDY: Happy Little Christopher Milke with pony and at left with mom on Christmas Day 1988.

Sensationslüsternde Berichterstattung im National Enquirer, *1990*

NACHR

Mutter kämpft in den

Berline

To

Unbeschwert und glücklich lacht die Berlinerin Debbie Milke in die Kamera. Da war sie noch nicht die zum Tode verurteilte Gefangene 83533.
Fotos: GÜNTHER, SIPA-PRESS

Von KATJA
Debbie Milke
Alter, in den
den wichtigst
ihres weiteren L
oder Karriere? H
lieber ein Appar
Hochzeit oder wi
bie mußte eine E
Nicht für ihre Zuk
ren eigenen Tod
Giftspritze oder
Pressekonferen
stungsgraben (M
wand flimmern
Seit fast zehn Ja
nerin im Staatsg
Arizona (USA). „
Mutter Renate Ja
Journalisten
bannt die Berich
Nur die Frau im l
starrt aus dem Fe

Erst nach Erscheinen des Artikels im Spiegel *interessierten sich in Deutschland die Medien für die Geschichte Debbie Milkes, Seite 3 der Berliner* BILD-Zeitung *vom 9. Juli 1999*

A für ihren Freispruch

n in der deszelle

Ein sechs Quadratmeter kleiner Gitterkäfig. Die Todeszelle im Gefängnis Perryville. Seit 60 Jahren wurde im Staat Arizona kein Häftling mehr hingerichtet.

Renate Janka (56) kämpft um das Leben ihrer Tochter.

Mark Milke. Debbies Ex-Mann, Vater von Christopher.

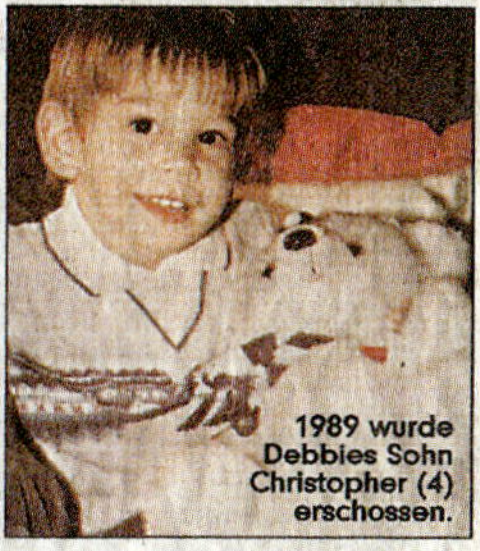

1989 wurde Debbies Sohn Christopher (4) erschossen.

. Ein
vor
gen
Kind
oder
City?
Deb-
ffen.
r ih-
urch

Fe-
ein-
bie.
Berli-
ville.
ihre
ugt.
ge-
an.
Leid
t sie

die Bilder ihrer gebrochenen Tochter gesehen. „Abgemagert ist sie. Und ergraut. Dabei ist doch die Zeit in ihrem Kopf stehengeblieben. Bei 25 Jahren." Als Debbies verzweifelte Stimme den Raum erfüllt, „Mama, wieviel Leid kann ein Mensch ertragen", fließen Renate Janka Tränen über die Wangen.

Rückblende: Am 2. Dezember 1989 wird Debbies Sohn Christopher (4) in der Wüste von Arizona erschossen. Die Polizei nimmt zwei Täter fest: Debbies Bekannten Jim Styers, einen psychisch gestörten Vietnam-Veteran. Und seinen Freund Roger Scott, schizophrener Alkoholiker. **Beide gestehen. Doch wer tatsächlich die drei Schüsse abgefeuert hat, ist bis heute unbekannt.** Armando Saldate, Arizonas „härtester Bulle" wird eingeschaltet. Er ermittelt gegen Debbie, ist überzeugt, daß sie den Mord in Auftrag gegeben hat!

„Sie ist unschuldig! Es ist eine Hexenjagd", klagt Debbies Mutter. Tatsächlich: Für eine Mittäterschaft gab es keinen einzigen Beweis! Trotzdem wurde Debbie zum Tode verurteilt. Den Geschworenen, Staatsanwalt und Richterin genügten die Aussage des Polizisten Saldate, er habe ein Geständnis von Debbie bekommen. Die Mutter: „Davon gibt es aber weder eine Aufnahme noch Abschrift mit Unterschrift meiner Tochter."

Die Pannen reihen sich aneinander zum handfesten Skandal: Saldates läßt seine Notizen aus dem Verhör verschwinden. Eine dritte Person war bei dem Gespräch nicht dabei. Die Zeugen der Verteidigung werden nicht gehört. Darunter ein Gefängnis-Psychologe, der Debbie monatelang untersuchte. Auch er ist von ihrer Unschuld überzeugt! Sogar der Mörder Styers, selbst Todeskandidat, beteuerte jetzt ihre Unschuld.

Der Todestrakt. Länger als ein Jahr ist es her, daß Renate Janka ihre Tochter besucht hat. „Mami, komm nicht mehr", bat Debbie ihre Mutter. Die Besuche, jedesmal eine erniedrigende Tortur: Sie mußte sich nackt ausziehen, eine Untersuchung sämtlicher Körperöffnungen über sich ergehen lassen.

Der erste Hinrichtungstermin (Januar 1998) konnte in letzter Minute gestoppt werden. „An Debbies Arm waren schon mit Filzstift Einstichstellen für die Kanülen markiert." Renate Janka gibt den Kampf um ihre Tochter nicht auf. **Ihre letzte Chance: Ein Wiederaufnahmeverfahren am Bundesgericht.** Im Herbst wird Richter Robert Broomfield über Debbies Leben oder Tod Recht sprechen.

Renate Janka und Wolfram Gisenstein auf einer Diskussionsveranstaltung mit Amnesty International *in Berlin (oben), 1999; Pressekonferenz in Berlin (unten), 1999*

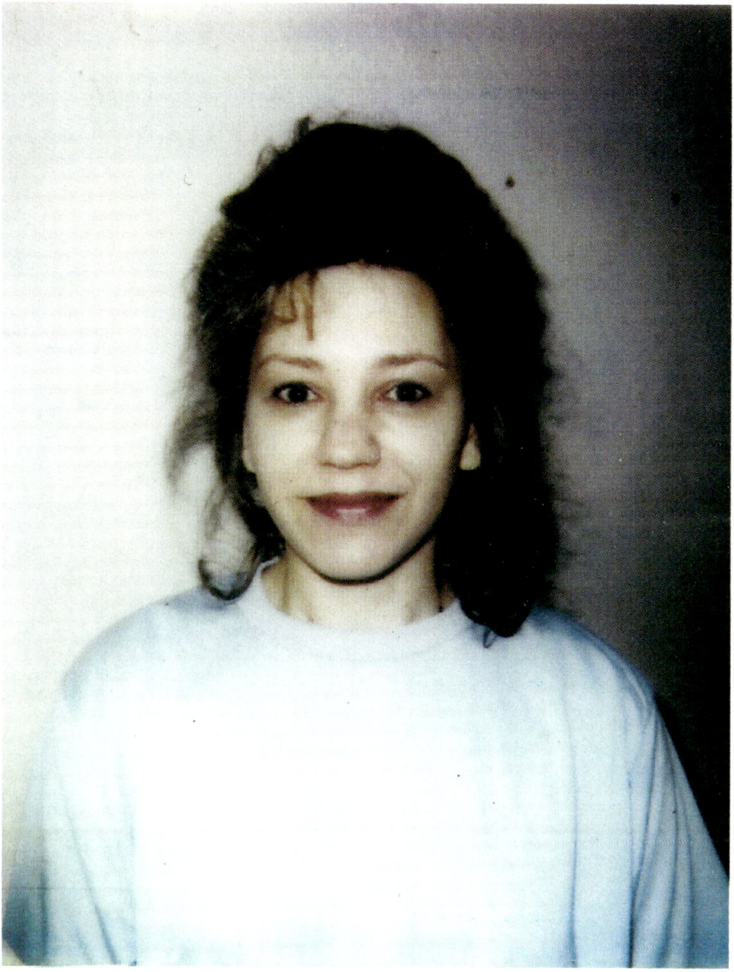

DEBBIE MILKE

83533

Debbie Milke, Todeskandidatin Nr. 83533

Wenige Kilometer vor dem Gefängnistrakt Perryville

Florence – hier werden die Hinrichtungen vollzogen

Perryville, Arizona – in diesem Gefängnis ist Debbie Milke seit 1991 inhaftiert

Renate Janka begleitete Clemens Höges vom Spiegel *bei seinen Recherchearbeiten nach Perryville (oben), 1998; Paul Huebl berichtet für einen lokalen Fernsehsender über den Prozess Debbie Milkes (unten), 1991*

Renate Janka in ihrem Appartement in Phoenix, 1998

Täglich beantwortet Renate Janka viele E-Mails und Briefe aus aller Welt – von Menschen, die ihr Mut zusprechen und sie in ihrem Kampf unterstützen

liebte mich, ganz egal, was geschah. Wir waren nicht miteinander blutsverwandt, und trotzdem nahm sie mich immer mit offenen Armen auf. Aber meine eigenen Eltern, mein Fleisch und Blut, waren nicht für mich da. Ich jammere nicht. Ich lege nur Fakten dar. Du kennst Dad. Ich weiß es. Er war nicht einmal bereit, mein Schulgeld fürs College zu bezahlen, obwohl er es vorher zugesagt hatte. Du erinnerst dich sicherlich. Dad lässt auch seine Gefühle nicht an sich heran. Er ist kühl, dogmatisch, kontrolliert, weit davon entfernt, Zuneigung zu zeigen, rigoros und stoisch. Ich konnte die Lügen, die er während meiner Gerichtsverhandlung von sich gab, einfach nicht glauben. Ich habe weder ihm noch Maureen jemals erzählt, dass ich Chris an Mark abgeben möchte. Niemals. Oh, er sagte so viele schreckliche Dinge! Und was er dann während der Verhandlung gesagt hat – ich wollte es in meiner Verzweiflung nicht glauben. Mom, ich erfinde nichts. Aber genug von Dad, es kommt sowieso nichts dabei heraus.

Ich wurde von mehreren Psychiatern und Psychologen untersucht – es ist – abgesehen von meinen Depressionen, unter denen ich leide – alles in Ordnung. Ich bekomme Medikamente dagegen, und ich werde sie wahrscheinlich noch lange nehmen müssen.

Ich möchte über Christopher reden. Obwohl es bislang noch nicht bewiesen ist, habe ich herausgefunden, wie und warum Jim Christopher umgebracht hat. Ich habe auch herausgefunden, warum Jims Freund mich beschuldigt hat. Erinnerst du dich, als ihr im September 1989 zu Besuch bei uns gewesen seid und ich bei Jim lebte? Weißt du noch, dass ich vor Gericht gehen musste, um Mark das Sorgerecht zu entziehen? Jim brachte mich damals hin. Nachdem Mark den Gerichtsbescheid (Anfang Oktober) erhalten hatte, versuchte er mehrfach, mich zu erreichen, aber ich habe mich davor gefürchtet, mit ihm zu sprechen. Jim erzählte ihm jedes Mal, ich sei nicht zu Hause. Mark erhob Einspruch, die Verhandlung wurde auf den 24. Oktober angesetzt. Ich nahm Jim zu diesem Termin mit. Der Grund für die Anhörung war meine Sorge um Christophers Wohl und um seine Sicherheit, Mark hatte ja damit gedroht, ihn mir wegzunehmen. Außerdem wollte ich, dass Mark mich endlich in Ruhe ließ. Das Gericht lehnte seinen Einspruch ab. Diese Entscheidung brachte Mark sehr in Rage, und als wir zum Parkplatz zurückkehrten, drohte Mark damit, mein Leben zu zerstören, und er schrie, ich sei es nicht wert, dass er mich umbrächte, um Chris zu bekommen. Ich versuchte, beruhigend auf ihn einzureden, weil ich der ewigen Kämpfe einfach müde war. Ich ließ ihn wissen, dass es kein Spiel sei, Chris großzuziehen. Ich sagte ihm auch, dass er, wenn er Chris wirklich unbedingt haben möchte, mich vor Gericht bringen und meine Unfähigkeit beweisen müsste. Obwohl Mark nie bereit war, Unterhalt zu zahlen, stimmte ich seinen Besuchen bei seinem Sohn immer zu. Ich bestand nie auf Unterhaltszahlungen. Ich wünschte mir nur, dass Mark und Chris wie Vater und Sohn zusammen waren, aber ich war entschieden gegen seinen Drogen- und Alkoholmissbrauch. Was soll daran so falsch sein? Nach den Bemerkungen, die Mark mir gegenüber machte, erzählte ich Jim, dass ich Angst vor ihm hatte. Er war zu allem fähig. Während der Rückfahrt erzählte ich Jim auch, dass ich in Tempe (in der Nähe meiner Arbeit) eine Wohnung suchte – weit weg von Mark. Zu dieser Zeit wusste Mark nicht, wo ich arbeitete, ich wollte keine Unannehmlichkeiten im Büro. Jim versuchte, es mir auszureden, ich aber war fest entschlossen, für Chris und mich einen Ort zu finden, wo wir leben konnten – weg von Mark. Ich hatte keinerlei Verpflichtung, Mark Besuchsrechte zuzugestehen, solange er nicht Unterhalt zahlte. Ab Oktober verbrachte ich meine Mittagspause damit, Wohnungen und Vorschulen zu besichtigen. Am 8. oder 9. November fand ich sowohl eine Wohnung, die für uns in Frage kommen konnte, – ein Zwei-Zimmer-Appartement – als auch eine Tagesstätte für Chris. Aber ich musste den Bescheid abwarten. Während ich auf die Antwort wartete, versuchte Jim mich ziemlich oft dazu zu überreden, bei ihm zu bleiben, ich aber wollte raus und weg von Mark. Am 11. November rief ich Sandy an, um Jason zum Geburtstag zu gratulieren, und genau an diesem Tag kam Jim mit einem Revolver nach Hause. Ich fragte ihn, warum um alles in der Welt er einen Revolver gekauft habe, und er antwortete, es sei nur zum Zeitvertreib. Er meinte, er habe schon immer eine Waffe haben wollen, und dann sagte er scherzhaft, er würde nicht zögern, Mark zu erschießen, wenn er Chris und mich weiter bedrängen würde. Ich fand das weder lustig noch nötig und wollte, dass er die Waffe versteckt. Chris durfte auf keinen Fall wissen, wo sie war. Er war neugierig, und ich hatte ein ungutes Gefühl bei dem Gedanken, dass Jim eine Waffe in der Wohnung aufbewahrte. Jim zeigte mir, wo er sie versteckt hielt. Ich bat ihn, den Revolver nie in Christophers Gegenwart herauszunehmen. Er versicherte mir, er würde es nicht tun.

Im November besuchte Mark Chris einige Male, aber er verhielt sich mir gegenüber weiterhin feindlich. Mark lehrte Chris, mich – neben anderen furchtbaren Ausdrücken – als Hure oder Hündin zu beschimpfen. Er missbrauchte seinen Einfluss auf Chris, wollte meine Autorität untergraben. Ich weiß nicht, warum Mark mir gegenüber so ein niederträchtiges Verhalten an den Tag legte, aber es verletzte mich zutiefst. Chris reagierte völlig verwirrt und fragte mich, warum sein Daddy so gemein sei. Wie sollte ich dieses grausame und kindische Verhalten einem Vierjährigen erklären? Mark brachte Chris in hässliche Situationen, ohne zu überlegen, dass es Chris psychisch schaden könnte. Jim reagierte frustriert auf Marks Verhalten und fragte mich immer wieder, warum ich mir das gefallen ließe. Er machte öfter Bemerkungen über Mark, und ich machte ihm klar, dass es meine Angelegenheit sei, nicht seine. Jims Bemerkungen waren nicht feindselig, ich habe nie erlebt, dass er sauer reagierte oder laut wurde. Ich hatte keinen Grund, Jim zu verdächtigen oder ihn seltsam oder unnormal zu finden. Ich wusste nicht, dass er geisteskrank war. Ich habe es erst vor Gericht erfahren. Egal. Am Tag nach Thanksgiving erhielt ich einen Anruf und die Zusage für die Wohnung. Wir setzten

ein Datum für den Umzug fest. Ich wollte Jim wenigstens sechs Wochen vorher Bescheid geben, denn ich plante den Umzug für Anfang Januar 1990. Er war wieder einmal schockiert darüber, dass ich auszog. Er beteuerte wieder und wieder, dass er uns nicht gehen lassen wollte. Weißt du, mir war klar, dass er sich Sorgen machte, aber ich konnte nicht ahnen, wie besessen er war. Er setzte mich weder unter Druck noch hat er sich jemals in sexueller Hinsicht an mich rangemacht. Egal, ich war glücklich, etwas Eigenes gefunden zu haben, und Chris war ganz begeistert bei dem Gedanken, umzuziehen und ein eigenes Zimmer zu bekommen. Ich hütete mich davor, Mark etwas davon zu erzählen. Eines ist klar, ich wollte nicht wegen Ernie nach Tempe ziehen. Ich arbeitete dort und wollte Mark entkommen. An Thanksgiving hatte Mark Chris einen Tag lang bei sich. Ich wies Mark ausdrücklich darauf hin, dass er Chris um 18.00 Uhr zurückbringen sollte. Sie kamen aber, vermutlich um mich zu ärgern, erst um 20.00 Uhr oder 20.30 Uhr. Wir gerieten in Streit, weil ich merkte, dass Mark mal wieder auf Drogen war. Jim war da, und als Mark gegangen war, fragte er mich, warum ich mir Marks Benehmen gefallen ließe. Ich sagte ihm noch mal, dass er sich um seine eigenen Angelegenheiten kümmern sollte. Während unserer Auseinandersetzung hatte mir Mark entgegengeschleudert, dass er auf unbestimmte Zeit nach Texas gehen werde. Auch Jim hörte diese Bemerkung. Ich war froh, dass er eine Weile verschwinden würde. In dieser Woche verlief unser Leben angenehm und ruhig. Trotzdem versuchte Jim mich noch immer vom Umzug abzuhalten, und ich erwiderte mehr als einmal, dass ich auf eigenen Füßen stehen wollte und müsste. Ich wollte Christopher so gut ich konnte beschützen. Ich versuchte Jim klarzumachen, dass ich nicht auf ewig bei ihm leben konnte. Ich trug die Verantwortung für mein eigenes Leben.
Am Freitag, den 1. Dezember 1989, holte Jim mich wie immer von der Arbeit ab. Seine Tochter Wendi und Christopher waren bei ihm. Auf dem Heimweg sagte ich ihm, dass ich zu Hause bleiben und mich um

die Wäsche kümmern würde. Seine Tochter verbrachte das Wochenende bei ihrer Mutter, sodass Jim seine Weihnachtseinkäufe erledigen konnte. An diesem Abend fuhren Jim und Christopher ins Metro-Einkaufszentrum, während ich zu Hause Wäsche wusch. Als ich die Kleidung sortierte, fand ich eine kleine, verschlossene Schachtel mit Munition im Wäschekorb. Ich wusste ja, dass Jim die Waffe hatte, deshalb war ich nicht besonders überrascht. Ich wunderte mich nur, wie die Schachtel in den Wäschekorb gelangt war. Anstatt aufzustehen und diese verdammten Dinger in Jims Schlafzimmer zu bringen, ließ ich sie in meiner Handtasche verschwinden, die neben mir auf der Couch lag. Ich machte an diesem Abend die Wäsche fertig und vergaß die Schachtel mit der Munition in meiner Handtasche. Ich habe einfach nicht mehr daran gedacht. Jim und Chris kamen kurz nach neun zurück und gegen zehn oder halb elf gingen Chris und ich zu Bett.

Am nächsten Morgen, es war der 2. Dezember, stand Chris ziemlich früh auf, um sich einen Zeichentrickfilm anzusehen. Auch Jim war bereits wach. Ich schlief etwas länger, und als ich aufstand, bemerkte ich, dass Jim sich fertig gemacht hatte, um wegzugehen. Er fragte mich, ob er mein Auto noch einmal haben könnte, weil er zum Einkaufszentrum fahren wollte, um noch einige Weihnachtsgeschenke zu besorgen. Da ich keine Pläne für diesen Tag hatte, stimmte ich zu. Chris fragte dann, ob er Jim nicht begleiten könnte, er wollte ein Foto mit dem Weihnachtsmann machen lassen. Jim erklärte mir, er und Chris hätten bereits darüber gesprochen und es sei in Ordnung. Auch mir war es Recht, ich badete Chris und zog ihn für das Foto an. Ich gab Jim etwas Geld und bat ihn, darauf zu achten, dass Chris etwas zu Mittag aß. Sie gingen so gegen 10.30 Uhr. Ich kehrte zurück in die Wohnung, duschte, räumte auf, redete mit den Nachbarn und las die Zeitung. Gegen 14.00 Uhr oder 14.30 Uhr, also etwa vier Stunden später, klingelte das Telefon, und Jim war dran. Er erklärte, Christopher sei bei Sears entführt worden. Ich wurde sofort hysterisch, schrie und weinte. Chris war noch nie zuvor abgehauen, und ich konnte nicht verstehen, wie jemand ihn entführen sollte. Ich schrie Jim an, er solle sofort den Sicherheitsdienst verständigen, während ich die Polizei rufen wollte. Jim erzählte noch, dass sie auf der Toilette gewesen seien, als es passierte. Er entschuldigte sich überschwänglich bei mir. Völlig geschockt legte ich auf. Meine Nachbarn kamen herüber, weil sie mein Schreien und Weinen gehört hatten.

Ich rief sofort meinen Vater an und er schrie mich an, dass ich mich beruhigen solle, weil ich vor lauter Weinen nicht im Stande war, einen Satz zu Ende zu bringen. Im Anschluss rief ich sofort die Polizei an. Sie waren bereits auf dem Weg ins Einkaufszentrum und zur Wohnung. Meine Nachbarn blieben bei mir, einige machten sich auch auf den Weg, um bei der Suche nach Christopher zu helfen. Ich wollte zu Hause in der Nähe des Telefons bleiben. Christopher kannte unsere Nummer und ich wollte diejenige sein, die abhob, er würde meine Stimme erkennen. Ich gab meinen Nachbarn Fotos von Christopher mit. In den folgenden Stunden sprach ich mit verschiedenen Polizeibeamten. Ich war ein Wrack und konnte weder essen noch schlafen noch klar denken. Freunde gaben mir etwas zu trinken, um meine Nerven zu beruhigen, und irgendwann gab mir Maureen eine Valiumtablette. Ich malte mir das Schlimmste aus, und alle um mich herum redeten auf mich ein, ich solle nicht so etwas denken. Jedes Mal, wenn das Telefon klingelte, sprang ich auf und riss den Hörer an mich. Karen erzählte mir, dass ich auch mit dir gesprochen hätte – ich kann mich nicht mehr daran erinnern. Die Stunden verstrichen ohne eine Nachricht. Am nächsten Tag, es war Sonntag, bestand Maureen darauf, dass ich mit nach Florence zu Dad fahren sollte. Ich wehrte mich anfangs dagegen, aber die Polizisten versprachen mir, da zu bleiben, ans Telefon zu gehen und mich über Neuigkeiten auf dem Laufenden zu halten. Ich hinterließ Dads Adresse und Telefonnummer. Bevor wir abfuhren, wollten noch zwei Beamte mit mir sprechen. Sie fragten mich, ob Jim Waffen besitze. Ich antwortete »Ja«

und ging in Jims Schlafzimmer, um die Waffe zu holen und der Polizei zu zeigen. Die Pistole war in seinem Schrank, genau da, wo er sie mir gezeigt hatte. Sie stellten mir weitere Fragen, ich beantwortete alle. Ich habe ihnen gegenüber nie erwähnt, dass Mark möglicherweise für Christophers Verschwinden verantwortlich sein könnte. Ich kannte Mark, und es gab Streit wegen Chris, aber ich habe nicht daran geglaubt, dass er ihn tatsächlich entführt haben könnte – obwohl er es ja mehrfach angedroht hatte. Nachdem ich alle Fragen beantwortet hatte, fuhren wir zu Dad. Während der Fahrt nach Florence war ich sehr niedergeschlagen und weinte. Ich fühlte, dass irgendetwas nicht stimmte, und sprach mit Maureen über meine Sorge. Mein Instinkt sagte mir, dass Chris nach zwanzig Stunden, in denen ich nichts von ihm gehört hatte, nicht mehr am Leben war. Sie wies mich zurecht, dass ich so etwas nicht denken dürfe. Aber ich hatte ein Bild vor Augen, wie ihn ein Kinderschänder missbrauchte oder ihm Drogen einflößte. Ich malte mir aus, dass er verletzt war, Schmerzen hatte und nach mir schrie. Ich heulte und heulte: »Maureen, ich habe so Angst, dass er tot ist!« Ich war nur noch am Weinen. Maureen versuchte, mich zu beruhigen, und beschwor mich, positiv zu denken. Wie sollte ich positiv denken, wenn ich seit Stunden nichts mehr von Chris gehört hatte?! Ich starrte ins Leere und sah Chris vor meinem inneren Auge im Sandkasten vor dem Haus meines Vaters spielen. Ich erzählte Maureen, dass ich Chris, wenn er tot sei, verbrennen und seine Asche im Garten meines Vaters verstreuen lassen wollte, weil er den Sandkasten so liebte. Ich war einfach erschlagen, stand unter Schock, war emotional völlig am Ende und litt höllische Qualen. Jede Mutter, deren Kind vermisst wird, durchlebt die gleichen Schmerzen. Ich hatte diese Vorahnung, wie jede Mutter sie haben würde, und ich reagierte genau so, wie jede Mutter in dieser Situation reagieren würde.

Als wir bei Dad ankamen, sorgte meine Großmutter dafür, dass ich etwas aß, und Dad schickte mich schlafen. Ich fiel sofort in einen tiefen, erschöpften Schlaf. Einige Stunden später weckte mich Maureen plötzlich auf. Sie sagte, der Sheriff sei an der Tür. Ich wusste nicht, wo ich war, welcher Tag war noch irgendetwas anderes (Karen sagte später aus, ich hätte eine schmutzige Bemerkung gemacht, ich kann mich nicht erinnern, dass ich überhaupt etwas gesagt habe). In dieser Sekunde dachte ich nur: »Was will der Sheriff?« Ich stand völlig neben mir. Als ich endlich zu mir gekommen war, ging ich zur Tür. Später haben Dad und all die anderen ausgesagt, ich hätte mir alle Zeit der Welt gelassen, um mich fertig zu machen (gerade so, als hätte ich mir überhaupt keine Sorgen gemacht). Dad war zu diesem Zeitpunkt übrigens nicht einmal zu Hause. Egal, der Sheriff signalisierte mir, dass die Beamten aus Phoenix auf dem Weg seien und mich sprechen wollten und dass ich in das hiesige Gefängnis gehen und dort warten sollte.

Zum ersten Mal konnte ich hier schwarz auf weiß lesen, was Debbie in diesen schrecklichen Tagen tatsächlich empfunden und durchgemacht hat. Sie schilderte mir in ihrem Brief ausführlich die Stunden des Wartens am Telefon, das Verhör durch Saldate und ihre Verhaftung. Ich war erschrocken und entsetzt, als ich die Wahrheit auf diesem Weg erfahren musste.

Als ich in Durango war, kamen Psychiater und einige Betreuer. Dann traf ich meinen Anwalt und ich fragte ihn, ob das alles wahr sei. Ich fragte ihn auch, wie Christopher sterben musste und wer es getan hatte. Er sah mich entgeistert an und fragte: »Sie wissen das nicht?« Ich antwortete Nein. Er gab mir dieses Polizeiprotokoll, ich las es und brach zusammen. Dieser Polizist behauptete, er hätte mir gesagt, wie Chris ermordet wurde. Dies entsprach nicht der Wahrheit. Mein Anwalt kam mit diesem Polizeibericht, den dieser Detective angefertigt hatte, und er klärte mich darüber auf, dass er in Schwierigkeiten sei, weil ich »gestanden« hätte. Ich beteuerte: »Niemals!« Ich las diesen Polizeibericht nochmals und war ein weiteres Mal geschockt und entsetzt. Ich hatte diese Aussagen nie gemacht! Dann fiel mir auf, dass das Protokoll drei Tage nach meiner Verhaftung datiert war. Dieser Polizist hatte drei Tage gebraucht, um dieses lausige Protokoll anzufertigen! In meiner Wut schrie ich laut auf. Ich hatte weder etwas gestanden, war nie an irgendetwas beteiligt gewesen noch hatte ich mich zu etwas bekannt, was ich nicht getan hatte! Ich war (und ich bin es immer noch) außerordentlich wütend! Ich forderte sofort einen Lügendetektor-Test. Ich erzählte meinem Anwalt auch, dass dieser Bastard von einem Polizisten sich geweigert hatte, mir einen Anwalt zu holen, als ich darum bat. Okay – für den Fall, dass ich gestanden hätte – wo ist das Tonband? Wo sind seine Notizen? Wo sind die Zeugen? Es gibt nichts, nichts, nichts!!! Wenn ich gestanden hätte – warum in aller Welt ging dieser Polizist, der seit 20 Jahren diesen Job macht, nicht los und holte einen Zeugen?! Es waren fünf oder sechs andere Beamte vor der Tür, ebenso die Angestellten des Gefängnisses! Warum??! Warum??! Dieser Mann war kein unerfahrener Grünschnabel! Er hatte 20 Jahre Erfahrung!! Er hatte keinen Zeugen, weil er keinen brauchte – ich hatte nichts gestanden! Warum hat er seine Aufzeichnungen vernichtet? Warum hatte er kein Aufzeichnungsgerät dabei, wie es sein Vorgesetzter von ihm verlangte? Er hatte von seinem Vorgesetzten den Auftrag, mich lediglich zu »befragen«. Es wurde nie davon gesprochen, dass er mich verhaften sollte! Dieser Polizist hat mich nur deshalb eingesperrt, weil es ein hochbrisanter Fall war, und er wollte der TOP-COP dieses Falles sein! Ich habe noch nie in meinem Leben eine solch erniedrigende, entwürdigende und schmutzige polizeiliche Vorgehensweise erlebt. Die Medien, die Anwaltschaft und die Beamten agierten wie Haie im Blutrausch! Dieser Polizist hat meinen Zustand ausgenutzt. Er war der Meinung, er könnte mich durch den Fall prügeln, er wusste, dass ich nie zuvor mit dem Gesetz in Konflikt geraten war.

Ich kann einfach nicht glauben, dass du dich mit dieser lausigen Information zufrieden gegeben und nicht meinen Anwalt kontaktiert hast, um ihm wenigstens ein paar Fragen zu stellen. Wie konntest du glauben, ich sei zu solch einer Tat fähig? Ich schreie es noch einmal heraus, Mom, ich habe Mark wegen seines Drogenmissbrauchs verlassen. Ich wollte nicht, dass mein Sohn diesem Mist ausgesetzt wird!!! Christopher war mein ganzes Leben! Ich habe verdammt gut für ihn gesorgt und auf ihn aufgepasst! Vielleicht gab es Menschen, die mich für selbstsüchtig hielten, und ich mag mein Leben verpfuscht haben, aber ich bin nicht zu einem Mord fähig! Mist! Ich würde nicht einmal einen Diebstahl begehen oder Drogen nehmen! Ich habe mich nie mit irgendwelchen Asozialen herumgetrieben oder etwas Illegales getan. Es will mir nicht in den Kopf, dass meine eigene Familie diesen ganzen Spekulationen und der sensationslüsternen Presse, die alles verdreht hat, auf den Leim geht. Wie konntet ihr mich alle so im Stich lassen? Die furchtbaren Aussagen, die Sandy gemacht hat, sind völlig jämmerlich und größtenteils erlogen. Sie behauptete, ich hätte Christopher mehrfach körperlich misshandelt, ich hätte ihn quer durchs Zimmer geworfen, wenn er in die Hose machte, hätte ich ihn nackt vor die Tür gestellt, ich hätte ihm Medikamente verweigert, wenn er krank gewesen ist, ich hätte meiner Tagesmutter ganz bewusst falsche Adressen und Telefonnummern gegeben in der Hoffnung, dass sie mich nicht erreichen könnte und ich Christopher länger los wäre, ich hätte ihn mit einem Backblech gebrannt und ihm ein Pflaster auf den Mund geklebt!

Alle Telefonnummern und Adressen, die ich hinterlassen habe, sind nachprüfbar. Wir wissen alle, wie sehr Sandy Kinder liebt. Wenn ihre Anschuldigungen also der Wahrheit entsprechen würden, möchte ich wissen, warum sie nie die Polizei geholt und mich wegen Kindesmisshandlung angezeigt hat. Warum hat sie nie den Kinderschutzbund informiert, warum hat sie es nie jemandem in unserer Familie erzählt? Warum hat nie jemand versucht, mir Chris wegzunehmen?

Gott ist mein Zeuge, ich habe Chris nie, nie, nie diese furchtbaren Dinge angetan. Chris hatte nie Quetschungen oder Knochenbrüche oder Ähnliches. Wenn es so wäre, hätten es seine Kindergartenbetreuer gemerkt. Diese Aussagen entsprachen Sandys Art, mit mir abzurechnen. Es ist kein Geheimnis, dass sie immer eifersüchtig auf mich war. Sie hat es ja sogar gegenüber dem Polizisten, der mich verhaftete, zugegeben. Solange ich denken kann, hat Sandy mich immer beneidet. Um meinen Job, meine Heirat, meinen Sohn. Ich muss es nicht weiter ausführen, denn diese Tragödie bot ihr die perfekte Chance, endlich mit mir abzurechnen und das Messer noch etwas tiefer hineinzustoßen. Sie hat Probleme mit ihrem Selbstwertgefühl, mehr möchte ich dazu nicht sagen. Sie und Dad sind vom gleichen Schlag. Ich habe es seit Jahren geahnt. Ich schlage jetzt keineswegs um mich. Es ist schon seit langem offensichtlich, wie Familie Sadeik vorgeht. Ich war so froh, mich distanziert zu haben, und mir wurde auch bewusst, warum Du der Sadeiks überdrüssig warst. Nach all den Jahren begreife ich es. du musst es nicht leugnen, Mutter, du weißt genau, worüber ich rede. Eines Tages wird Dad als unglücklicher und einsamer Mann in sein Grab steigen müssen. Er lässt seine ganze Bitterkeit, die er als Kind und als Jugendlicher erdulden musste, an den Menschen aus, die ihm am nächsten stehen. Das ist auch für dich nichts Neues, Mom. Er tut mir Leid. Ich möchte es nur einmal erleben, dass Dad für einen anderen Menschen aufsteht und die Wahrheit sagt.

Ich verstehe, dass alle Beteiligten entsetzt über das waren, was passiert ist, mich eingeschlossen, und es wurde dieses und jenes gemunkelt, um dem Staat dabei zu helfen, mich für schuldig zu befinden. Alle glaubten, ich hätte gestanden – was ich nie habe. Als Jim meinen Sohn tötete, hat er nicht nur Christopher das Leben genommen, er hat ein Dutzend weitere Leben ruiniert. Dad sagte aus, ich sei eine eigennützige Person. Das mag sein, aber eines sage ich dir: Ich habe niemals auch nur daran gedacht, einen Mann für mich sorgen zu lassen, während ich zu Hause sitze und mir eine Fernsehshow nach der anderen reinziehe. Ich war fest entschlossen, uns nie in eine Situation zu bringen, in der wir – ich als allein erziehende Mutter mit Kind – von Sozialhilfe leben müssten. Ich arbeitete mich hoch, sodass ich selbst dazu in der Lage war, für mein Kind zu sorgen, ohne auf den Staat oder auf einen alten Mann angewiesen zu sein. Es war mein Fehler, dass ich das College nicht zu Ende gemacht habe, und ich mache niemanden dafür verantwortlich. Aber ich glaube, ich habe das Beste gegeben und gute Arbeit geleistet, auch ohne Diplom. Schau Karen an: Sie lag den ganzen Tag zu Hause herum und war zu faul zu arbeiten. Als ihr Mann sie verließ, saß sie mit zwei Kindern und ohne Ausbildung da, und sie ging und kratzte an Dads Tür, weil sie nirgendwo sonst hingehen konnte. Sie lebte von Sozialhilfe, und Dad und Maureen unterstützten sie und ihre Kinder. Es ist mir egal, wenn jemand behauptet, ich sei eigennützig. Ich kann zumindest jedem in die Augen sehen und sagen, dass ich in der Lage war, für mich und mein Kind ohne fremde Hilfe zu sorgen. Ja, ich gebe zu, dass Ilse mich sehr unterstützt hat, und ich bin ihr auch sehr dankbar dafür, aber ich war nie ohne Job. Ich konnte Chris in eine wunderbare Vorschule schicken, wo er etwas lernte, anstatt bei irgendjemandem zu Hause rumzusitzen und den ganzen Tag fernzusehen. Ich bin auch stolz darauf, sagen zu können, dass ich nicht auf die Unterstützung eines Mannes angewiesen bin. Mein Fall ist bei weitem noch nicht zu Ende. Eines Tages werde ich wieder im Gerichtssaal sitzen, und dann, das verspreche ich, werden ihre Aussagen widerlegt werden. Es verletzt mich, dass sie solche Dinge gesagt haben, sicherlich, aber in meinem Herzen weiß ich, dass sie nicht der Wahrheit entsprechen. Ich weiß auch, dass ich weder nachtragend noch rachsüchtig bin. Wenn Sandy so etwas passieren würde, würde ich nicht Gleiches mit Gleichem vergelten. Ich würde stattdessen versuchen herauszufinden, was wirklich passiert ist.

Kommen wir zu Dorothy. Das war unglaublich. Sie wurde im April oder Mai 1990 befragt, vier oder fünf Monate nach der Tat. Sie hatte im Januar 1990 von der ganzen Geschichte erfahren – also einen Monat nach dem Mord. Sie hat mehrmals mit Sandy darüber gesprochen. Als sie befragt wurde, wusste sie nichts Negatives zu sagen. Sie lieferte der Polizei überhaupt keine belastenden Aussagen. Am Tag des Prozessbeginns wurde ihr mitgeteilt, dass sie nicht als Zeugin gebraucht würde. Die Staatsanwaltschaft präsentierte ihre Ansichten, dann wurde die Verhandlung unterbrochen. Aus heiterem Himmel tritt dann Dorothy mit einer niederträchtigen und völlig widerwärtigen Aussage in den Zeugenstand. Sie sagte aus, ich hätte ihr mehrfach erzählt, ich wünschte, dass Christopher tot sei! Sie behauptete, ich hätte Chris wiederholt körperlich misshandelt, und bezeugte, ich hätte ihn gegen eine Mauer geschleudert usw., usw. Diese Frau unterhielt selbst eine Kinderkrippe und war per Gesetz verpflichtet, jeden Verdacht auf Kindesmisshandlung sofort anzuzeigen. Aber sie hat mich kein einziges Mal bezichtigt! Nicht ein einziges Mal hatte mich Dorothy auch nur darauf angesprochen, ob ich Hilfe oder Beratung oder was auch immer bräuchte. Sie hat weder jemanden aus meiner Familie informiert noch dem Beamten, der sie vorher befragt hatte – der gleiche, der auch mich inhaftiert hat –, irgendetwas in dieser Richtung erzählt. Sie hatte nie etwas davon gesagt, weil sie wusste, dass so etwas nie passiert war! Sie benahm sich fürchterlich vor Gericht, gab sich alle Mühe zu weinen. Sehr theatralisch. Unser Privatdetektiv flog nach Colorado, um mit Dorothys Eltern zu sprechen. Sie sagten nur Gutes über mich, Gleiches taten einige Freunde, die Christopher und mich zusammen erlebt hatten. Diese ganze Verhandlung war eine verdammte Seifenoper. »Wer hat die schmutzigste Wäsche zu waschen?«, war die große Frage. Es hatte nichts mit Wahrheit oder Gerechtigkeit zu tun. Sie machten Christophers Leben zum Gespött. Das Ganze war ein politisches Schauspiel, eine Art Bühne für die Medien, die gierig nach »neuen Engeln« in der Tragödie Ausschau hielten. Ich stand im Mittelpunkt des öffentlichen Interes-

ses, man behandelte mich, as wäre ich eine gefährliche Kriminelle, und ich wurde als mordende Wahnsinnige dargestellt. Leute zeigten mit dem Finger auf mich, fällten Urteile und gaben vorschnelle Einschätzungen von sich. Die Medien ergossen sich täglich in einer Flut neuer Spekulationen und Berichterstattungen. Sogar meine Richterin war mir gegenüber voreingenommen, was einen unparteiischen Urteilsspruch unmöglich machte. Ihre Entscheidungen waren von persönlichen Vorurteilen geprägt, sie ließ es zu, dass meine Ankläger Klatsch und unseriöse Informationen vortrugen. Mein Fall wurde zum größten Coup seit Jahren.
Ich konnte mich nicht einmal von Christopher verabschieden. Der Schmerz, der mich plagt, gleicht einem schweren operativen Eingriff ohne jede Betäubung. Manchmal möchte ich vor der Wahrheit davonlaufen, es ist der einzige Fluchtweg aus der Pein, die mich quält. Wie auch immer, ich weiß, wegzulaufen ist auch kein Weg aus meiner Trauer.
Nicht jeder Mensch trauert auf die gleiche Art. Ich hasse es, in meinem Schmerz analysiert und kategorisiert zu werden. Es gibt nicht nur einen Weg zu trauern. Keiner hat das Recht, mich für meine Gefühle, die ich empfinde, zu verurteilen. Es ist nicht so, dass ich nichts fühlen würde. Ich möchte nur meinen Schmerz nicht öffentlich zur Schau stellen. Mir ging es bestimmt nicht darum, eine Show abzuziehen. Ich hatte lange Therapiesitzungen mit meinen zwei Betreuern und einem Psychiater. Dort konnte ich meine Schmerzen loslassen. Ich bin einfach nicht so wie andere. Den Meinungen zum Trotz – ich habe Christopher von ganzem Herzen geliebt. Ich habe niemals bereut, ein Kind zu haben, und ich habe ihn nie für etwas verantwortlich gemacht. Wenn ich mir keine Sorgen um ihn gemacht hätte, hätte ich genauso gut sagen können: »Hier Mark, nimm ihn.« Er hatte all meine Liebe, Aufmerksamkeit und Unterstützung. Christopher war ein wundervolles Kind, er war mein Fleisch und Blut, und ich liebte ihn sehr. Ich wollte das Beste für ihn, und Gott weiß, ich habe mein Bestes ge-

geben. Ich habe Mark jede Gelegenheit geboten, eine wichtige Rolle in seinem Leben zu spielen, aber er hat seinen eigenen Weg gewählt. Niemand hat Mark dazu gezwungen, Drogen zu nehmen und zu trinken – es war seine Entscheidung, und ich wollte nicht, dass mein Kind diesem Umfeld ausgesetzt ist.

Ich kannte Jim seit drei Jahren. Er war ein Freund. Ein guter Freund, aber ich war nicht verliebt in ihn. Er hat weder körperlich noch verbal versucht, mir näher zu kommen. Hätte ich gewusst, dass Jim gewalttätig ist, ich hätte nie bei ihm gewohnt oder Chris dieser Gefahr ausgesetzt. Er ging drei Mal die Woche in die Kirche, war zu jedermann freundlich, mochte Sandy und Jason, erhob nie seine Stimme, hat Chris und mir gegenüber immer Respekt gezeigt. Wir waren Freunde. Wie konnte ich wissen, was in seinem Kopf vorging?

Nach allem, was ich im Anschluss an Rogers und Jims Gerichtsverhandlung gehört habe, habe ich meine Schlüsse gezogen, und sie erscheinen mir sehr plausibel. Ich wähle dieses Wort, weil es keine logische Erklärung für den Mord an einem Menschen geben kann. Ich habe unzählige Tage, Nächte, Monate damit verbracht, darüber nachzudenken, warum und wie das alles passierte. Ich habe versucht, mir jede kleine Begebenheit aus der Zeit bei Jim in Erinnerung zu rufen. Ich wollte versuchen, mir jedes Gespräch zu vergegenwärtigen. Jetzt bin ich fertig. Ich glaube, dass Jim sich in mich verliebt hatte, seine Gefühle aber für sich behielt. Ich weiß, dass ihn Marks ständige Drohungen genervt haben. Jim hat mir das oft gesagt. Dreißig Tage nachdem ich (im August) meine neue Stelle bei John Alden antrat, füllte ich die Formulare für die Sozialleistungen zu Hause aus (das war zwei Wochen, nachdem ich das alleinige Sorgerecht erhalten hatte). Nachdem ihr Arizona verlassen hattet und Richtung Wyoming weitergereist seid, ging Jims Wagen kaputt, und er benutzte meinen. Er bat mich immer wieder um Geld, und wenn ich welches hatte, gab ich es ihm auch. Ich erinnere mich, dass er oft zum Einkaufen gefahren ist. Er erschien mir fast wie eine Sucht, aber ich habe nie weiter

darüber nachgedacht. Nach der Anhörung vor Gericht am 24. Oktober bekam er Marks Bemerkungen mit und erfuhr von meinen Plänen auszuziehen. Ich glaube, zu diesem Zeitpunkt hat er begonnen, den Mord an Christopher zu planen. Er versuchte immer wieder, mich vom Umzug abzuhalten. Irgendwann im Oktober tauchte dieser Freund von ihm auf. Roger. Jim kannte ihn seit mehr als zwanzig Jahren. Er hat ihn in den drei Jahren, in denen wir uns kannten, nie erwähnt. Warum tauchte er plötzlich auf? Dieser Freund war mittellos, lebte bei seiner alten Mutter, arbeitete nicht und war Alkoholiker. Er nahm vielleicht auch Drogen – ich weiß es nicht. Ich erwähnte Jim gegenüber, dass ich Roger nicht mochte. Irgendetwas war mit ihm nicht in Ordnung, und ich fühlte mich unwohl, wenn das Gespräch auf ihn kam.
Als ich Anfang November eine Wohnung gefunden hatte, gefiel Jim das überhaupt nicht. Am Veterans Day, dem 11. November, kam Jim mit einer Waffe nach Hause und erzählte mir, er habe sich schon immer eine zum Zeitvertreib gewünscht. Ich war überhaupt nicht begeistert, konnte ihm aber auch nicht befehlen, sie wieder zurückzubringen. Es war ja schließlich seine Wohnung. Ich bat ihn also, sie außer Sicht- und Reichweite aufzubewahren, und verbot ihm auch, Chris etwas davon zu sagen. Er respektierte meine Wünsche, aber eines Tages erzählte mir Chris, er, Wendi (Jims Tochter), Jim und Roger seien in die Wüste gefahren, um auf Dosen und Schlangen zu schießen. Ich war so wütend, dass ich Jim zur Rede stellte und ihm klarmachte, dass er meinen Sohn nie wieder mit in die Wüste nehmen sollte, um dort auf Dosen, Schlangen oder was auch immer zu schießen. Ich war ziemlich aufgebracht, und er wusste das. Solche Spielchen kann man vielleicht mit Jungs machen, die älter als vier Jahre sind!! Im November fragte mich Roger auch im Beisein von Jim, ob ich ihm 250 Dollar für einen Anwalt borgen könnte, er wolle in Rente gehen. Ich antwortete, dass ich keine Bank sei und er genauso wie ich in der Lage sei zu arbeiten. Ich muss nicht erwähnen, dass er über

mich herzog, aber es war mir egal. Es gab genügend andere Dinge, für die ich verantwortlich war und um die ich mich kümmern musste. Zwei Tage später wurde Jim Zeuge des Streits zwischen Mark und mir. An diesem Abend äußerte Mark, er wolle nach Texas. Sechs Tage später wurde Chris ermordet. Jim fühlte sich durch meine Umzugspläne bedroht, ebenso durch die Aufmerksamkeit, die ich Chris schenkte; er mochte es überhaupt nicht, wenn ich jemandem Aufmerksamkeit schenkte. Die Lösung war für ihn, Christopher verschwinden zu lassen. Christopher war das letzte Band, das Mark und mich zusammenhielt. Wenn es Chris nicht mehr gäbe, hätte Mark auch keinen Grund, weiter eine Rolle in meinem Leben zu spielen. Jim glaubte auch, es gebe dann keinen Grund mehr für mich auszuziehen. Ich war so etwas wie eine Blankovollmacht für Jim, ich hatte ein Auto und versorgte ihn mit Geld, wenn er welches brauchte. Er hoffte, ich würde bei ihm bleiben. Irgendwann im September muss er die Idee gehabt haben, Chris umzubringen. Denn ab da häuften sich die Ereignisse. Roger tauchte auf, die Waffe wurde gekauft, meine Umzugspläne, die gerichtliche Auseinandersetzung zwischen Mark und mir, Marks ständige Drohungen usw. Da Jim dieses Verbrechen nicht alleine durchziehen wollte, holte er seinen alten Kumpel zu Hilfe und lockte ihn mit Geld. Jim wusste, dass Roger dringend 250 Dollar brauchte, er stand ja dabei, als jener mich fragte. Jim wusste auch, dass ich sowohl für mich als auch für Christopher eine Absicherung unterschrieben hatte. Nur Jim würde es »Versicherung« nennen, weil er dachte, es wäre eine. Ich wusste, dass es keine Lebensversicherung war, sondern ein ganz normaler Teil meines Arbeitsvertrages. Jim überredete Roger, ihm zu helfen, indem er die »5.000 Dollar Lebensversicherung« erwähnte und ihm erzählte, ich wüsste Bescheid. Mit Roger muss ganz offensichtlich etwas nicht stimmen, denn wer erklärt sich schon bereit, bei einem furchtbaren Verbrechen mitzuwirken? Welcher Mensch würde schon freiwillig einem Mord beiwohnen? Und noch dazu einem Mord an einem kleinen Kind?

Der einzige Grund, warum Roger mich belasten konnte, ist meiner Meinung nach, dass er »glaubte«, ich wüsste es. Er »glaubte«, ich wüsste es, weil Jim es ihm gesagt hatte. Roger war derjenige, der der Polizei erzählte, ich würde ihm 250 Dollar zahlen, und Roger erwähnte auch die 5.000 Dollar Lebensversicherung. Ich habe nie mit Roger über persönliche Dinge gesprochen. Er konnte es nur von Jim wissen. Jim hat mich bis zum heutigen Tag nicht belastet, weil er weiß, dass ich nichts mit der ganzen Sache zu tun hatte. Während ich dachte, Jim würde auf Chris und seine zweijährige Tochter Wendi aufpassen, plante er mit seinem Freund den Mord an meinem Sohn! Christopher hat mir nie erzählt, dass Jim ihn schlecht behandelt, ihm wehgetan hätte oder gemein gewesen sei. Ich fragte ihn täglich, wie sein Tag gewesen war, und es gab nie Probleme. Er wusste, dass er mir immer alles sagen konnte, und ich glaube, er hätte es mir auch gesagt, wenn Jim ihn schlecht behandelt hätte. Christopher vertraute Jim. Und Jim verletzte das Vertrauen eines jungen, unschuldigen Kindes, das niemandem etwas getan hatte. Als Jim meinen Sohn tötete, hat er auch mich getötet. Ich glaube, Jim dachte ernsthaft, er könnte sich aus allem herausziehen, indem er jemanden (vielleicht Mark?) beschuldigte, Chris entführt zu haben.
Dieser Tag, der 2. Dezember, war genau geplant. Ich weiß, dass derjenige, der in der Lage ist, einen Revolver an den Kopf eines Kindes zu halten und drei Mal abzudrücken, der grausamste und gefährlichste Mensch weit und breit ist. Jim wusste genau, was er vorhatte, als er mit Chris wegfuhr. Er hatte seinen Feldstecher und zwei Pistolen in meinem Auto verstaut und war fest entschlossen, seinen hinterhältigen Plan durchzuziehen, um mein einziges Kind zu töten. Am gleichen Tag, als er die Waffe gekauft hatte, die er nach Hause brachte, hatte er sich zwei weitere besorgt. Das erfuhr ich erst während meiner Verhandlung.
Der Polizeibeamte, der mich verhaftete, ist der skrupelloseste Mensch, den man sich vorstellen kann. Er log in seinem Polizeibericht,

um meine Verhaftung zu rechtfertigen. Er gab zu, dass er dabei nur aus dem Bauch heraus handelte. Er verdrehte und verzerrte fünf Paragrafen eines vierseitigen Berichts über Ernie, und er führte eine längere Unterhaltung, die auch aufgezeichnet wurde, mit Sandy. Während dieses Gesprächs erfand er Lügen, um Sandy dazu zu bringen, ihm zuzustimmen. Er erzählt Sandy zum Beispiel, ich hätte an dem Abend, an dem ich verhaftet wurde, ein Kleid getragen. Er behauptete weiter, ich hätte meine Bluse hochgehoben, um ihm meine Brüste zu zeigen und dadurch seine Gunst zu gewinnen, was schlicht und einfach eine kolossale Lüge ist. Vor Gericht wurde genau festgehalten, was ich damals getragen hatte. Sandy ging allerdings gleich auf seinen Tonfall ein und sagte Dinge wie »Tatsächlich?«, »Oh wow!«, »Ach was!« und so weiter! Ich habe niemals etwas von dem getan, was er behauptet hat. Er ist ein Lügner. Aber natürlich glauben alle hier in Arizona, Polizisten wären aufrichtig und ehrlich. Doch seit dem Ende meiner Verhandlung hat man eine ganze Anzahl unehrlicher Beamter, unlauterer Richter und bestechlicher Politiker enttarnt.

Richtig interessant ist die Tatsache, dass er auch Roger verhaftet hat. Rogers Geständnis wurde im Beisein eines Zeugen auf Band aufgezeichnet. Da hat er gute Arbeit geleistet, bei mir nicht. Wie seltsam. Daran sieht man, dass er tiefer gehende Motive für sein Verhalten hatte. Nach meinem Fall ging er in Rente und kandidierte für ein öffentliches Amt. Er wurde gewählt und ist jetzt Friedensrichter. In meinem Fall ging es nicht um Wahrheit und Gerechtigkeit. Ich diente lediglich als Sprosse auf seiner Karriereleiter. Der ganze Fall entwickelte sich zur Lawine, und ich wurde mitgerisssen. Ich war schon verurteilt, bevor ich den Gerichtssaal überhaupt betreten hatte. Es gab noch so viele weitere Unstimmigkeiten während meiner Verhandlung, dass es einfach zu lange dauern würde, hier alles aufzuzählen. Aber du kannst es mir glauben, du kannst fragen, wen du willst. Ich habe dir die absolute Wahrheit erzählt. Christopher ist nicht das einzige Opfer.

Auch ich wurde dazu gemacht. Jeder will mich schuldig sehen, jeder glaubt daran, aber ich bin es nicht. Ich werde nicht aufhören zu kämpfen, auch wenn ich mich manchmal danach sehne, einfach alles hinzuwerfen. Inzwischen habe ich genügend juristische Bücher studiert, um zu wissen, dass die Strafe, die über mich verhängt wurde, gegen unsere Verfassung verstößt. Ich überlasse alles meinem Anwalt. Er kennt sich sehr gut aus und ich vertraue ihm. Er wäre ziemlich wütend, wenn er wüsste, dass ich diesen Brief an dich geschrieben habe, aber ich kann nicht länger untätig rumsitzen, in der Gewissheit, dass du die Wahrheit nicht kennst. Ich kann mir nur vorstellen, wie übel dir alles von Dad und Sandy geschildert wurde. Ich bin nicht auf der Suche nach Mitleid oder Sympathie. Ich wollte nur, dass du alles weißt. Wenn du mir antwortest, wunderbar. Zumindest habe ich mir jetzt alles von der Seele geschrieben, und du hast es aus meinem Mund erfahren. Ich hätte diesen Brief schon vor längerer Zeit schreiben können, aber ich habe immer noch gehofft, dass du dich eines Tages melden würdest. du musst auf diesen Brief nicht antworten, aber ich wüsste sehr gerne, warum du mich verstoßen hast? Ich höre Dad und Sandy schon feixen: »Yeah, yeah, yeah, jetzt sitzt sie in der Tinte und sie schreibt, um Sympathie zu gewinnen.« Aber ich gebe nichts auf Dads Worte. Ich weiß, eines Tages werde ich frei sein, denn ich kenne meinen Fall besser als alle Außenstehenden. Ich schreibe dir meine Adresse auf für den Fall, dass du mir antworten möchtest. Ich habe diesen Brief an Oma geschickt, weil ich deine Adresse nicht bei mir hatte, und ich wäre dir wirklich dankbar, wenn du diesen Brief für dich behalten würdest. Wenn du aber irgendetwas brauchst oder nachprüfen möchtest, kontaktiere einfach Ken Ray. Er ist nicht mehr mein Anwalt, aber er weiß alles.

Ich hoffe, Mutter, du verstehst mich jetzt ein bisschen besser. Mag sein, dass ich in der Vergangenheit Feinde hatte und mich nicht alle

part of it at all. Dad's word means absolutely nothing to me. I know I'll be free because I know my case better than any outsider. I'll enclose my address in case you feel you would want to contact me. I wrote to Oma's house because I don't have your address with me. I would truly appreciate it if you kept my letter to yourself, however, if you feel you need or want to double check anything I said - feel free to contact Ken Ray. He is no longer my lawyer but he knows everything. His address is:

Ken Ray, P.C.
45 W. Jefferson #810
Phoenix, Arizona
602-253-3875 85003

I hope you have a better understanding mother. I may have had enemies in the past and I may have been disliked but I am no murderer. That you can be sure of! I am nearly 28 years old and I am not playing any kind of immature game. I don't care what anyone says about me. Also, I am not asking you to make a choice. Write if you want - if not, ok fine

Sincerely -

Debbie

Debbie Milke #83533
Arizona State Prison
Perryville - Santa Maria Unit
P. O. Box 3400
Goodyear, AZ 85338

mochten, aber ich bin keine Mörderin. Da kannst du dir ganz sicher sein! Ich bin jetzt fast 28 Jahre alt und spiele kein kindisches Spiel. Es ist mir egal, was die Leute über mich sagen. Ich frage dich auch nicht nach deiner Meinung. Schreib mir, wenn du möchtest – wenn nicht, auch gut.

Herzlichst, Debbie

Meine Hände zitterten und Tränen liefen mir über die Wangen, als ich Seite um Seite umwendete. Ich muss diese 32 Seiten wohl zehn Mal gelesen haben, bevor mir dämmerte, was wirklich passiert war. Die Welt brach um mich herum ein weiteres Mal zusammen. Mein Gehirn wollte nicht so schnell arbeiten, wie ich es forderte. Was für eine Tragödie, was für eine Tragödie, dachte ich immer wieder. Und ich las Debbies Worte wieder und wieder. Anschließend setzte ich mich sofort an meinen Schreibtisch und schrieb ihr zurück – 36 eng beschriebene Seiten. Ich versuchte ihr klarzumachen, wie ich dieses Drama erlebt, wie ich immer wieder versucht hatte, Fakten in Erfahrung zu bringen, ihren Pflichtverteidiger zu kontaktieren und mit ihr in Verbindung zu treten. Ich wollte ihr Mut machen, versprach, dass ich mich um alles kümmern würde, wenn sie es wollte. Dann adressierte ich den Brief mit der Bitte um Weiterleitung an ihren Pflichtverteidiger Kenneth Ray, den Debbie am Ende des Briefes als Korrespondenzadresse angegeben hatte. Ich versuchte auch weiterhin, Kenneth Ray telefonisch zu erreichen, und bekam die gleichen Ausreden von seiner Sekretärin zu hören wie bisher. Allerdings bestätigte sie, meinen Brief erhalten und weitergeleitet zu haben.

Vier Monate vergingen und ich erhielt keine Antwort. Jeden Tag lief ich zum Briefkasten in der Hoffnung, ein weiteres Lebenszeichen von meiner Tochter zu erhalten, eine Antwort auf meine Zeilen. Irgendwann begann ich zu zweifeln. Ob sie vielleicht doch nichts mehr mit mir zu tun haben wollte? Vielleicht hatte sie mit ihrer Familie abgeschlossen, weil sie zu sehr von uns enttäuscht worden war. War ihr Brief am Ende eine Art Abschiedsbrief? Gab es andere Menschen, die ihr beistanden, denen sie vertraute?

Oder hatte sie sich völlig in ihr Schneckenhaus zurückgezogen, so wie sie es auch als Kind getan hatte, wenn sie kritisiert oder verletzt worden war? Mich zermürbten ständig neue Fragen und eine Ungewissheit, die kaum zu ertragen war.

Noch viel schlimmer muss es Debbie ergangen sein. Ich weine noch heute bittere Tränen, wenn ich mir vorstelle, in welcher Verzweiflung sie damals gelebt haben muss. Denn diese vier langen Monate saß auch sie in ihrer Zelle und wartete täglich auf meinen Antwortbrief, den sie nie bekommen hat – Kenneth Ray hat ihr meine Zeilen nie ausgehändigt. Sie blieben bis zum heutigen Tag verschwunden. Die Vorstellung, dass meine Tochter vier lange Monate geglaubt haben muss, dass auch ihre Mutter nichts mehr mit ihr zu tun haben wollte, löst tiefe Schmerzen in mir aus, wenn ich daran zurückdenke. Ich hätte Debbie vielleicht einfach einen zweiten Brief schreiben sollen, doch ich war gar nicht auf die Idee gekommen, dass Debbie meine Antwort nicht erhalten haben könnte, zumal mir ja bestätigt worden war, dass der Brief weitergeleitet wurde.

Zum Glück kam nach vier Monaten ein weiterer Brief von Debbie – es war ihr letzter Versuch, mich als ihre Mutter zu kontaktieren. Sie hatte meine Adresse noch immer nicht, allerdings war es ihr gelungen, einen Sozialarbeiter ausfindig zu machen, der Verbindungen in die Schweiz hatte. Über diese Umwege erreichte mich also ihr zweites Schreiben. Sie fragte mich, warum ich sie aufgegeben hätte, wo sie doch unschuldig sei, alles, was sie liebte auf dieser Welt, verloren habe und mehr unter Christophers Tod leide als irgendjemand sonst. Ich war völlig außer mir, als ich feststellen musste, dass Kenneth Ray meinen Brief nicht weitergeleitet hatte. Also schrieb ich ihr auf gut Glück direkt an ihre Gefängnisadresse und erklärte ihr die Situation, schilderte, wie ich die Zeit des Verbrechens und die darauf folgenden Monate erlebt hatte. Seitdem haben wir wieder engen Kontakt und nach und nach erfuhr ich viele Details.

Debbie schickte mir zum Beispiel in einem langen Brief die zuvor zitierte Schilderung des Verhörs durch Saldate aus ihrer Sicht. Die Diskrepanz der beiden Dokumente schockierte mich mindestens genauso wie die Dreistigkeit, mit der sich Saldate Aussagen von Debbie herausgepickt und ganz offensichtlich in einen neuen Kontext gestellt hatte. Endlich wachte ich aus meiner Handlungsunfähigkeit auf und wusste, dass ich dieser Ungerechtigkeit mit aller Macht begegnen musste.

DAS BERUFUNGSVERFAHREN

Erst nach der Lektüre von Debbies Briefen konnte ich allmählich rekonstruieren, was in Arizona vor sich gegangen war. Eine schreckliche Situation! Ich fühlte mich so ohnmächtig und hilflos den Mühlen der Justiz ausgesetzt. Zudem wurde mir immer bewusster, dass ich die Situation anfangs völlig falsch eingeschätzt hatte. Bis mich Debbies Briefe erreichten, bin ich vom Schuldeingeständnis meiner Tochter ausgegangen. Mein Vertrauen in das amerikanische Rechtssystem war bis zu diesem Tag unerschüttert gewesen und ich war tatsächlich überzeugt, dass meine Tochter, so wie es mir berichtet wurde, ein Geständnis abgelegt hatte. Die amerikanische Presse – Zeitungsberichte waren lange die einzigen Quellen, die ich zur Verfügung hatte – ließ keinen Zweifel daran, dass das Todesurteil – zumindest den dortigen Rechtsgrundsätzen gemäß – korrekt war. Sie berichtete, dass Debbie in die Abteilung Santa Maria des Staatsgefängnisses von Perryville überstellt worden war. Als einzige Todeskandidatin – die letzte Frau, die man in Arizona hingerichtet hatte, war Eva Dugan gewesen, die man wegen Mordes an einem Rancher 1930 aufgehängt hatte – wurde sie unter strengsten Sicherheitsmaßnahmen von den anderen Häftlingen isoliert. Debbie war überhaupt erst die dritte Frau, die man in Arizona zur Höchststrafe wegen Mordes verurteilt hatte. Auch Dugan hatte bis zuletzt ihre Unschuld beteuert. Doch diese historischen Details spielen keine Rolle mehr, wenn man – wenn auch spät – erfährt, was sich wirklich zugetragen hat. Mit Debbies Hilferufen, die mich in der Schweiz erreichten, änderte sich alles. Sie schrieb:

Immer wieder schöpfte ich Hoffnung und wurde jedes Mal enttäuscht. Das war schon so bei meinem ersten Pflichtverteidiger, Kenneth Ray, der meinen Fall eigentlich überhaupt nicht übernehmen wollte, und jetzt für die Berufung hatte ich wieder einen anderen Pflichtverteidiger, James H. Kemper, der in meinen Augen aber genauso nachlässig agierte. Ich hatte keine Ahnung, was auf mich zukommen würde. Er tat nur seine Pflicht. Aber im Grunde wollte er keinen Kontakt zu mir. Ich fühlte mich allein gelassen, wie in einer Falle. Mein Leben lag in der Hand dieses Mannes. Ich dachte immer: Er ist ein Rechtsanwalt, er ist mit solchen Mordprozessen vertraut, er weiß, was er zu tun hat. Eine Weile ließ ich ihn gewähren, dann begann ich aber zu überlegen, wem ich meinen Fall übertragen konnte. Denn es war offensichtlich, dass er sich nicht um mich kümmerte. Er war ziemlich gefühlskalt. In der Zwischenzeit konnte ich mit jemandem sprechen, dessen Namen ich hier nicht nennen will, und ihm meine Sorgen hinsichtlich meines Pflichtverteidigers mitteilen. Er brachte mich mit Anders Rosenquist zusammen. Während Anders ins Spiel kam, bereitete Kemper meine Berufung vor und unterlag. Er hat sich überhaupt nicht engagiert. Es wurde höchste Zeit, dass ich ihm den Fall wegnahm und Anders damit betraute. Ich hatte schon so ein Gefühl, dass ich die Berufung verlieren würde, weil der Anwalt sie nicht gut vorbereitet hatte. Ich hoffte zwar, dass das nicht ins Gewicht fallen würde, aber ich erwartete es im Grunde nicht anders.

Debbie hatte schon zu Beginn ihrer Haft an humanitäre Organisationen und an einige Anwälte geschrieben, an Letztere in der Hoffnung, dass sie von ihrem Schicksal bewegt und ihre Verteidigung übernehmen würden. Ein freundlicher Wärter hatte ihr entsprechende Adressen gegeben. Doch die meisten der bekannteren Kanzleien befanden sich außerhalb des Bundesstaates Arizona und waren deshalb nicht befugt, den Fall zu übernehmen. Kenneth Ray, ihr Pflichtverteidiger während des Mordprozesses, hatte direkt nach der Verhandlung sein Mandat niedergelegt. Erst kürzlich konnten wir ihn mit Hilfe eines Detektivs in Prescott/Arizona ausfindig machen, aber er verweigerte jede weitere Stellungnahme zu diesem Fall. Ich hatte eigentlich auch nichts anderes erwartet, so hatte er schließlich auf all meine Kontaktversuche reagiert. Doch ich kann nicht beschreiben, wie wütend es mich trotzdem machte, als wir an seine Tür klopften und er uns nicht aufmachte. Da lebt dieser Mensch in einem schönen Haus mit Garten, alles sehr beschaulich und sicher bequem, und kann die Vergangenheit einfach ausknipsen wie einen Lichtschalter. Es kümmerte ihn damals nicht und interessiert ihn auch heute nicht, was mit Debbie geschieht.

Nach Debbies Prozess wurde automatisch, wie das bei jedem Todesurteil in Arizona üblich ist, ein Berufungsverfahren eingeleitet. Der zuständige Pflichtverteidiger James H. Kemper wurde mit dem Fall betraut. Doch von Anfang an überschatteten Probleme die Vorbereitung der Akten. Eigentlich plante Kemper, die Petition Mitte 1992 beim Arizona Supreme Court einzureichen. Doch im Juli 1992 beantragte er eine Fristverlängerung bis September, weil er sich überlastet fühlte. Im September bat er noch weitere zwei Mal um Aufschub mit der Begründung, dass seine Sekretärin im Urlaub und das Antragschreiben zu umfangreich wäre, als dass er es alleine bewältigen könnte. Ende September schickte er Debbie schließlich eine Kopie der

Eingabe, wie er sie anzulegen gedachte. Das zuständige Gericht setzte ihn Anfang Oktober davon in Kenntnis, dass die Angelegenheit beim nächstmöglichen Termin verhandelt werden würde. Doch noch zwei Mal gab es aus unbekannten Gründen Aufschübe. Erst am 6. Mai 1993 kam der Fall auf die Tagesordnung. Kemper begründete seinen Einspruch unter anderem damit, dass man ein Jurymitglied abgelöst habe, weil es grundsätzlich gegen die Todesstrafe war. Richterin Hendrix hatte dagegen offenbar keine Probleme, zwei Juroren zuzulassen, die bereits bei der Auswahl der Juroren anmerkten, dass sie Terminprobleme hätten und freigestellt werden wollten. Hendrix erkundigte sich nach ihren Terminen und war sich bereits zu diesem Zeitpunkt absolut sicher, dass der Fall dann schon abgeschlossen sein würde. Damit wurde klar erkennbar, mit welcher Voreingenommenheit sie an den Fall heranging. Zudem argumentierte Kemper mit mangelnden Beweisen beim Vorwurf der Kindesmisshandlung, mit der Verfassungswidrigkeit der Todesstrafe und einer Reihe von Verfahrensfehlern. In seiner Urteilsbegründung kam das Gericht aber dennoch zu folgendem Schluss:

Wir haben die Akte nach entscheidenden Fehlern untersucht. Auf Grund dieser Analyse heben wir die Verurteilung wegen Kindesmissbrauch auf. Die Verurteilungen für Mord, Verschwörung zum Mord und Freiheitsberaubung werden aufrechterhalten. Obwohl wir Geldgier als gravierendes Motiv, wie es das Gericht bislang sah, außer Acht lassen wollen, bestätigen wir trotzdem die Todesstrafe wegen Mordes. Wir bestätigen auch die anderen Strafzumessungen.

Damit war der erste Versuch, in Berufung zu gehen und das Todesurteil anzufechten, im Mai 1993 gescheitert. Alex und ich waren fassungslos angesichts der erneuten Niederlage. Als juristische Laien machten wir uns fieberhaft auf die Suche nach weiteren, noch verbleibenden Möglichkeiten, Debbies Leben zu retten.

Nach diesem Misserfolg legte Kemper sein Mandat nieder, und wir waren gezwungen, eine neue Lösung zu finden. Der bereits erwähnte Aufseher hatte sich damals auch anonym beim hiesigen Anwalt Anders Rosenquist gemeldet und ihm ausführlich von Debbies Fall erzählt. Rosenquist zählte nicht zu den großen und renommierten Anwälten in Arizona, im Grunde arbeitete er von zu Hause aus und im Bedarfsfall mit Sekretärinnen anderer Kanzleien zusammen. Seine Kanzleianschrift war lediglich eine Briefkastenadresse. Doch das wusste auch Debbie nicht und ich erfuhr dies sowieso erst Jahre später. Sie war froh, überhaupt einen Rechtsanwalt für ihr Anliegen interessieren zu können. Rosenquist nahm nach diesem Anruf mit Privatdetektiv Kirk Fowler Kontakt auf, der bereits für den Pflichtverteidiger Kenneth Ray tätig gewesen und mit dem Fall bestens vertraut war. Dieser riet Rosenquist, die Sache zu übernehmen, da es sich auch seiner Meinung nach um einen eklatanten Justizirrtum handle. Daraufhin ließ sich Rosenquist die Gerichtsakten kommen und arbeitete sich in den Vorgang ein. Nach einer gewissen Zeit meldete er sich bei Debbie und bot ihr an, den Fall *pro bono* (Bezahlung nur im Erfolgsfall) zu übernehmen. Für uns schien dies zuerst ein absoluter Glücksgriff zu sein; als Laien hatten wir keine Vorstellung davon, wie sich die Angelegenheit entwickeln würde, und wir waren dankbar, einen engagierten Mitstreiter gefunden zu haben. So wirkte Rosenquist bereits seit 1992 hinter den Kulissen mit, während Kemper noch offiziell die Verteidigung vertrat.

Ich habe stets die Meinung vertreten, dass es die Aufgabe von Rechtsanwälten ist, die Unschuld Debbies und die Schuld anderer zu beweisen. Als Privatperson bin ich nicht dazu befugt, diese Fragen müssen vor Gericht geklärt werden. So sehe ich das auch heute noch. Ich will mich nicht auf wilde Spekulationen einlassen. Ich habe zwar ein intuitives Gefühl, wer für den Tod von Christopher verantwortlich sein könnte, und ich wünschte auch, ich könnte es beweisen. Da ich dies bisher jedoch nicht kann, sind Gedankenspiele im Grunde müßig.

Das amerikanische Rechtssystem mit seinen unterschiedlichen Möglichkeiten, in Berufung zu gehen, ist sehr kompliziert. Wenn ein Verbrechen geschieht, dann geht der Fall zuerst an die unterste Instanz, den State Superior Court. Dort finden die ersten Verhandlungen statt. Um in die Revision gehen zu können, wird das Verfahren an den State Supreme Court weitergeleitet. Dieser hat dann die Möglichkeit, die Revision wieder an den State Superior Court zurückzuweisen oder sofort eine Entscheidung zu treffen. Das sind die bundesstaatlichen Instanzen. Wenn diese im Rahmen eines Revisionsverfahrens ausgeschöpft sind, kann man den Fall auf die bundesgerichtliche Ebene hieven. Jeder Bundesstaat hat ein Bundesgericht in den USA. Die wiederum nächsthöhere Instanz ist dann der Federal District Court, da die USA in juristischer Hinsicht in mehrere Distrikte aufgeteilt sind, die jeweils fünf bis sechs Staaten umfassen. Zuletzt kommt auf allerhöchster Ebene der U.S. Federal Court in Washington.

Da die erste Petition des Pflichtverteidigers Kemper im

Grunde wegen mangelnder neuer Beweise zurückgewiesen worden war, arbeitete Anders Rosenquist mit Volldampf an einer fundierteren Eingabe. Doch schon bald begann Rosenquist, der bei der Übernahme des Mandats nur im Erfolgsfall bezahlt werden wollte, uns Rechnungen zu stellen. Er hat allerdings nie einen Kostenplan, seinen Gebührensatz oder andere Ausgabengründe offen gelegt. Ich hatte große Angst, einen privaten Anwalt für Debbie zu verlieren. Deshalb beglichen mein Mann und ich alle seine Forderungen, obwohl es sich um durchaus beträchtliche Summen handelte, die wir nur unter großen Mühen aufbringen konnten. Aber wir befanden uns in einer Zwangslage. Die Pflichtverteidiger Ray und Kemper waren erfolglos geblieben, so setzten wir all unsere Hoffnung auf einen Rechtsanwalt, der vielleicht auch über eine höhere Honorierung motiviert werden konnte, sich nachhaltiger für Debbies Interessen einzusetzen. Dass diese Hoffnung am Ende enttäuscht werden würde, konnten wir damals noch nicht ahnen. Immerhin sollten sich die Rechnungen am Ende auf sechsstellige Dollarbeträge belaufen, Summen, die unsere privaten Mittel völlig erschöpften. Mehrmals mussten wir zum Beispiel unser Haus verpfänden, um den Forderungen Rosenquists nachkommen zu können. Erst die Spenden auf das später von einem Freund in Staufen eingerichtete Konto konnten die finanziellen Belastungen zumindest etwas mildern. Es konnte aber doch nicht sein, dass man Debbie hinrichten würde, nur weil nicht genug Geld für ihre Verteidigung zur Verfügung gestellt werden konnte!

Rosenquist arbeitete nun mit Kirk Fowler zusammen in einem Team und bereitete die *Post Conviction Relief Petition* für den Arizona Superior Court vor und später auch für die nächsthöhere Instanz, den Arizona Supreme Court. Ganze Stapel von Akten und Dokumenten waren durchzusehen und zu bearbeiten, allein die Aussagen von Saldate umfassten acht dicke Ordner. Dazu kamen noch die Aussagen von Sandy, Sam und Dorothy Markwell, alles ungeordnet. Man fragt sich, was Kenneth Ray und James H. Kemper die ganze Zeit getan hatten. Heute stehen über zwanzig gebundene Aktenordner beim Rechtsanwalt. Man kann sich vorstellen, welchen Aufwand es bedeutete, all diese Unterlagen miteinander zu vergleichen und die wichtigsten Passagen zu exzerpieren, um eine griffige und Erfolg versprechende Strategie entwickeln zu können. Rosenquist hatte zu diesem Zweck Studenten engagiert, die für ihn recherchierten und Laufarbeiten übernahmen.

Für uns bedeuteten diese vier Jahre von 1993, als die erste Petition abgelehnt wurde, bis zum Dezember 1997, dem Monat der Entscheidung über die zweite Petition, eine Zeit des Wartens, die Außenstehende wohl kaum nachvollziehen können. Wir waren zur Untätigkeit verdammt und wollten doch so gerne helfen. Jeder Tag ist jetzt noch ein Tag, den Debbie in Unfreiheit verbringen muss, vierundzwanzig quälende Stunden in einer Zelle, allein. Jeder dieser Tage ist ein Tag zu viel.

Wir lebten schon damals in der Nähe von Luzern am Vierwaldstättersee, hatten ein nettes Haus mit einem kleinen Garten. Diese Abgeschiedenheit und Idylle in den Schweizer Bergen gleicht in gewissem Sinne einem Januskopf. Auf der einen Seite bietet das Leben in unserem kleinen Dorf die nötige Ruhe, um Kraft für diesen nervenaufreibenden Kampf um Debbies Leben tanken zu können. Die schöne Umgebung dient uns bis heute als Rückzugsraum, ich kann ein bisschen im Garten arbeiten, was ich sehr gerne tue, um mich etwas abzulenken. Man hat von der Terrasse einen schönen Blick auf den See, wenn er nicht gerade im Nebel liegt, und auf ein Schweizer Nationalheiligtum: den Rigi. Auch für Alex ist es wichtig, in seine Firma zu gehen, andere Menschen zu sehen, interessante berufliche Aufgaben zu bewältigen. Wir gehen spazieren und wandern, besuchen den Dorfgasthof oder fahren ins nahe gelegene Luzern und gewinnen so für ein paar Stunden etwas Abstand, bevor uns die trostlose Wirklichkeit wieder einholt. Die Menschen hier im Dorf wissen inzwischen natürlich von Debbies Schicksal, und es ist gut zu sehen, dass sie daran ehrlich Anteil nehmen. Es gibt zum Beispiel eine Physiotherapeutin, die speziell für Debbie ein Programm ausgearbeitet hat, mit dessen Hilfe Debbie in ihrer kleinen Zelle so effektiv trainieren kann, dass sie ihren Kreislauf und ihre Muskulatur einigermaßen in Schuss hält. Zu unseren Nachbarn in der kleinen Straße, in der wir wohnen, haben wir ein überaus gutes Verhältnis; sie respektieren unser Engagement und unterstützen uns in unserem Bemühen, so weit es eben geht. Da wird auf das Haus aufgepasst, wenn wir nicht da sind, und überhaupt einfach geholfen oder Zuspruch gespendet, wenn wir mal wieder eine Talsohle durchschreiten müssen. Ich arbeitete damals in der kleinen örtlichen Bank und kenne von daher alle, die hier wohnen. So gesehen fühlen wir uns hier geborgen und spüren auch die Solidarität und das Gefühl, nicht allein zu sein. In einer großen Stadt wäre das vermutlich ganz anders, viel anonymer und unmenschlicher.

Auf der anderen Seite habe ich ein schlechtes Gewissen, wenn ich unsere Situation sehe und an Debbie denke. Und ich denke natürlich ständig an sie. Wie ihr mit jedem Tag, den sie in ihrer Zelle verbringen muss, wichtige Tage, Monate, Jahre ihres Lebens gestohlen werden. Wenn bei uns die Natur ihre Schönheiten im Jahreswechsel zeigt, dann wünschte ich, dass Debbie auch hier sein und das alles erleben könnte, den See, die Berge, die grünen Almwiesen, die Wanderwege, aber auch den Nebel und den Schnee, der uns hier monatelang begleitet. Stattdessen muss sie diesen tristen und eintönigen Tagesablauf, der ihr aufgezwungen wurde, über sich ergehen lassen, muss die Schikanen, die Einsamkeit und die Angst ganz allein durchstehen. Das bedrückt mich, macht mich traurig und wütend zugleich.

Doch zurück zur zweiten Petition: Das Dokument musste vorgelegt werden, was Rosenquist dann nach zwei Jahren endlich getan hat. Dieser Instanzenweg erwies sich als unglaublich verzwickt und langwierig, denn im weiteren Verlauf lehnte die Staatsanwaltschaft zunächst alles ab, vorwiegend aus formalen Gründen. Immer wieder wurden neue Fristen gesetzt, in der Regel bekamen wir 45 Tage Zeit, um eine Entgegnung zum letzten Bescheid zu formulieren. Schließlich beantragten Verteidigung und Staatsanwaltschaft wechselweise Verlängerungen; so ging das permanent weiter, und die Zeit lief uns davon. Manchmal lagen die Schriftstücke bis zu sechs Monaten auf den Schreibtischen der Staatsanwaltschaft, bevor der ganze Vorgang wieder zurück an die Verteidigung ging. Diese hat dann das, was die Staatsanwaltschaft moniert hatte, neu formuliert und mit anderen Argumenten stichhaltiger zu unterfüttern versucht. Ein zermürbendes und langwieriges Procedere. Doch plötzlich kam der Bescheid von Richterin Cheryl Hendrix, der Umfang der Akte wäre unzulässig, ein derartiges Dokument dürfte nur 25 Seiten umfassen. Nun musste die Petition also drastisch gekürzt werden. Dabei hat Rosenquist einen schwerwiegenden Fehler begangen: Er veränderte nur die Schriftgröße, um den Textumfang zu verringern. Die Staatsanwaltschaft merkte das sofort und war dementsprechend verärgert. Dieser Trick Rosenquists entpuppte sich als großer taktischer Fehler, denn nun reagierte die Richterin im weiteren Verlauf des Verfahrens extrem voreingenommen und zeigte sich unserem Anliegen gegenüber kritisch eingestellt. Wir konnten in der Zwischenzeit im Grunde nicht viel unternehmen. Auch wenn es nicht immer Neues zu erzählen gab, schrieben wir uns ständig. Telefonieren durften wir zu dieser Zeit nur einmal im Monat. Aber mir war bewusst, dass wir für Debbie der Anker in der Freiheit waren, ihr einziger Hoffnungsschimmer, den sie dringend brauchte, um nicht völlig zu verzweifeln und zu resignieren.

Während der ersten Jahre unseres Briefkontakts wollte Debbie überhaupt nicht über die Vergangenheit sprechen, aber später haben wir uns ausführlich darüber unterhalten. Für sie war anfangs die seelische Belastung zu groß; sie lebte mit dem Trauma, dass sie damals von ihrer gesamten Familie im Stich gelassen worden war. Dieser Vorwurf schließt auch mich mit ein. Wir hatten einzelne Ereignisse brieflich und per Tonband zwar gestreift, aber nie im Detail zum Beispiel über die Probleme in ihrer Ehe geredet, weil sie wusste, dass ich von Anfang an Bedenken gegenüber Mark hatte und sie sich nun eingestehen musste, dass meine Zweifel berechtigt gewesen waren. Heute dagegen ist es für sie ein großes Bedürfnis, diese Probleme im Gespräch aufzuarbeiten. Meine beiden Kinder haben schon früh begonnen, zu sich selbst zu sagen: »Oh, bloß nicht Mom damit belasten!« Ich habe keine Ahnung, warum sie so dachten. Sie mussten angenommen haben, dass ich mit Sam schon genug eigene Probleme hatte und mit den ihren nicht richtig umgehen oder sie nicht begreifen konnte. Im Grunde benahmen sie sich sehr rücksichtsvoll. Andererseits scheine ich in ihren Augen nicht belastbar gewesen zu sein – was sicher nicht stimmt. Wäre ich doch sonst nicht in der Lage gewesen, meine Kinder weitgehend ohne die Unterstützung meines Mannes großzuziehen. Aber gut, aus der Perspektive eines Kindes sieht vieles anders aus. Debbie hat mir zumindest lange Zeit nicht alles erzählt. Heute ist es so, dass sie manchmal sagt: »Okay, Mom, fahr wieder nach Hause. Versuche, dein Leben so gut wie möglich zu leben. Irgendwie kommen wir da schon durch.« Sie beweist große innere Stärke. Ich bin immer ganz durcheinander und sehr beeindruckt, wenn ich sie in dieser Verfassung erlebe. Letztlich muss sie sehr viel alleine durchstehen, und ich bewundere sie dabei für ihre Kraft und ihren Optimismus.

Zu den Sadeiks habe ich seit 1990 keinen Kontakt mehr. Ich habe das nie bedauert, auch wenn mich manchmal ein Anflug von Sentimentalität überkommen mag, aber im Grunde bin ich nicht der Typ dafür. Diese Menschen haben sich so feindlich verhalten, dass ich kein Bedürfnis mehr verspüre, sie zu sehen oder zu sprechen. Sie waren zwar einmal Teil meiner Familie gewesen, aber ihr Verhalten nach Debbies Verhaftung hat mich so abgestoßen, ihre Hartherzigkeit und ihre Sensationsgier haben mich so angewidert, dass ich froh darüber bin, dieses Kapitel meines Lebens hinter mir gelassen zu haben.

Der Bruch mit Sandy fiel ebenfalls in diese Jahre. Nach der Verurteilung Debbies hat Sandy mehrere Versuche unternommen, sich wieder mit ihr zu versöhnen und ihre Aussagen zumindest zu relativieren, wenn nicht sogar zu widerrufen. Diese Kehrtwendung war typisch für sie. Sandy blieb unberechenbar. 1991 war sie noch mit ihrer Familie bei uns zu Besuch in der Schweiz gewesen, damals hatte ich Debbies Briefe noch nicht gekannt. 1992 konnte ich wegen verschiedener anderer Verpflichtungen und wegen einiger Todesfälle in meiner Familie nicht in die USA reisen. Im Oktober 1992 führte Anders Rosenquist ein längeres Telefonat mit Sandy. In diesem Gespräch erzählte sie Rosenquist, dass Saldate die Begegnung mit ihr, als sie im neunten Monat schwanger war, förmlich erzwungen hatte. Dieses Interview fand jedoch tatsächlich bereits im Juni 1990 statt, also zwei Monate vor der Entbindung. Saldate hatte sie nach Debbies Sexualpraktiken und nach ihren Beziehungen zu Männern befragt, was sie ziemlich befremdet hatte. Sie nahm das Gespräch auf Band auf und sandte es ihrem Vater. Auf Anweisung des Gerichts brachte sie das Band am zweiten Verhandlungstag mit und übergab es dem Gericht. Saldate hatte ihr versichert, dass man ihr ähnliche Fragen vor Gericht stellen würde. Doch das entsprach nicht der Wahrheit, man fragte sie nach anderen Dingen, und Sandy fühlte sich, ihren Angaben nach, überrumpelt und getäuscht. Sie habe damals, gab sie gegenüber Fowler zu, undifferenziert Stellung bezogen in Bezug auf Debbies Qualitäten als Mutter, wollte aber im Kreuzverhör ihre Aussagen präzisieren. Doch dazu kam es nicht, weder von Seiten der Staatsanwaltschaft, die sich mit den schweren Anschuldigungen, die auf dem Tonband zu hören waren, zufrieden gab, noch von seiten Kenneth Rays, Debbies Verteidigers. Sandy erklärte ihr Verhalten dadurch, dass sie damals völlig erschöpft gewesen sei. Sie und ihr Mann hätten ohnehin viele Probleme miteinander gehabt, dann kam Christophers Tod, dann die Geburt. Sie sei physisch am Ende und verärgert gewesen, auf dieses ganze System, auf Staatsanwalt Levy und auf Saldate, die sie zu alldem gedrängt hätten – ihr sei das damals alles zu viel geworden, sie hätte nur noch den Gerichtssaal verlassen wollen und darum ausgesagt, was man von ihr hören wollte. Später hat sie mit Kirk Fowler, der sich stets für Debbie – wenn auch letztlich nicht erfolgreich – eingesetzt hat, ein vierstündiges Gespräch geführt. Sie bekräftigte, dass sie nie gedacht habe, dass Debbie jemals zu solch einer Tat in der Lage sein könnte. Sie lehnte zwar Debbies Lebensstil ab, glaubte aber zu keiner Zeit, dass Debbie der Typ sei, der einen solch teuflischen Plan entwerfen konnte. Auch ihr Vater habe nie an Debbies Unschuld gezweifelt. Für mich bleibt die Frage im Raum stehen, warum Sandy, wenn sie tatsächlich von Debbies Unschuld überzeugt gewesen war, bei ihrer letzten Anhörung vor Gericht auf die Frage nach dem Strafmaß die Todesstrafe für angebracht hielt. Entweder hat sie gelogen, als sie von Debbies Unschuld sprach, oder sie war und ist psychisch nur bedingt in der Lage, Situationen und ihre möglichen Konsequenzen einzuschätzen. Nachhaltig beschäftigte mich auch die höfliche, aber seltsam unpersönliche Art, in der Rosenquist mit uns umzugehen oder zu kommunizieren pflegte. Hinzu kam, dass Anregungen und Hinweise, die meine Freunde und ich an das »legal team«, also Rosenquist und Fowler, weitergaben, stets als störend und unwichtig behandelt wurden. Als wir – das waren damals vor allen Dingen mein Webmaster Frank Aue, der mich auch heute noch tatkräftig unterstützt, und unser New Yorker Freund Andrew Schwartz – zum Beispiel auf Widersprüche im Polizeireport bei den Zeugenaussagen stießen, wurde unsere Entdeckung mit der Bemerkung zurückgewiesen, dass die juristische Strategie unserer Anwälte in sich stimmig sei und keiner neuen Indizien bedürfe. Das erschien mir mehr als merkwürdig, aber ich wusste mir zu diesem Zeitpunkt noch keinen Rat.

Das ewige Warten auf Ergebnisse nervte mich zunehmend. Doch das Berufungsverfahren zog sich dahin. Auch Debbies Geduld ging zu Ende, es fiel ihr schwer, Ruhe zu bewahren und den Ausgang der Revision abzuwarten. Mich plagten nachts Albträume; jedes Mal, wenn das Telefon klingelte, erschrak ich. Ich hatte unheimliche Angst vor einer schlechten Nachricht aus Arizona, andererseits freute ich mich auf die nur selten möglichen Telefonate mit Debbie. Mit Sandy sprach ich zu diesem Zeitpunkt noch viel am Telefon, erzählte ihr auch, dass es mir nicht sehr gut ging. Sie war inzwischen mit ihrem Mann Ron und den Kindern in ein neues Haus gezogen, und ihre Einstellung gegenüber Debbie schien sich plötzlich völlig gewandelt zu haben. So erzählte sie mir zum Beispiel, dass sie nur auf den Tag warten würde, an dem Debbie wieder aus dem Gefängnis käme, dann könnte sie sich endlich um ihre Schwester kümmern – es wäre bereits alles vorbereitet. Sogar einen neuen Freund hätte sie schon für ihre Schwester ausgewählt. Ich konnte über ihre Bemerkungen nur den Kopf schütteln, hielt es ihr aber zugute, dass sie offenbar versuchte, die Dinge wieder ins rechte Lot zu rücken. Wahrscheinlich hatte sie ein schlechtes Gewissen und versuchte zu retten, was – zumindest im Augenblick – nicht zu retten war.

Ich war an einem Punkt angelangt, an dem ich es nicht länger zu Hause in dieser Untätigkeit und Ungewissheit aushalten konnte. Im November 1993 flog ich das erste Mal seit langem wieder in die Vereinigten Staaten, um Sandy und ihre Familie zu besuchen. Zunächst verlief alles sehr harmonisch. Allerdings begann Sandy bald damit, mir haarsträubende Geschichten zu erzählen. Während der Sommermonate hatte sie mich bereits mehrmals angerufen, um mir zu berichten, dass Ron sie misshandelt und Möbel zerschlagen hätte. Sie habe bereits sichergestellt, dass Ron in Wyoming einen behördlichen Aktenvermerk wegen Misshandlung bekommen hatte. Ein Anruf bei der Polizei genüge, um ihn hinter Gitter zu bringen. Sandy hatte auch eine neue Stelle angetreten und nach wenigen Wochen wieder gekündigt, mit der Begründung, alle würden sie dort mobben. Außerdem, so ihre Schilderung, sei die ganze Familie Pickinpaugh – ihre Schwiegereltern also – gegen sie, und sie müsse sehen, dass sie »auf ihre Kosten kommt«. Nach Codys Geburt hatte sie Ron auch dazu überredet, sich sterilisieren zu lassen, damit er sie nicht verlassen und mit einer anderen Frau noch einmal Kinder zeugen könnte.

In unseren Gesprächen über Debbies Schicksal erzählte sie mir, sie habe hin und wieder Probleme mit Jason und Angst, dabei die Geduld zu verlieren. Christopher sei hingegen immer ein »perfektes« Kind gewesen und hätte seine Eltern nicht verdient gehabt. Sie hätte ihn gerne zu sich genommen, aber Debbie wollte Christopher nicht hergeben. »Wenn du das jemals gegen mich verwenden solltest, werde ich dafür sorgen, dass Debbie in der Hölle schmort, und du auch!«, drohte sie mir anschließend.

Am letzten Tag meines Aufenthaltes bekam Sandy wieder einen ihrer Anfälle. Sie war niemals zufrieden mit dem, was sie hatte. So genügte auch plötzlich das Traumhaus, das wir mitfinanziert hatten, nicht mehr ihren Ansprüchen, sie wollte es verkaufen. Ich war geschockt, als ich daran dachte, wie lang es gedauert hatte, den Kauf zu sichern. Wenn ich an solche Situationen denke, tut es mir weh, dass Alex und ich unsere eigenen Bedürfnisse und Wünsche lange nicht realisiert haben, um den Kindern zu helfen. Wir haben immer hart gearbeitet und sparsam gelebt, um etwas Geld beiseite zu legen und im Alter sorgenfrei leben zu können. Doch Sandys Ansprüche wurden immer zügelloser. Sie zeigte keinerlei Verständnis für unsere Pläne und nützte uns schamlos aus. Sie wusste, dass wir sie immer unterstützen würden. So ist auch ihre kesse Antwort in ihrem Gespräch mit Saldate zu deuten, als sie sagte: »Meine Mutter? Oh, die ist einfach um den Finger zu wickeln. Von meinem Vater können wir keine Hilfe erwarten.« Das wird mir eine Lehre sein, falls ich jemals wieder Kontakt mit Sandy haben sollte.

Wann immer ich Debbie erwähnte, gab es Ärger. Andererseits plante Sandy plötzlich, wie schon berichtet, dass Debbie nach ihrer Freilassung zu ihr kommt, damit sie sich um sie kümmern könne. Als ich zu bedenken gab, dass sich Debbie erst mal langsam zurechtfinden müsste und man ja auch nicht wisse, in welcher Verfassung sie überhaupt sei, flippte Sandy aus und schrie, dass ich kein Recht habe, mich in ihre Pläne einzumischen. Ich stimmte ihr zu und meinte, dass ich nur meine Bedenken äußern wolle. Dann mixte sie sich einen Cocktail, obwohl sie Alkohol im Haus sonst kategorisch ablehnte. Ihre Begründung war stets, dass Ron nichts trinken dürfe, da er sonst gewalttätig würde – was ich nach diesem Besuch überhaupt nicht mehr glaube. Sie hatte kaum die Hälfte ihres Drinks getrunken, als sie aus heiterem Himmel begann, mich wüst zu beschimpfen. Ich saß nur da und wusste gar nicht mehr, wie mir geschah. Als Ron sie zu beruhigen suchte, wandte sie sich in einer Weise gegen ihn, wie ich es noch nie an ihr beobachtet hatte. Schließlich wurde auch ich ziemlich wütend und hielt ihr das Papier unter die Nase, in dem sie sich für das Todesurteil ausgesprochen hatte. Das war sicherlich völlig verkehrt in diesem Moment, aber aus mir brach all das heraus, was sich in den letzten Jahren angestaut hatte. Irgendwie bekamen Ron und ich die Situation schließlich wieder unter Kontrolle. In dieser Nacht erinnerte ich mich daran, dass sie sich damals in ihrer Trauer und ihrem Schmerz über Christophers Tod von ihrer besseren Seite gezeigt hatte. Sie liebte Christopher mehr, als man das von einer Tante erwarten durfte.

Ein paar Tage später beschlossen wir, mit einigen Freunden auszugehen. Der Abend nahm einen harmonischen Verlauf, bis Sandy nach diversen Drinks wieder ziemlich laut und unerträglich wurde. Wir reagierten alle erschrocken, und Ron nahm sie mit nach draußen, um sie zu beruhigen. Als er nach einer Weile zurückkam, war sein Gesicht völlig zerkratzt. Ich fragte ihn und seine Freunde, ob das schon häufiger vorgekommen sei. Leider mussten sie das bestätigen. Das Schlimmste an diesem Abend war jedoch, dass niemand etwas zu Sandy sagte oder unternahm, um ihren Ausbruch zu unterbinden.

Um die Sache abzukürzen: Als Sandy schließlich spät nach Hause kam – sie wollte nicht mit mir und Ron zurückgehen –, fuhr sie mit ihren Beschuldigungen auf abstruse Weise fort. Plötzlich spuckte sie mir in ihrem Wutausbruch ins Gesicht, und ich tat etwas, was ich sogleich bedauerte, aber nicht mehr rückgängig machen konnte. Ich schlug ihr ins Gesicht, weniger aus Verärgerung als vielmehr, um sie wieder zur Vernunft zu bringen. Ich war entsetzt über das, was ich da mit eigenen Augen erleben musste. Schließlich war sie kein überspannter Teenager mehr, sondern – zumindest dem Alter nach – eine erwachsene Frau mit zwei kleinen Kindern. Ich erinnere mich, dass ich ziemlich traurig wurde und mich nochmals zu ihr umdrehte und fragte, ob sie wirklich die Tür zwischen uns zuschlagen wolle. Aber statt eines versöhnlichen Wortes schrie sie mich an: »Hau bloß ab aus meinem Leben.« Als ich daraufhin die Fluggesellschaft anrief, um meinen Flug auf einen früheren Termin umzubuchen, höhnte sie: »Na, da haben wir es schon wieder, du gehst, wie du immer von uns weggegangen bist.«

Es war nun bereits früher Morgen, und ich wollte nur noch so schnell wie möglich weg. Deshalb packte ich meinen Koffer und bat Ron, mich zum nächsten Flughafen, nach Rock Springs, zu bringen. Ich hatte noch ein wenig Zeit, bis mein Flugzeug ging. Währenddessen versuchte Sandy trotzig, einen Makler zu erreichen, um das Haus zu verkaufen. Mein Enkel Jason kam, noch bevor er in die Schule musste, auf mich zu und drückte mir den Fünfdollarschein, den ich ihm für sein Sparschwein gegeben hatte, wieder in die Hand. Ich umarmte Jason und flüsterte ihm ins Ohr, er solle den Schein wieder in sein Sparschwein zurückstecken, seine Mami und ich hätten nur ein kleines Problem. Er sah mich mit ängstlichen Augen an und meinte, wenn er den Schein nähme, würde er bestraft. Ich erinnere mich, dass Jasons Worte das Erste waren, was ich meinem Mann zu Hause erzählte. Ich konnte nicht glauben, dass Sandy ihren Sohn mit in die Geschichte hineinzog. Das kann ich ihr bis heute nicht vergeben.

Auf dem Weg zum Flughafen stellte ich Ron noch einige Fragen zu Sandy. Ron entschuldigte sich für seine Frau und meinte, dass die Familie und auch der Freundeskreis über diese Ausfälle Bescheid wüssten. »Ich liebe meine Frau trotzdem noch immer«, fügte er tapfer hinzu. Diese Ereignisse bestürzten mich zutiefst. Trotzdem schrieb ich einige Wochen später zu Weihnachten an Sandy und die Kinder, bekam aber nie eine Antwort. Alles in allem war das eine mehr als traurige Geschichte, für die ich bis heute keine passende Erklärung habe.

Als ich zu Hause ankam, fühlte ich mich sehr elend. Ich hatte eigentlich meinen Geburtstag mit Sandy und ihrer Familie verbringen wollen, doch das war nach diesen Vorkommnissen nicht mehr möglich gewesen. Die Wunden saßen tief. Mein Mann war ganz erstaunt, mich schon so früh wieder zu sehen. Mit meiner Rückkehr hatte er noch nicht so bald gerechnet. Als ich ihm von den Vorfällen erzählte, schüttelte er nur den Kopf. »Sandy wird dich noch einmal kaputt machen«, sagte er. »Es ist einfach unglaublich, wie sie immer wieder versucht, dich unter Druck zu setzen. Du darfst dir das nicht ewig gefallen lassen.« Ich wusste, dass Alex Recht hatte, aber es ist mir trotzdem schwer gefallen zu gehen. Sie war und blieb meine Tochter, auch wenn ich sie wirklich nicht mehr verstand. Aber ich hatte schon einmal beinahe meine Tochter verloren, als ich Debbie fälschlich für schuldig hielt. Ich wollte nicht auch noch meine zweite Tochter verlieren. Aber Alex insistierte, Sandy eine Weile in Ruhe zu lassen. Sie solle sich erst einmal bei mir entschuldigen.

Schließlich gab ich ihm Recht, es war wirklich besser, Sandys Anfällen nicht allzu viel Raum in unserem Leben einzuräumen. Trotzdem machte ich mir natürlich meine Gedanken. Im Grunde wollte ich ein harmonisches Familienleben. Sicher nicht um jeden Preis, aber ich wollte nicht schmollen oder nachtragend sein. Die Weihnachtszeit nahte, und ich rief meinen Schwiegersohn in seiner Firma an. Aber auch Ron, der sehr nett auf meinen Anruf reagierte und sich auch eine einlenkende Geste wünschte, wusste nicht, wie wir das bewerkstelligen sollten. Sandy schien, so berichtete er, immer noch böse auf mich zu sein. Nach reiflicher Überlegung setzte ich mich also hin und schrieb einen netten Weihnachtsbrief, schon allein wegen meiner Enkel, die ich sehr mochte, aber auch um den ersten Schritt zu tun und Sandy die Sache zu erleichtern. Der Brief kam ungeöffnet und ohne Kommentar zurück. Sandy hatte meine Hand, die ich ihr zur Versöhnung reichen wollte, ausgeschlagen, das war offensichtlich.

Kurz vor Weihnachten hörte ich von Debbies Sozialbetreuerin, Carolyn Cooper, dass vor ihrer Haustür ein Paket gelegen hatte. Es stellte sich heraus, dass es sich um die Geschenke handelte, die ich Sandy und ihrer Familie bei meinem letzten Besuch mitgebracht hatte. Ich erfuhr auch von Carolyn, dass Sandy sich von Ron getrennt hatte und wieder in der Nähe von Phoenix lebte. Es war sehr schmerzhaft für mich, ihren Hass zu spüren. Ich hatte ihr doch nichts getan. Was war nur mit dem Mädchen los? Ich kann bis heute nicht verstehen, was sie umtreibt. Man macht sich als Mutter schnell selbst Vorwürfe, versagt zu haben. Aber im Grunde bin ich nur ratlos und traurig, dass sich meine Tochter so weit von ihrer Schwester und von mir entfernt hat. Fast genauso hart traf mich die Nachricht, dass sie sich von Ron getrennt hatte. Soweit ich es beurteilen kann, war er gut zu ihr und den Kindern gewesen. Nach all diesen Ereignissen fühlte ich mich einfach nur müde und verspürte auch in den kommenden Jahren keinen Mut mehr, ihr zu schreiben.

Ich lernte Kirk Fowler und Anders Rosenquist, die mittlerweile Debbies Verteidigung übernommen hatten, erst im September 1995 persönlich kennen. Als ich viel später mit Paul Huebl, mit dem ich mich inzwischen angefreundet hatte, Akten im Büro der Anwälte studiert habe, haben wir auch einige Bänder gefunden, auf denen zu hören war, wie Fowler versucht hatte, nach dem Prozess mit den Geschworenen zu sprechen. Viele haben es kategorisch abgelehnt und gleich das Telefon eingehängt, einige taten so, als könnten sie sich nicht mehr an den Sachverhalt und die Umstände des Prozesses erinnern, und einige reagierten aggressiv und obszön. Fowler blieb nicht der Einzige, der mit den Geschworenen Kontakt aufzunehmen versuchte. Auch Paul Huebl startete eine Telefonaktion, doch davon erfuhr ich erst 1998.

Anders Rosenquist hatte bei uns einen großen Vertrauensbonus. In den mehr als eineinhalb Jahren seiner Recherchen grub er auch wirklich eine Menge Material aus. Debbie zeigte sich deshalb überaus optimistisch und kooperativ. Sie ließ sich juristische Fachbücher aus der Gefängnisbibliothek, die sie selbst nicht aufsuchen durfte, in ihre Zelle bringen und studierte sie eingehend. Die Bücher stapelten sich in ihrer engen Zelle, die Wärter und auch einige Mitgefangene machten sich über sie lustig. Aber das störte Debbie nicht. Sie bildete sich weiter und wollte helfen, so gut es ihr möglich war.

Rosenquist nahm auch eine Reihe eidesstattlicher Erklärungen in seine Petition auf. So ließ Kenneth Ray, wie bereits erwähnt, am 30. September 1995 notariell beglaubigen, dass ihm vor dem damaligen Prozess 1990 die Zeugin Dorothy Markwell nie offiziell angezeigt worden war, obwohl, entgegen der Aussage des Ermittlers Saldate, schon etwa vier Monate vor dem Gerichtstermin ein Kontakt bestanden hatte. Ray sah sich damals außer Stande, die Zeugin auf ihre Glaubwürdigkeit zu überprüfen und sie einer fundierten Befragung zu unterziehen. Er betrachtete Debbie als Opfer einer Absprache zwischen Gericht und Staatsanwaltschaft. Neben Kenneth Ray hatte Rosenquist aber auch einige hohe Beamte und Kirk Fowler gewinnen können, ihre massiven Einwände gegen Debbies Inhaftierung eidesstattlich beglaubigen zu lassen. Für Bob Benson, einen erfahrenen Ministerialbeamten des Justizministeriums, und Ken Lindley, einen hohen Polizeioffizier, beruhte die Anklageschrift auf rein hypothetischen Behauptungen, die bereits in sich äußerst fragwürdig waren und die Annahme nahe legten, dass Debbies Schuldgeständnis frei erfunden war. Kirk Fowler bestätigte in seiner Erklärung die Aussagen von Kenneth Ray: »Es ist meine feste Überzeugung, basierend auf den Tatsachen, die in diesem Fall aufgedeckt wurden, dass Debra Milke niemals für den Mord oder eine Beteiligung am Tod ihres Sohnes, Christopher Milke, ein Geständnis abgelegt hat. Im Verhör mit Armando Saldate hat sie sich lediglich gegen dessen Beschuldigungen zu verteidigen versucht. Ich würde Anders Rosenquist nicht in der Vorbereitung dieser ›Eingabe zur Geltendmachung neuer Beweismittel‹ unterstützen, wenn ich irgendwelche Zweifel an ihrer Unschuld hätte.«

Rosenquist reichte am 1. November 1995 die in vielen Punkten verbesserte Petition zusammen mit der Forderung nach einer Auswechslung des zuständigen Richters beim Arizona Superior Court ein. Auf diese *Petition for Post Conviction Relief* (PCR) setzten wir damals unsere ganze Hoffnung. Im Wesentlichen beruhten unsere Argumente auf der Überzeugung, dass man Debbie ihre verfassungsmäßig garantierten Rechte im Rahmen der Vernehmung und des Prozesses vorenthalten hatte. Die zuständigen Gerichtsstellen arbeiteten eine Stellungnahme aus, auf die wiederum die Verteidigung am 14. März 1996 antwortete. Während das Verfahren noch in der Schwebe hing, reichte Rosenquist eine so genannte »besondere Anfrage« beim Arizona Supreme Court ein. Diese hatte zum Ziel, Richterin Hendrix zu ersetzen, denn ansonsten würde sie ihre eigene Entscheidung erneut bewerten müssen, was einer reinen Farce gleichkäme. Solange die Eingabe an den Arizona Supreme Court noch nicht entschieden worden war, tat sich gar nichts. Eine Instanz schob die Verantwortung auf die andere.

Im März 1996 schließlich wies der Arizona Superior Court die Zulässigkeit der Eingabe zurück, das heißt, Richterin Hendrix entschied, dass sie selbst weiterhin für den »Fall Debra Milke« zuständig bleiben wollte. Das war einfach grotesk. Die Eingabe wurde dann im April an den Arizona Supreme Court weitergereicht, der sie wiederum im Mai 1996 ablehnte und den ganzen Fall in die Zuständigkeit von Richterin Hendrix am Arizona Superior Court zurückverwies. Nun durfte man zumindest davon ausgehen, dass die PCR innerhalb weniger Monate bearbeitet werden würde. Doch nichts geschah. Richterin Hendrix ließ die Akten grundlos mehrere Monate auf ihrem Schreibtisch liegen.

Im Oktober 1996 schrieb Debbie, die mit Recht ungeduldig wurde, an Richterin Hendrix einen Brief, ohne dass ihr Anwalt Rosenquist davon wusste. Darin legte sie ihre Sicht der Vorgänge dar und beteuerte noch einmal ihre Unschuld. Sieben Jahre nach der Ermordung Christophers, in denen sie keine Möglichkeit gehabt hatte, sich gegen den

Urteilsspruch zu wehren, erwartete sie endlich Gerechtigkeit. Sie betonte die Schlüsselrolle, die Detective Saldate in diesem Prozess zukam. Am Ende verlieh sie, trotz ihrer bitteren Erfahrungen, der Hoffnung Ausdruck, dass »Wahrheit und Gerechtigkeit immer noch gleich bedeutend« seien.

Doch Richterin Hendrix sah keine Notwendigkeit, sich wegen Befangenheit selbst aus dem Fall zurückzuziehen, im Gegenteil: »Das Gericht findet keinen begründeten Anspruch in der Petition. Es werden keine neuen Gesichtspunkte von Seiten der Verteidigung ins Spiel gebracht. Das Gericht ist der Ansicht, dass weitere Verhandlungen dem Fortgang der Angelegenheit nicht dienlich sind. Aus diesen Gründen lehnt es die Revision ab.« Unsere Hoffnungen zerstoben wie Sand im Wind, wir waren alle am Boden zerstört. Doch Rosenquist initiierte noch einmal eine Eingabe beim Arizona Supreme Court, da es sich um ein Todesurteil handelte. Nach monatelangem Hin und Her zwischen Staatsanwaltschaft, Supreme Court und Verteidigung wegen formaler Unstimmigkeiten reichte Rosenquist schließlich eine *Petition for Review* ein und schöpfte damit die letzte Möglichkeit innerhalb des staatlichen Berufungsverfahrens aus. Die Petition resümierte im Grunde noch einmal die unglaublichen Fehler und Versäumnisse beim Verhör und beim Prozess und kritisierte, dass Debbie das Opfer von Vorurteilen, Schlamperei und Geltungssucht geworden war. Am Ende seiner Ausführungen plädierte Rosenquist wieder für eine Ablösung der bislang zuständigen Richterin Hendrix und für die Neuaufnahme des Verfahrens.

Da mir Rosenquist damals glaubhaft versicherte, dass sich der Supreme Court auf jeden Fall zu Gunsten Debbies aussprechen und das alte Urteil revidieren würde, beschloss ich, in die USA zu reisen. Ich gab am 30. Juni 1997 meine Stellung bei der Bank in Emmetten auf, weil ich meinem Arbeitgeber nicht genau sagen konnte, wann und wie lange ich in den USA bleiben würde. Ich ging damals davon aus, dass wir Debbie zum Jahresende mit nach Hause nehmen könnten und ich mich dann erst einmal voll und ganz um sie kümmern würde. Hinzu kam, dass ich nicht genau wusste, wann der Bescheid erlassen werden würde. Da mein Arbeitgeber natürlich auch so schnell wie möglich wissen wollte, wie es weitergeht, kündigte ich meinen Arbeitsplatz, an dem ich achteinhalb Jahre tätig war, sogar etwas früher als nötig. Das fiel mir sehr schwer. Ich wollte meinem Arbeitgeber die Möglichkeit geben, so lange wie möglich Zeit zu haben, jemanden einzustellen.

Wir glaubten damals fest an Debbies Freilassung und konnten den Tag kaum erwarten, sie wieder in unserer Mitte zu wissen. Ich richtete die kleine Wohnung im Untergeschoss unseres Hauses für Debbie her, platzierte einige Erinnerungsstücke aus dem Besitz ihrer mittlerweile verstorbenen Großeltern liebevoll in einer Vitrine. Geschirr, Besteck, Gläser, Vasen und andere Kleinigkeiten, die zum Teil noch von Debbies Urgroßmutter stammten, sollten sie an Berlin erinnern und die Wohnung etwas gemütlicher aussehen lassen. Ich konnte mich in meine Vorbereitungen richtig hineinsteigern. Man muss das verstehen. Ich hegte so große Hoffnungen, und plötzlich schien das lang ersehnte Ziel ganz nah zu sein. Ich dekorierte und arrangierte diese Dinge stundenlang und stellte mir vor, wie Debbie sie zum ersten Mal mit großen Augen sehen und vielleicht wieder erkennen würde. Nach der entbehrungsreichen Zeit in ihrer kleinen Zelle würden diese Dinge, da war ich mir sicher, wieder etwas Freude in ihr Leben bringen. Doch der Bescheid ließ lange auf sich warten, im Dezember 1997 wussten wir immer noch nicht, wie es weitergehen sollte. Es war das Jahr, in dem mein Mann Alex seinen sechzigsten Geburtstag feierte. Als wir kurz vor Weihnachten immer noch nichts gehört hatten und gleichzeitig wussten, dass in den USA jetzt Gerichtsferien anbrachen, entschlossen wir uns kurzerhand, ein paar Tage Urlaub in Andalusien zu machen, um den Geburtstag zu feiern. Wir genossen das Meer, die Sonne und den guten Wein. Es war schön dort in Spanien, keine Frage, und doch war das Leben wie auch schon zuvor vom Hoffen und Bangen um Debbies Zukunft überschattet.

DER HINRICHTUNGSTERMIN

Als wir aus dem Urlaub zurückkehrten, erreichte uns eine Schreckensnachricht, über die uns nicht etwa Rosenquist informierte, sondern die Sozialarbeiterin Carolyn Cooper, die Debbie betreute und die ich seit einiger Zeit kannte. Wir hatten mit allem gerechnet, aber nie mit dieser Hiobsbotschaft. Am 19. Dezember 1997 hatte das Gericht die Petition abgelehnt und stattdessen einen Hinrichtungstermin festgelegt: den 29. Januar 1998. Der Supreme Court hatte sich im Dezember den gesamten Aktenvorgang kommen lassen. Das müssen wahre Aktenberge gewesen sein, denn allein die PCR-Dokumente wiesen bereits einen Umfang von über einem Meter auf! In der Begründung des Gerichts hieß es:

»Die Berufungsklage im oben genannten Fall wurde von diesem Gericht bereits am 6. Mai 1993 angehört und begutachtet. Am 21. Dezember 1993 wurde von diesem Gericht schließlich die Entscheidung getroffen, die Verurteilung der Beklagten wegen Mordes, Verschwörung zum Mord und Freiheitsberaubung mit der Todesstrafe, die der Superior Court of Maricopa County des Bundesstaates Arizona verhängt hatte, zu bekräftigen. Es gibt keine Veranlassung, diese Haltung des Gerichts zum jetzigen Zeitpunkt zu

FILED
DEC 19 1997
NOEL K. DESSAINT
CLERK SUPREME COURT
BY

SUPREME COURT OF ARIZONA

STATE OF ARIZONA,	)	Supreme Court
	)	No. CR-91-0048-AP
Appellee/	)	
Cross-Appellant,	)	Maricopa County
vs.	)	No. CR 89-12631
	)	
DEBRA JEAN MILKE,	)	
	)	**WARRANT OF EXECUTION**
Appellant/	)	
Cross-Appellee.	)	

The appeal in the above-entitled cause was heard and fully considered by this Court on the the 6th day of May, 1993, and having finally decided the cause, this Court on the 21st day of December, 1993, did affirm Appellant's convictions for murder, conspiracy, and kidnapping and the death penalty on the murder count imposed by the Superior Court of Maricopa County, State of Arizona, and did file its opinion, which opinion is now of record in this Court, is still in effect, and, as shown by this Court's record, has not been stayed or affected by any subsequent decision of this or any other Court.

On December 16, 1997, following the denial of relief in Appellant's first post-conviction proceeding, this Court denied Appellant's petition for review filed pursuant to Rule 32.9(c), Ariz. R. Crim. P. Therefore, pursuant to Rule 31.17(c), Ariz. R. Crim. P.,

IT IS ORDERED, that, Thursday, the 29th day of January, 1998, be and the same is hereby fixed as the time when the judgment and sentence of death pronounced upon the appellant, DEBRA JEAN MILKE, by the Superior Court of Maricopa County, State of Arizona, shall be executed by administering to DEBRA JEAN MILKE an intravenous injection of a substance or substances in a lethal quantity sufficient to cause death, except that DEBRA JEAN MILKE shall have the choice of either lethal injection or lethal gas.

Der Supreme Court of Arizona legte den Hinrichtungstermin auf den 29. Januar 1998 fest

IT IS FURTHER ORDERED that the Clerk of this Court forthwith prepare and certify under his hand and the seal of this Court a full, true and correct copy of this Warrant, and cause the same to be delivered to the Director of the Department of Corrections and the Superintendent of the State Prison, at Florence, Arizona, and the same shall be sufficient authority to them for the execution of the appellant, DEBRA JEAN MILKE, as commanded by the judgment and sentence of death pronounced against DEBRA JEAN MILKE, by the Superior Court of Maricopa County, State of Arizona, on the 18th day of January, 1991.

Upon the execution of DEBRA JEAN MILKE, the Superintendent shall, pursuant to Rule 31.17(c), Rules of Criminal Procedure, forthwith make a return upon this Warrant to the Supreme Court of Arizona, which return shall show the time, mode and manner of execution.

Dated in the City of Phoenix, Arizona, at the Arizona Courts Building, this 17th day of December, 1997.

THOMAS A. ZLAKET, Chief Justice

CHARLES E. JONES, Vice Chief Justice

STANLEY G. FELDMAN, Justice

JAMES MOELLER, Justice

FREDERICK J. MARTONE, Justice

revidieren. Die Klage wird mit Wirkung vom 16. Dezember 1997 zurückgewiesen. Es wird angeordnet, dass Debra Jean Milke am Donnerstag, den 29. Januar 1998, durch eine intravenöse Injektion hingerichtet werden wird, die eine oder mehrere Substanzen enthält, die in ausreichend tödlicher Dosierung verabreicht werden, um den Tod herbeizuführen. Dies soll geschehen mit der Einschränkung, dass Debra Jean Milke zwischen einer Giftspritze oder tödlichem Gas wird wählen können ...«

Rosenquists Argumente waren nach Ansicht des Gerichts nicht stichhaltig genug gewesen. Im Grunde blieb das eine reine Ermessensfrage, aber Debbies Fall ist der aufsehenerregendste in Arizona seit 1930, niemand wollte sich eine Blöße geben. So scheiterten sechs Revisionsverfahren in neun Jahren. Alle waren auf dem Tisch von Richterin Hendrix gelandet, die schon den Prozess geleitet hatte. Ein Skandal! Später wurde sie selbst wegen nachgewiesener Unregelmäßigkeiten an ein Zivilgericht versetzt. Doch das nützte uns zu diesem Zeitpunkt gar nichts. Die Situation wurde dramatisch, wir mussten schnell handeln. Mit Debbie konnte ich noch ein letztes Mal am 31. Dezember 1997 sprechen; sie erzählte mir nochmals im Detail, was das Gericht beschlossen hatte. Ihre Stimme zitterte, und ihr Bericht wurde immer wieder von heftigem Schluchzen unterbrochen. Sie versuchte sich zu beherrschen, den Schmerz nicht hochkommen zu lassen, aber es gelang ihr nicht. Sie war sehr tapfer und bemühte sich, uns so sachlich wie möglich zu informieren, damit wir nun die notwendigen Maßnahmen ergreifen konnten. Aber man muss sich das einmal vorstellen! Da erzählt eine junge Frau, die noch vor wenigen Tagen an ein Leben in Freiheit geglaubt hatte, ihrer Mutter von ihrer bevorstehenden Hinrichtung. Was für ein Kraftakt! Unendlich grausam und traurig.

Rosenquist habe ich erst Anfang Januar erreicht, hier schien sich auf merkwürdige Art und Weise die Geschichte zu wiederholen. Wie oft versuchte ich, mit ihm zu telefonieren, lange vergeblich. Wir waren doch gezwungen, schnell etwas zu unternehmen. Aber Rosenquist war nie zu erreichen, was mich an den Rande des Wahnsinns trieb; schließlich war er unser Anwalt, der vor Ort agieren konnte, während wir einige tausend Kilometer entfernt hilflos mit ansehen mussten, wie der Zeiger auf der Uhr erbarmungslos weiterrückte. Als ich ihn endlich erreicht hatte, entgegnete er mir, dass er vom Bescheid des Arizona Supreme Court derartig geschockt worden sei, dass er einige Tage benötigt habe, um sich davon wieder zu erholen. Ich konnte es nicht fassen. Man muss ja seinen Anwalt nicht unbedingt mögen, aber korrekt und kompetent sollte er sein. Unsere ersten Zweifel am Fachverstand und am Charakter von Rosenquist entstanden, als er uns lange in dem Glauben ließ, der Supreme Court würde die Klage auf jeden Fall positiv bewerten. Die Sachlage von Europa aus detailliert zu beurteilen gestaltete sich für uns ziemlich schwierig. Das größte Problem war, wie bei Kenneth Ray auch, die mangelnde Kommunikation mit ihm; er kam seiner Informationspflicht in keiner Weise nach und verhielt sich arrogant und abweisend, wenn wir Fragen hatten. Häufig ließ er sich am Telefon von seiner Frau verleugnen, er meldete sich nur, wenn er Geld brauchte. Diese Respektlosigkeit hat vor allem meinen Mann auf die Palme gebracht. Wenn wir Antworten auf unsere Fragen bekommen wollten, mussten wir nach Arizona fliegen und ihn zur Rede stellen. Meine Fragen beantwortete er anscheinend grundsätzlich nicht. Nach außen hin schenkte er mir ein charmantes Lächeln und spielte den Kavalier, aber ich hatte das untrügliche Gefühl, dass er stets froh war, wenn unsere Treffen beendet waren. Einmal musste sogar mein Mann extra anreisen, um ihm ins Gewissen zu reden, weil er uns nicht ausreichend informiert hatte. Der Gipfel war jedoch, dass er uns eine Komödie vorspielte, indem er behauptete, eine Reihe besonders qualifizierter Anwälte würde für ihn an unserem Fall arbeiten, was sich definitiv als Lüge entpuppte. Er versicherte uns zum Beispiel, Denise Young aus Tuscon, eine der besten Anwältinnen auf dem Gebiet *Habeas Corpus*, würde alle seine Dokumente querlesen, damit alles korrekt formuliert wurde. Bei meinem nächsten Besuch in Arizona habe ich sie spontan besucht. Ich hatte mich mit Studenten in Tuscon getroffen, die mir mit einer Veranstaltung helfen wollten, um auf Debbies Schicksal aufmerksam zu machen. Da ich nun ohnehin in der Stadt war, suchte ich Denise Young auf. Sie hatte zwar von dem Fall gehört, aber ihn nie offiziell bearbeitet, noch lagen ihr die entsprechenden Dokumente überhaupt vor. Das nur als Beispiel.

Die Situation eskalierte. Auch Debbie war mehr als unzufrieden. Rosenquist hatte sich selten um sie gekümmert und sie nur dann besucht, wenn ein neues Schriftstück zu unterzeichnen war. Als Begründung sagte Rosenquist, dass er Besuche im Gefängnis von Perryville nur schwer ertragen könne, was für einen Anwalt schon eine ungewöhnliche Aussage ist. Letztlich hat sich Debbie diese Besuche verbeten. Nie hat uns Rosenquist einen Rechenschaftsbericht über die Kosten und seine Honorare zukommen lassen, obwohl wir ihn immer wieder darum baten. Ich greife hier schon etwas vor, denn der Vertrauensbruch geschah natürlich nicht von heute auf morgen. Aber wir kannten 1998 keinen Anwalt, der mit der Materie vertraut und im Stande gewesen wäre, den Fall sofort zu übernehmen. So arbeitete Rosenquist vorerst für uns weiter.

Für meinen Mann und mich brach, angesichts der berechtigten Hoffnungen, die wir gehabt hatten, eine Welt zusammen. Vor ein paar Wochen hatte ich noch eine Wohnung für Debbie eingerichtet, hatte mir Gedanken um schöne Kleinigkeiten gemacht und nun hatte dieses Urteil mit ein paar lapidaren Sätzen alle Hoffnungen und Freuden zunichte gemacht. Wir waren beide völlig verzweifelt, vor allem weil wir so fest an einen Erfolg geglaubt hatten. Unser Optimismus wurde schwer erschüttert. Wir trafen letztlich die Entscheidung, dass ich umgehend in die USA reisen musste, um zu retten, was noch zu retten war.

Der Exekutionstermin war für den 29. Januar anberaumt worden. Debbie entschied sich für die Giftspritze. Sie musste einen *Dry Run,* eine Art Trockenübung, als Vorbereitung für die eigentliche Hinrichtung über sich ergehen lassen. Sie wurde in den Proberaum geführt, dort gewogen und musste auf der Todespritsche »probeliegen«. Die Beamten fragten sie nach ihren letzten Wünschen, was sie gerne essen würde, wer von ihrem Tod benachrichtigt werden und wer ihre Habseligkeiten erhalten, was mit ihrer Leiche geschehen sollte. Das absolute Horrorszenario! Man schnallte sie fest, legte ihr Aderpressen an, testete ihre Venen auf ihre Tauglichkeit für die Giftspritze. Ihre Reaktionen wurden per Videokamera aufgenommen und ausgewertet. Die Tötung durch das Gift erfolgt üblicherweise in drei Schritten. Eine erste Spritze dient der Ruhigstellung des Todeskandidaten. Die zweite lähmt alle Körper- und Hirnfunktionen, die dritte enthält das tödliche Gift. In den meisten Fällen tritt der Tod innerhalb von vier bis etwa elf Minuten ein, es gab aber auch bereits Fälle, wo es bis zu achtzehn Minuten gedauert hat. Bei jenen, die auf den elektrischen Stuhl kommen, wird die Schrittlänge gemessen, um zu bestimmen, wie lang die Lederriemen sein müssen, mit denen die Elektrode am linken Bein und der Mensch am Stuhl festgebunden werden. Viele zum Tode Verurteilte nehmen sich bereits in der Zelle das Leben. Der Tod ist das Letzte, was ihnen geblieben ist, und wenigstens darüber wollen sie selbst entscheiden.

Debbie redete sich ein, dass alles nur Routine sei und sie einen Aufschub der Exekution erwirken könne. Aber sie war natürlich am Boden zerstört, sie ging an diesem *dry run* fast zu Grunde. Debbie wollte niemanden mehr sehen. Sie wurde panisch und stand unter Selbstmordverdacht. Ständig musste sie Kontrollen über sich ergehen lassen, immer wieder wurde ihre Zelle durchsucht, auch nachts. Zuletzt kam der Priester, um ihr die letzte Beichte abzunehmen.

Debbie drehte fast durch. Sie telefonierte mit Rosenquist und Fowler; bis zum 15. Januar 1998 musste ein Aufhebungsbescheid für die Hinrichtung erstellt sein. Der Tag rückte immer näher. Ich weiß nicht genau, was in Debbie in diesen Stunden vorgegangen ist. Aber ich denke, es war die Hölle, im Wissen um die eigene Unschuld mit dem baldigen gewaltsamen Sterben konfrontiert zu werden und dem Tod Tag für Tag ein Stückchen näher zu rücken, ohne etwas tun zu können. Debbie sagte später, dass ihr bisheriges Leben wie ein Film an ihr vorbeigelaufen sei. Nur dass das, was hier passierte, kein Film war, sondern entsetzliche Realität.

In völliger Verzweiflung schickte ich Briefe an das Züricher Büro von *Amnesty International* mit der Bitte um Weiterleitung. Nach vier Tagen kam ein nüchterner Brief, dass man in diesem Fall nicht zuständig sei und mein Anliegen an die Zentrale in London weitergeleitet habe. Von der zuständigen Behörde habe ich nie mehr etwas gehört, aber durch meine Recherche schließlich erfahren, dass *Amnesty International* erst aktiv wird, wenn der vom Tod Bedrohte unmittelbar vor seiner Exekution steht. Dann werden Demonstrationen und Protestaktionen organisiert – in aller Regel ist es dann zu spät. So lange wollten wir nicht warten, das Risiko schien uns zu groß. Alex schrieb an Bruce Babbit, den ehemaligen Gouverneur von Arizona, der jetzt im Innenministerium arbeitete. Nichts half. Am 13. Januar kam die erlösende Nachricht, die bei allen Tränen der Erleichterung auslöste. Rosenquist hatte einen Aufschub erreicht. Mit der so genannten *Writ of Habeas Corpus*, die keine neuen Beweise, sondern die allgemeinen Menschenrechte gegen das Todesurteil ins Feld führte, war es ihm gelungen, Debbie vorerst von der unmittelbaren Lebensbedrohung zu erlösen. Ich atmete tief durch, der Aufschub löste die Anspannung, die wir in den letzten Tagen verspürt hatten. Alex und ich weinten und umarmten uns still und doch voller Freude. Debbie war zwar immer noch nicht frei, aber wir hatten zumindest wieder etwas Zeit gewonnen.

Als der Termin verschoben wurde, beauftragte der nun zuständige Richter Robert Broomfield vom Federal Court zwei Pflichtverteidiger damit, die *Habeas-Corpus*-Petition vorzubereiten. Ich konnte das gerade noch verhindern, in-

Alexander und Renate Janka

St. Annaweg 13
CH - 6376 Emmetten
620
Tel. 004141 · [redacted] 6494
16. Januar 1998

Amnesty International
Kontaktstelle Zürich
Bändlistrasse 54
8064 Zürich

Sehr geehrte Damen und Herren,

Ich wende mich heute an Sie in völliger Verzweiflung, Wut und mit der Bitte um Hilfestellung.
Ich bin die Mutter von Debbie Milke, die im Staat Arizona/USA seit 8 Jahren in Perryville/Goodyear einsitzt wegen Anstiftung zum Mord an ihrem einzigen Kind Christopher, unschuldig zum Tode verurteilt wurde. Der Fall hat seinerzeit sehr viel Aufsehen erregt und auch uns in Angst, Schrecken und Schock versetzt. Wir alle wurden regelrecht von den Medien überrollt und meine Tochter im wahrsten Sinne vorverurteilt ohne wirkliche Fakten aufgedeckt zu haben. Dem ermittelnden Kommissar wurden nachgewiesenermassen unlautere Taktiken zugestanden, um u.a. ein sog. "Geständnis" zu erzwingen, worüber es weder Zeugen noch Aufzeichnungen gibt. Spätere Recherchen haben ergeben, dass dieser Kommissar schon früher in mindestens 25 Fällen "Beweise" erpresst hatte, bei denen später die Fälle als Fehlurteile aufgehoben wurden.

Der zugeteilte "Public Defender" war zugegebenermassen mit dem Fall völlig überfordert: wichtige Zeugen konnten aufgrund von Informationsmangel nicht gerufen werden oder wurden gar nicht erst zugelassen, andere Zeugen wiederum seitens der Staatsanwaltschaft wurden von der Polizei dermassen unter psychischen Druck gesetzt bzw. aufgerufen, wovon der Verteidiger keine Ahnung hatte - alles Vorgehensweisen, die sich bei der Verhandlung entsprechend ausgewirkt haben.

Aus den Akten ist ferner ersichtlich, dass die Richterin ihre Pflicht verletzt hat, indem sie in einem derartig dramatischen Fall nicht mehr unparteiisch vorging und Geschworene zuliess, die z.B. unter persönlichen Terminzwang standen etc. und somit das Gerichtsverfahren im Eiltempo durchgezogen wurde. (Diese Richterin ist kürzlich in ein anderes Ressort versetzt worden, und der Kommissar hat seinen Posten ...

Renate Jankas Brief an Amnesty International (16. Januar 1998)

Der damalige Verteidiger hat die Berufung noch unter seinem Mandat durchgeführt, aber auch nicht mehr mit der nötigen Sorgfalt, da er wusste, dass wir uns um einen sachkundigen Strafverteidiger bemühten. Das war im Jahr 1993 und, wie erwartet, wurde die Berufung vom Supreme Court abgelehnt. Meine Tochter fand dann endlich einen entsprechenden Anwalt, der sich sämtliche Gerichtsakten kommen liess und studierte, und sich letztendlich bereit erklärte, den Fall "pro bono" zu übernehmen, da unsere persönlichen Mittel sehr begrenzt sind. In mehr als 3 Jahren intensivster Recherchen ist klar zutage gekommen, dass meine Tochter unschuldig an dem Mord an ihrem Sohn ist. Diese Recherchen, bei denen wir natürlich alle mögliche professionelle Hilfe gesucht und auch gefunden haben, hat sowohl uns als auch unseren Anwalt bereits an die Grenzen unserer gemeinsamen Vermögensverhältnisse gebracht. Aber wir haben die sog. "Post Conviction Relief Petition" gründlich und begründet erstellen können (ein Aktenberg von einem halben Meter).

In all den Jahren, die seit dem Mord an unserem Enkel im Dezember 1989 vergangen sind, haben wir trotz aller Hürden an ein gerechtes Verhalten wenigstens einer der Justizinstanzen geglaubt.

Was nun aber nicht mehr tragbar ist und uns als normale Bürger total verzweifeln lässt, ist die Tatsache, dass nicht nur der "Superior Court of Arizona" diese Petition aufgrund von Formalitäten und persönlicher Voreingenommenheit abgeschmettert hat, sondern der "Supreme Court" es nicht einmal für nötig befunden hat, die Petition überhaupt zu lesen mit der Begründung, sie hätten diesen Fall bereits in 1993 entschieden (wobei anzumerken ist, dass in der ersten Berufung gar keine neuen Fakten und Beweismittel zugelassen waren). Dies ist eine solche Ungeheuerlichkeit und verstösst gegen die Menschenrechte, worauf die Konstituion der Vereinigten Staaten von Amerika begründet ist; ganz abgesehen davon, dass die Todesstrafe als solche bereits gegen jegliches Menschenrecht verstösst.

Ich habe Kopien von sämtlichen Akten, Beweismaterial, Anträgen, Gegenanträgen etc. in meinem Besitz und auch jedes Wort gelesen. Wir haben die diversen Verzögerungstaktiken miterlebt und die Begründungen studiert; es riecht dermassen nach politischem "cover up" und Korruption, es ist wahrlich unglaublich. Man darf ja nicht vergessen, dass alle Beteiligten des Staates gewählte öffentliche Menschen sind und ein Justizskandal wäre sicherlich nicht förderlich für die weitere Karriere.

Das letzte Dokument an meine Tochter zu Weihnachten ist das "Warrant of Execution".

Ich kann damit einfach nicht mehr leben und sehe mich gezwungen, Mittel und Wege zu finden, diesen Justizskandal an die Oeffentlichkeit zu bringen, und je nationaler desto besser. Es bleiben meiner Tochter nur noch sehr wenige Möglichkeiten vor dem Bundesgericht, ihre Unschuld zu beweisen. Aufgrund des Verhaltens, jedoch, der bisherigen Gerichte haben wir jegliches Vertrauen in eine unvoreingenommene Gerichtsbarkeit verloren.

Wir haben uns bereits an einige Adressen gewandt mit der Bitte um Unterstützung. Kopien dieser Briefe und des "Warrants" liegen zu Ihrer Information bei. In den Briefen ist die Sachlage so bündig, wie es geht, erklärt.

Ich möchte Sie instänidig bitten, uns zu helfen, in USA an seriöse Medienvertreter zu gelangen, möglicherweise an Vertreter Ihrer Organisation in USA oder sonstige Gruppen, die meine Tochter, mich selbst sowie natürlich unseren Anwalt anhören und die Ungeheuerlichkeit und Ernsthaftigkeit der Situation zu schätzen wissen. Wir möchten, wenn irgendmöglich die Boulevardblätter oder entsprechende TV-Shows ausklammern; es geht hier nicht um Show, sondern um Leben und Tod.

Ich bin jederzeit bereit für jegliches Gespräch, jeden Kontakt, jeden noch so kleinen Hinweis, ob hier in der Schweiz oder natürlich in USA. Ich will und kann es einfach nicht glauben, dass ein Menschenleben so wenig zählt.

Bitte helfen Sie mir.

Mit freundlichen Grüssen

Renate Janka

Amnesty International

Schweizer Sektion | Section suisse | Sezione Svizzera
Postfach | 3001 Bern | Schweiz
Tel: 031 307 22 22 | Fax: 031 307 22 33 | E-mail: info@amnesty.ch
PC 30-3417-8 | CCP 10-1010-6 | Berner Kantonalbank

Herr und Frau
A. & R. Janka
St. Anna weg 13
6376 Emmetten

Bern, 20.01.'98

Betrifft: Ihr Brief vom 16.01.'98

Sehr geehrte Frau Janka,
sehr geehrter Herr Janka,

wir danken Ihnen herzlich für Ihren Brief vom 16.01.'98, den wir zur Kenntnis genommen haben und möchten Sie darüber informieren, dass wir ihn nach London ans International Secretriat weitergeleitet haben.

Die Nachforschungen wird zentral von London aus organisiert. So ist Ihr Fall für das Research-Team USA von grösserem Interesse, als für die Schweizer Sektion und kann von ihm auch besser bearbeitet und unterstützt werden.

Sie werden im Weitern von London direkt Antwort bekommen oder können sich bei Fragen dorthin wenden.

Amnesty International
International Secretariat
1 Easton Street
LONDON WC 1X 8DJ
Tel.: 0044 171 413 55 00
FAX: 0044 171 956 11 57

Wir wünschen Ihnen alles Gute für die Zukunft
und verbleiben mit freundlichen Grüssen

B. Kümmelberg

Barbara Kümmelberg
Amnesty International
Schweizer Sektion

Amnesty International ist eine weltweite Bewegung, die für die Förderung und Verteidigung der fundamentalen Menschenrechte arbeitet. Unabhängig und unparteilich, zielen ihre Aktionen auf schnellste und wirksame Hilfe für die Opfer von Menschenrechtsverletzungen.

Die Aktivitäten der Organisation sind nur durch ihre Mitglieder und mit privaten Spenden finanziert.

Amnesty International est une organisation mondiale, oeuvrant à la promotion et à la défense des droits humains fondamentaux. Indépendante et impartiale, Amnesty International fonde son action sur la rapidité et l'efficacité de l'aide aux victimes des violations des droits de la personne.

Ses activités sont financées par ses seuls membres et par des dons privées.

Die Antwort von Amnesty International (20. Januar 1998)

dem ich beim District Court Clerk's Office intervenierte und im Namen meiner Tochter darauf bestand, dass Rosenquist weiterhin ihre Interessen vertreten würde. Unsere Probleme mit Rosenquist wurden mit diesem Teilerfolg, der in unseren Augen aber letztlich einem Misserfolg glich, nicht vom Tisch gewischt. Zu viel Unerfreuliches war in der Vergangenheit geschehen.

RECHERCHEN AUF EIGENE FAUST

Aber zwei Konsequenzen hatte der Misserfolg Rosenquists 1998 in dieser Hinsicht doch. Ich begann selbst zu recherchieren und mich öffentlich für Debbies Freilassung zu engagieren. So flog ich im Februar 1998 nach San Francisco, um mich dort eine Woche lang von einem Anwalt informieren zu lassen, was eine *Habeas Corpus*-Petition genau ist und wie das nun anstehende bundesgerichtliche Verfahren ablaufen würde. Dann reiste ich nach Phoenix weiter, wo ich zunächst bei unseren guten Freunden Pat und Patti Galbraith wohnte, die wir noch aus Alex' Pilotenzeit kannten. Hier wusste erstaunlicherweise niemand Bescheid über die neuesten Ereignisse. Sie fielen aus allen Wolken, als ich sie über den Hinrichtungstermin, der gerade noch einmal abgewendet werden konnte, aufklärte. Da bald abzusehen war, dass ich länger bleiben musste, auch wenn ich damals noch nicht genau wusste, was ich ausrichten konnte, mietete ich mir ein möbliertes Apartement und kaufte einen Computer. So fingen meine Recherchen an.

Ich hatte damals bereits von einem der besten Anwälte in der Stadt gehört, den mir eine Psychologin empfohlen hatte: Mike Kimerer. Seine Kanzlei machte schon auf den ersten Blick einen wesentlich professionelleren Eindruck auf mich als Rosenquists Wohnzimmer. Im 21. Stockwerk eines Hochhauses hatte er eine ganze Büroetage angemietet. Er zeigte sich sehr offen und aufgeschlossen, konnte den Fall aber zu diesem Zeitpunkt nicht übernehmen. Er hatte keine Mitarbeiter zur Verfügung, die die Angelegenheit hätten bearbeiten können. Trotzdem interessierte es ihn, was Rosenquist bisher gemacht hatte. Schon nach flüchtiger Durchsicht der Dokumente sagte er mir, dass diese Schriftstücke keinen guten Eindruck auf ihn machten. Er bot mir an, ihn jederzeit anzurufen, wenn ich Fragen hätte; er gab mir sogar seine Privatnummer. Ich habe auch Gebrauch von seinem großzügigen Angebot gemacht, und er beantwortete, wie er versprochen hatte, geduldig alle meine Fragen. Immer wenn ich in den folgenden Jahren verzweifelt war und nicht weiter wusste, rief ich ihn an oder schrieb ihm. Ich schätzte ihn sehr und bekam stets klare Antworten.

Es war ganz offensichtlich, dass die Weigerung des Gerichts, sich im Rahmen der Revision erneut mit der Aktenlage auseinander zu setzen, gegen geltendes Recht verstoßen hatte. Schon in der *Bill of Rights* ist zu lesen, dass jedem Angeklagten jegliche Möglichkeit eingeräumt werden muss, seine Unschuld unter Beweis zu stellen. So lautet auch der Grundsatz von *Habeas Corpus,* und dieses Recht war Debbie verwehrt geblieben. Falls unsere Petition auch dieses Mal abgeschmettert werden sollte, wäre die nächste Ebene der 9th Circuit Court in San Francisco, das in Arizona zuständige Bundesgericht für Berufungsverfahren. Die allerletzte Stufe wäre der US Supreme Court in Washington, aber diese Instanz kümmert sich eigentlich nie um Fälle aus den einzelnen Bundesstaaten, sondern bearbeitet nur Fälle von nationalem Interesse. Ich kenne keine Privatklage, bei der dieses Gericht eingeschritten ist.

Zunächst war US-Bezirksrichter Robert Broomfield, der

allgemein als fairer und besonnener Mann gilt, angewiesen worden, Debras Fall unter der Prozessnummer PHX RGB 98-60 zu übernehmen. Am 31. August 1998 reichte Rosenquist ein Gesuch bei Richter Broomfield ein, das, gestützt auf die Verfügung *Habeas Corpus*, Haftaufhebung beantragte. Das Schreiben enthielt eine Zusammenfassung des Falles, alle unsere Argumente, die Debbie entlasten konnten, und schließlich die Aufforderung, das Verfahren neu aufzurollen. Als ich im Februar 1998 in Phoenix mit meinen Recherchen begann, glich die Suche einem Herumstochern nach der berühmten Nadel im Heuhaufen. Ich hatte keine Ahnung, wo ich beginnen sollte, geschweige denn, wen ich um Hilfe fragen konnte.

Dann geschah noch etwas Merkwürdiges im März 1998: Ich war im Büro von Kirk Fowler, als dieser telefonisch einen Termin mit Sam für ein Gespräch vereinbaren wollte. Wir alle wussten, dass Sam nur noch wenige Wochen zu leben hatte. Er hatte bereits 1966 während unserer Ehe einen kleinen Herzinfarkt erlitten, kurz nach Debbies Verurteilung noch einen. Es stand nicht gut um ihn. Fowler hat dieses Gespräch aufgezeichnet (leider habe ich nie eine Kopie davon erhalten) und den Lautsprecher angestellt, sodass ich hören konnte, was Sam sagte. Fowler hat ihm erklärt, was sie mittlerweile an Beweismitteln zusammengetragen hatten und dass alles auf Debbies Unschuld hindeute. Sam hat sich dann bereit erklärt, Fowler in seinem Haus in Florence zu treffen, und machte noch die traurige Bemerkung, dass ihm nicht mehr viel Zeit bleibe, er sich aber unbedingt dessen Ausführungen anhören wolle. Sinngemäß sagte er, wenn Fowler ihn mit seinem Material überzeugen könne, dann hoffe er, dass er lange genug leben würde, um diesen Hurensohn Saldate eigenhändig zu bestrafen. Sie planten ihr Treffen für den kommenden Mittwoch, Sam starb am Dienstag.

Im Mai 1998 erschien ein seriös recherchierter Artikel von Peter Alshire im *Phoenix Magazine*, der ziemlich objektiv die Fakten darstellte und ganz anders, als es die sensationslüsterne US-Presse bis dato getan hatte, die Geschichte kritisch hinterfragte: »Sollten wir wirklich einen Gefangenen auf Grund der unbewiesenen Aussage eines einzelnen Polizisten hinrichten? Sind dies die Regeln, nach denen wir Leben und Tod in Arizona bemessen? Gerade in so einem verfahrenen Fall brauchen wir Gewissheit – brauchen wir eine Unterschrift, einen Zeugen und Tonbandaufzeichnungen.« Diese Zeilen machten mir Mut, und ich überlegte, ob man nicht auf diesem Wege die Öffentlichkeit informieren und mobilisieren konnte. Noch während ich nach Möglichkeiten suchte – die lokale Presse in Arizona konnte ich vergessen –, hatte Alshire von seinen Auftraggebern die Erlaubnis zu weiteren Recherchen erhalten. Er hegte offenbar auch Zweifel an Debbies Schuld und besorgte sich die Liste der Jury und fand ihre Wohnorte und Telefonnummern heraus, um sie – wie zuvor Fowler und Huebl – zu befragen. Doch auch er stieß auf eine Wand des Schweigens.

Debbie selbst habe ich in dieser Zeit (bis zu meiner Abreise im Mai 1999) nur einmal gesehen. Es war ihr eigener Wunsch, da sie sich so gedemütigt fühlte, wenn die Besucher sie in Ketten gefesselt sehen mussten. Besuch belastete sie zu sehr, besonders das Wieder-Weggehen-Müssen war und ist jedes Mal schlimm für sie. Deshalb wollte sie vorläufig keine Besuche mehr empfangen.

Ich habe damals mit vielen Menschen gesprochen und gemerkt, dass sich die wenigsten mit dem amerikanischen

Kurz nach ihrer Verhaftung – Paul Huebl durfte Debbie als einziger Journalist im Maricopa County Jail interviewen

Justizsystem auseinander setzten. Einer der wenigen Amerikaner, der eine rühmliche Ausnahme darstellt und den ich in den letzten Jahren sehr zu schätzen gelernt habe, ist Paul Huebl. Er war in Chicago Polizist und arbeitete dann viele Jahre als Privatdetektiv. Die letzten Jahre war er als Reporter für verschiedene Fernsehsender tätig und kam über eine Auftragsarbeit mit dem Fall meiner Tochter in Berührung. Als er sich im Frühsommer 1998 bei mir meldete, kannte ich ihn noch nicht und wusste auch nicht, dass er für den lokalen Sender *Channel 10* den Prozess beobachtet hatte. Er hatte Debbie damals in den Stunden ihrer Ankunft im Maricopa County Jail mit einem versteckten Tonbandgerät interviewt. Er hat den gesamten Prozess verfolgt und hegte, wie er mir später erzählte, schon damals erhebliche Zweifel an ihrer Schuld. Diese Bedenken verstärkten sich noch, als die Geschworenen nach der Urteilsverkündung entgegen ihrer sonstigen Gewohnheit den Gerichtssaal nur unter Polizeischutz verließen und sich weigerten, mit der Presse zu sprechen. Normalerweise geben die Geschworenen bereitwillig Interviews, in denen sie ihr Votum begründen. Ihr Verhalten war in diesem Fall mehr als ungewöhnlich und ließ die Schlussfolgerung zu, dass sie sich nicht sehr wohl in ihrer Haut fühlten. Debbie sprach über neunzig Minuten mit Paul Huebl, doch als die Sendung ausgestrahlt werden sollte, brach der Golfkrieg aus und kein Mensch interessierte sich mehr für ihr Schicksal. Die Menschen hatten nun andere Sorgen.

Das alles erfuhr ich erst bei unserer Begegnung 1998. Huebl sprach von wichtigem Material, das er besitze, und lud mich in das Studio von *Channel 3* ein. Da ich wusste, dass die lokalen Medien Debbie immer noch als Monster darstellten, und ich misstrauisch war, begleiteten mich meine Freunde Pat und Patti und mein Mann, der gerade zu Besuch war, zu diesem Termin. Huebl zeigte mir Videos mit Aufnahmen von Debbie und einige Passagen, die er nach der Gerichtsverhandlung gedreht hatte. Unser Gespräch wurde ohne mein Wissen aufgezeichnet. Ich habe ihn deswegen beschimpft und ihm vorgeworfen, mich ahnungslos in eine Falle gelockt zu haben. Letztlich entschuldigte Huebl sich und erklärte mir alles, doch die Sendung wurde schließlich doch nicht ausgestrahlt. Offensichtlich hatte der Sender es mit der Angst zu tun bekommen, weil ich meine Ansichten ziemlich deutlich zum Ausdruck gebracht hatte, was bestimmt einigen Politikern nicht gefallen hätte. Paul hat mir dann geduldig die Medienbranche und ihre Mechanismen erklärt; seitdem kenne ich mich besser aus und kann mit Journalisten sicherer und selbstbewusster umgehen. Damals aber war ich richtig verärgert, und es hat eine Weile gedauert, bis ich gemerkt habe, dass es Paul aufrichtig meinte und er nicht die Schuld an diesem Vorfall trug. Seither arbeiten wir gut zusammen, er hilft mir sehr bei meinen Nachforschungen. Aber wir haben uns auch schon heftig gestritten, weil er der Meinung war, dass ich mit den falschen Leuten arbeitete und eine ineffektive Vorgehensweise gewählt hatte. Wir haben diskutiert und gestritten, auch zusammen geweint, aber Rosenquist und Fowler lehnten es ab, ihn mit ins Boot zu nehmen. Trotzdem hat er sehr geholfen, indem er zum Beispiel deutsche Fernsehteams betreute, die zu Dreharbeiten nach Arizona gereist waren. Paul Huebl hat ebenso wie Kirk Fowler und Peter Alshire versucht, mit den Juroren des ersten Prozesses Kontakt aufzunehmen. Er rief einen nach dem anderen an und wurde ein ums andere Mal wüst beschimpft. Die Geschworenen hatten sich abgesprochen, nichts an die Öffentlichkeit weiterzugeben. Ihre Antworten glichen sich fast bis aufs i-Tüpfelchen, es schien, dass Huebl niemals an eine brauchbare Aussage herankommen würde. Was hatten sie zu verbergen? Als er die zehnte Jurorin anrief, bekam er anfangs die gewohnt ausweichende Antwort. Als er sie am Ende des Gesprächs aber fragte, was sie und die anderen Juroren letztlich am stärksten von der Schuld Debbies überzeugt habe, antwortete sie: »Vermutlich das Tonband.« Welches Tonband? Im ganzen Prozess war kein Tonband aufgetaucht. Daraufhin teilte Deanna Krupp ihm mit, dass sie es nicht während der Verhandlung gehört, sondern später in ihrem Geschworenenzimmer vorgefunden hatten. Bis dahin sei die Jury in ihrer Meinung völlig gespalten gewesen, aber nachdem sie das auf Band aufgenommene Gespräch zwischen Sandy und Saldate gehört hatten, sprachen sie Debbie einstimmig schuldig. Das Band war von der Staatsanwaltschaft als Beweismittel Nr. 145 eingereicht und von der Richterin zugelassen worden. Aber Kenneth Ray hat sich das Band nicht komplett angehört, weil es seiner Meinung nach Lücken aufwies und zudem für den Prozess ohne Bedeutung war. Das war vermutlich der entscheidende Fehler, denn die Aufnahme wurde der Jury nicht während der Verhandlung vorgespielt. Erst nach ihrem Ende fanden es die Geschworenen in ihrem Raum vor. Man hätte es in diesem Status überhaupt nicht mehr als Beweismittel zulassen dürfen oder es zumindest während der Verhandlung anhören müssen. Die letzten beiden Juroren, mit denen Huebl telefonierte, bestätigten die Version von Mrs. Krupp, waren aber ziemlich ungehalten, dass der Mantel des Schweigens, den sie über die Vorgänge im Geschworenenzimmer gelegt hatten, gelüftet worden war. Vor der Kamera wollte erwartungsgemäß niemand dazu Stellung beziehen; es wird auch schwer sein, diese Aussagen in einem Verfahren zu belegen. Neben dem dubiosen Protokoll von Detective Saldate kommt diesem Tonband in Debbies Prozess entscheidende Bedeutung zu. Hier finden sich die fragwürdigen Indizien, auf die die Staatsanwaltschaft im Wesentlichen ihre Beweisführung gestützt hat und die die Geschworenen veranlassten, auf »schuldig« zu plädieren.

DAS GEHEIMNISVOLLE TONBAND

Auszüge aus dem Gespräch zwischen Armando Saldate und Sandra Pickinpaugh im Juni 1990

Armando Saldate: Es ist der 30.6.1990, 12.07 Uhr. Mein Name ist Armando Saldate, Polizeibeamter des Phoenix Police Department. Wir haben uns schon einmal getroffen, richtig?
Sandra Pickinpaugh: Richtig.
Armando Saldate: Kamen Sie das letzte Mal nicht mit Ihrer Mutter?
Sandra Pickinpaugh: Richtig.
Armando Saldate: Sie wollten damals mit mir sprechen.
Sandra Pickinpaugh: Unmittelbar nach dem Begräbnis.

Schon zu Beginn des Gespräches, das für die Geschworenen eine so tragende Rolle spielen sollte, wird klar, wie geschickt und suggestiv Saldate vorgeht, um Sandy zu belastenden Aussagen zu verleiten. Ich war damals nicht mit Sandy bei Saldate gewesen, sondern Deedee, Sandys Freundin, hatte mich begleitet. In den folgenden Ausschnitten dieses langen Gespräches wird man immer wieder Saldates Rhetorik und sein hohes Maß an Suggestion »bewundern« können. Die Schlussfolgerungen, die sich daraus ergeben, bleiben jedem Leser selbst überlassen. Manche Passagen sind auf dem Band akustisch nicht klar zu verstehen und werden durch einen entsprechenden Vermerk im Text gekennzeichnet.

Armando Saldate: Wie geht es Ihrer Mutter?
Sandra Pickinpaugh: Meiner Mutter geht es besser. Sie ist (unverständlich) und sie hat andere, eigene Probleme.
Armando Saldate: Ihre Ehe?
Sandra Pickinpaugh: Naja, sie haben gerade ein neues Haus gebaut und legen den Garten an. Die typischen Dinge, Sie wissen schon, sie haben Schulden und das beschäftigt sie mehr als genug. [...]
Armando Saldate: Keine Probleme in der Ehe?

Der Zweck dieser Frage ist leicht zu durchschauen. Saldate versucht, eine problematische familiäre Situation zu konstruieren, und scheut nicht davor zurück, Sandy durch eine geschickte Formulierung in eine Falle zu locken.

Sandra Pickinpaugh: Nein. Es ist nur so, dass ...
Armando Saldate: Sie ist wirklich eine bezaubernde Frau. Sie schien mir sogar eine sehr schöne Frau zu sein.
Sandra Pickinpaugh: Ja, das ist sie, das ist sie wirklich. Leider standen wir uns nie besonders nah, erst vor etwa drei Jahren wurden wir sozusagen Freunde.
Armando Saldate: Ihren Vater kenne ich gar nicht. [...] Wir werden bald vor Gericht gehen. Wahrscheinlich Mitte September. Debra wird wohl die Erste sein, die drankommt. Ich möchte Ihnen gegenüber ehrlich sein. Die Staatsanwaltschaft wird wohl die Todesstrafe fordern. Egal, ob Sie oder ich damit einverstanden sind. Ich möchte Sie nur darauf vorbereiten. Sind Sie mit der Todesstrafe einverstanden?
Sandra Pickinpaugh: Ob ich allgemein damit einverstanden bin oder –?

Armando Saldate: Nur so allgemein.
Sandra Pickinpaugh: O ja, ich bin damit einverstanden.

Das war es vermutlich, was Saldate aus Sandys Mund hören wollte. Dieses Bekenntnis zur grundsätzlichen Akzeptanz der Todesstrafe macht es ihm vergleichsweise leicht, nun das Feld für Debbies Schicksal zu bereiten.

Armando Saldate: Dann lassen Sie uns mal etwas genauer werden. Wie schätzen Sie die Situation Debras ein?
Sandra Pickinpaugh: Was passiert ist?
Armando Saldate: Genau.
Sandra Pickinpaugh: Es ist wirklich schwer für mich, das zu beurteilen, es schwirren so viele Gerüchte und Theorien herum, verstehen Sie, niemand weiß etwas Genaues oder hat tatsächlich selbst etwas gesehen, ich meine –
Armando Saldate: Gut. Sie waren selbst völlig unvorbereitet auf Ereignisse wie diese.
Sandra Pickinpaugh: Nun …
Armando Saldate: Aber Debbie war mehr als vorbereitet.
Sandra Pickinpaugh: Sicher. Aber niemand hat – ich meine, es gab keine Zeichen oder Hinweise. Sie müssen wissen, dass Jim und ich sehr, sehr, sehr enge Freunde waren. Er war jeden Tag in meiner Wohnung. Sogar nachdem wir umgezogen waren, habe ich mit Jim mindestens drei Mal die Woche telefoniert. Sogar nachdem wir hier lebten. Und ich habe keine Anzeichen an ihm bemerkt. […]
Armando Saldate: In welchem Verhältnis stand Debra zu Jim?
Sandra Pickinpaugh: Nun, ich (unverständlich). Sie war nie so eng mit ihm zusammen wie ich, denn meine Schwester hatte keine Freunde. Sie hat nur dann Leute angerufen, wenn sie etwas gebraucht hat. So war sie immer. Sie hat keine Freunde. Sie hatte noch nie Freunde. Wissen Sie, ich rede von meiner Freundin Dee, ich

kenne sie seit 13 Jahren, und wir reden nicht nur als Freunde miteinander, sondern, Sie wissen schon – Debbie hatte nie richtige Freunde. Es gab immer nur Bekannte, und wenn sie etwas gebraucht hat, hat sie sie angerufen, verstehen Sie, und Jim hat dazugehört. Jim kannte uns beide – wir wohnten zusammen in einem Wohnblock, und ich arbeitete nachts. Debbie arbeitete tagsüber, und wir wechselten uns mit den Kindern ab. Deshalb kannte sie Jim. Eigentlich verbrachte sie nie Zeit mit ihm, gut, hin und wieder ging sie mit Jim und mir weg, zum Tanzen oder auf einen Drink. Es war wirklich komisch, Debbie war sehr (unverständlich). Ich hörte immer erst etwas von ihr, wenn sie etwas wollte. Und dazwischen vergingen Monate.
Armando Saldate: Genau den Eindruck habe ich auch von ihr. Bitte korrigieren Sie mich, wenn es nicht stimmt, denn ich kannte Debbie ja vorher nicht. Und auch Roger nicht. Ich habe mit einigen Leuten gesprochen, die Debra kennen. Sie haben sie als sehr materialistisch beschrieben.

Meine Anwälte und ich haben alle Polizeiakten und Protokolle durchgesehen. Es ist nie von jemandem behauptet oder auch nur angedeutet worden, dass Debbie materialistisch sei. Ich kann mir diese Aussage deshalb nur als Provokation erklären, um das Gespräch in eine bestimmte Richtung zu lenken und Sandy dazu zu bewegen, negative Dinge über ihre Schwester auszusagen.

Sandra Pickinpaugh: Das ist sie.
Armando Saldate: Glauben Sie –
Sandra Pickinpaugh: O ja, sehr materialistisch, sehr, sehr egoistisch und egozentrisch. Eingebildet und sehr, sehr eitel. Es gibt nichts, was sie an sich selbst in Frage stellte.
Armando Saldate: Konnte Debbie andere von etwas überzeugen?

Ich meine, wie wäre das zum Beispiel, wenn hier jemand sitzen und sagen würde, diese Tür ist rot. Sie und ich, wir sehen beide, dass die Tür weiß ist. Aber wenn ich mir einbilde, dass diese Tür rot ist, ist sie rot. Wenn Debbie sich etwas eingebildet hat, das nicht wahr war, konnte sie dann so etwas tun? Ist sie der Typ dafür? Oder konnten Sie sie davon überzeugen, dass sie abends, wenn sie ausging, nicht gut aussah? Sie konnten es sehen, jeder andere auch …

Sandra Pickinpaugh: Aber es ihr zu sagen –

Armando Saldate: Es ihr zu sagen wäre unmöglich gewesen …

Sandra Pickinpaugh: Ja, das ist ein gutes Beispiel. […]

Armando Saldate: Ich sage das nicht, weil ich sie kenne und ich mit Ihnen nun einige Male gesprochen habe. Ich könnte hier sitzen und Sie ansehen und ich weiß, wie schwer es für Sie ist, darüber zu reden, aber wenn jetzt noch andere Leute zuhören würden – oder jemand anderes (unverständlich), dass ich der Gegenseite angehöre. Sie würden sagen, naja, Sandy muss ihre Schwester ja wirklich hassen.

Sandra Pickinpaugh: (unverständlich)

Armando Saldate: Das stimmt also nicht?

Sandra Pickinpaugh: Nein, das ist nicht wahr.

Armando Saldate: Ich weiß es; ich weiß, wie schwer es für Sie ist, dieses Interview zu führen. Wenn Sie über Ihre Schwester reden, müssen Sie einige Dinge erzählen, aber wir beide müssen auch ehrlich sein. Debra durchlief einige psychologische Tests, sie war –

Sandra Pickinpaugh: Labil.

Armando Saldate: Labil.

Sandra Pickinpaugh: Wissen Sie, Debbie ist gesünder als irgendjemand sonst. Sie ist eine höchst intelligente Person.

Armando Saldate: Das weiß ich, da stimme ich Ihnen voll zu. Das hat sie mir in der Nacht gesagt, als wir das Interview führten. Sie hat versucht, mich mit der Bemerkung einzuwickeln: »Ich hoffe nicht, dass die Leute denken, ich bin verrückt, denn ich bin es nicht!«

Sandra Pickinpaugh: Sie ist es nicht. An ihr ist überhaupt nichts verrückt. Ich denke – sie hat in den letzten Jahren alles an sich perfektioniert. Sie ist ein Meister. Fragen Sie jemanden, der Debbie von klein auf gekannt hat, er wird es bestätigen. [...]

Armando Saldate: Sie ist eine Meisterin im Täuschen.

Sandra Pickinpaugh: Ja, genau, eine Meisterin im Täuschen, eine Meisterin im Manipulieren. Debra hat ihre eigene Art, mit Menschen umzugehen. Sie setzt eine Maske auf und sorgt dafür, dass sie jedem Leid tut und dass ihr alle helfen. [...] Es ist ein Spiel. [...]

Armando Saldate: Lassen Sie uns diesen Punkt noch etwas ausführen. Sie hatte also die Gabe, Leute dazu zu bringen, alles für sie zu tun. [...] Sie wissen im Grunde ja, was passiert ist. Im Grunde –

Sandra Pickinpaugh: Ich weiß nur, dass sie das Ding geplant hatten – es gibt Gerüchte, dass sie es geplant –

Armando Saldate: Debra hat es mir erzählt. Und jetzt sage ich Ihnen, was Debra mir erzählt hat in dieser Nacht. Lassen Sie es mich anders formulieren – Ernie Sweat – kennen Sie Ernie Sweat?

Sandra Pickinpaugh: Ich habe ihn einmal getroffen. [...] Sie wollten heiraten, sobald Ernie Christopher etwas näher gekommen war und mehr Zeit mit ihm verbracht hätte. [...] Sie hat es mir erzählt. Und Jim rief mich drei Tage später an und sagte, dass Debbie Halluzinationen habe. Was normal war. So, wie Sie es mit der roten Tür beschrieben haben. Wenn Debbie etwas sehen will, sieht sie es, wenn sie etwas hören will, hört sie es.

Armando Saldate: Lassen Sie mich das aufschreiben, ich glaube das ist ein wichtiger Punkt. [...] Haben Sie Jim davon erzählt?

Sandra Pickinpaugh: Naja, ich habe es erwähnt. Ich erzählte ihm, dass Debbie wirklich gut klang. Es war das erste Mal in diesem Jahr, dass ich sie glücklich erlebt habe. Und ich freute mich, dass die Beziehung mit Ernie gut lief, und Jim fragte mich: Woher weißt du das? Und ich habe ihm geantwortet, sie hat es mir erzählt. [...] Wissen Sie, Jim war derjenige, zu dem ich immer gelaufen bin und dem ich alles erzählt habe. Deshalb wusste Jim, wie Debbie war, und er hatte Angst vor ihrer Art. In der Nacht, als wir umzogen und Debbie und Jim den LKW beladen haben, wurde Jim ganz schweigsam. Er hatte richtig Angst. Er sagte, er wolle nicht, dass ich weggehe, und ich fragte ihn, warum, und er sagte, weil ich weiß, wie deine Schwester ist. Sie wird kommen, sie wird mich jagen und benutzen. Er wusste es. Und er hatte Angst davor. Ich riet ihm: Jim, sag einfach Nein. Sag ihr einfach, du willst nicht. [...] Jim konnte nicht Nein sagen. [...]

Armando Saldate: Wissen Sie, wie sich die Beziehung entwickelt hat? Ich habe Briefe an Debra gelesen. Briefe, die sein Anwalt weitergeleitet hat.

Sandra Pickinpaugh: In den letzten Monaten?

Armando Saldate: In den letzten Monaten, als er im Gefängnis war. Und ...«

Hier endet das erste Tonband.

Armando Saldate: Jim behauptete, er habe es nicht getan, sondern Roger Scott. [...] Wie auch immer, Debra beteuerte, dass sie nichts getan hatte, nichts von allem wusste, und fragte ihn –

Sandra Pickinpaugh: Sie hat ihm zurückgeschrieben?

Armando Saldate: Ja. Lassen Sie mich die Geschichte mit den Briefen erklären, dann verstehen Sie auch, worum es geht. Wir haben nicht alle Briefe. Einige der Briefe seien verloren gegangen, haben sie den Anwälten erzählt. Die Briefe, die wir haben, beginnen mit der Tatsache, dass sie nicht weiß, was passiert ist. Ich muss wissen, was passiert ist, Jim, schrieb Debbie. Und Jim antwortet ihr, als hätte sie von alldem keine Ahnung. Wenn Sie diese Briefe lesen, sehen Sie sofort, dass alles nur gespielt ist. [...] Jim hat geschossen. Man muss sehr stark sein und jemanden sehr lieben, um so etwas zu tun. Ich meine, vielleicht ist es Gehirnwäsche oder die Kontrolle über jemanden, aber sie hatte Jim richtiggehend unter Kontrolle.

Sandra Pickinpaugh: Das kann ich mir vorstellen. Jim ist einfach zu kontrollieren.

Armando Saldate: Und dann die ganze Geschichte weiterzuspielen und sich diese Lüge auszudenken. Ich meine, das Spiel einfach weiterzutreiben, auch der Polizei gegenüber. [...] Die Leute wundern sich, warum Roger Scott gestanden hat. Debra hat auch gestanden, nur Jim nicht. Okay? Jim hat mir gesagt, ich weiß nicht, was passiert ist. Er hat sich aber in seinen Briefen verraten. [...] Und Debra versucht sich jetzt herauszureden. Sie hat allen Grund dazu, sie schiebt alles Mögliche vor. Sie wollte nicht, dass er wie Mark aufwächst. Sie versucht, ihre Tat zu erklären, und wie Sie sie mir beschrieben haben und so wie ich sie kenne, versucht sie, das Geschehene zu manipulieren und es in besserem Licht darzustellen, denn sie weiß sehr wohl, dass sie in Schwierigkeiten ist. Jim war der Einzige, der in dieser Nacht nicht gestanden hat. [...] Er wusste nicht, dass Debra gestehen würde. Debra war ja weg. Debra war in Florence, als wir mit ihm sprachen. [...]

Sandra Pickinpaugh: Was hat er getan, als er erfuhr, dass sie gestanden hat?

Armando Saldate: [...] Sie war schon im Gefängnis und er wusste es nicht. [...] Ich will Ihnen ein Beispiel aus dem Verhör geben. Es geschah etwas, während wir miteinander sprachen. [...] Ich bin ein guter Zuhörer. Deshalb rücke ich gerne sehr nah an eine Person heran. Ich sitze also da, kein Tisch zwischen uns. Wir sitzen also da, und sie weint, oder sie versucht zu weinen und weint nicht. Ich sagte zu ihr: Debbie, ich toleriere das nicht. Ich toleriere das einfach nicht. Ich bin hier, um die Wahrheit zu erfahren. [...] Wir reden also miteinander. Sie sah sehr nett aus in ihrem Kleidchen. Und dann zieht sie vorne ihre Bluse hoch bis zu ihren Augen, sie weinte keine Tränen, aber sie tat so, als würde sie sich die Tränen abwischen. [...] Ich habe ihr nicht allzu viel Aufmerksamkeit geschenkt, wissen Sie, in meinem Job, in meiner Position, war mir klar, auf was sie es anlegte. Sehen Sie, ich war dort, um etwas von ihr zu erfahren, und sie probiert einfach aus, ob –

Sandra Pickinpaugh: ... es funktioniert.

Armando Saldate: ... es funktioniert. Wenn er erst mal meine Brüste gesehen hat, kann ich mich vielleicht aus allem rausreden. Okay. Ich habe es Ihnen erzählt. Sie manipuliert andere. Sie genießt es. [...]

Sandra Pickinpaugh: Das passt zu ihr.

Dies sind einige Auszüge aus dem auf Tonband gespeicherten Gespräch zwischen Detective Saldate und Sandy. Dieses Band lag der Jury nach der Verhandlung ohne weitere Erklärung vor und war vielleicht maßgeblich für deren Entscheidung. Das komplette Gespräch ist auf Debbies Homepage www.debbiemilke.com zu finden. Eine Anmerkung sei noch gestattet: Debbie hatte an dem Tag, an dem Saldate das Interview mit ihr führte und sie verhaftet wurde, ein T-Shirt und darüber ein Sweatshirt getragen – das wurde vor Gericht nachgewiesen. Sie trug nicht – wie Saldate oben behauptete – ein Kleid oder eine Bluse. Zudem hat Saldate niemals irgendjemandem gegenüber vor oder nach diesem Gespräch mit Sandy erwähnt, dass Debbie ihre Brüste entblößt hätte, um ihn zu beeinflussen.

DER FALL IN DEN MEDIEN

Mir war durch die Begegnungen mit Peter Alshire und Paul Huebl klar geworden, dass ich den Weg über die Medien gehen musste, um die Öffentlichkeit auf Debbies Schicksal aufmerksam machen zu können. Ich telefonierte mit meiner Schwester und fragte sie, wie ich den Kontakt zu einer guten Zeitung in Deutschland herstellen könnte. Sie versprach, sich Gedanken zu machen, rief dann später zurück und sagte, dass in ihrem Reitverein ein Mann sei, der beim *Spiegel* arbeite. Sie gab mir seine Nummer, und ich rief ihn umgehend an. Er war sehr freundlich, konnte aber nicht direkt etwas für mich tun, da er in einem Ressort arbeitete, das nur über Berlin berichtet. Er gab mir aber die Nummer des Auslandskorrespondenten des *Spiegel* in Washington, Clemens Höges. Da dieser meine Geschichte so interessant fand, reiste er für sechs Wochen nach Arizona und recherchierte den Fall vor Ort. Er war ein sehr engagierter und wissbegieriger Journalist, er schlief, wenn ich so zurückdenke, eigentlich nie. Debbie hat für ihn vier Tonbänder besprochen. Er war nur unterwegs, hetzte mich von einem Ort zum nächsten und kam nie zur Ruhe. Sein Artikel erschien 1998 in der Juniausgabe des *Spiegel*. Dieser Artikel war so etwas wie eine Initialzündung und brachte eine kleine Medienlawine ins Rollen. Nach seinem Erscheinen stand das Telefon bei mir nicht mehr still. Zuerst meldete sich eine TV-Produktionsfirma, die für *RTL* produzierte. Das war eigentlich in diesem Zusammenhang eines der lustigen Erlebnisse. Denn der Journalist, der den Beitrag produzieren und mich interviewen sollte, kam aus Kansas und verstand kein Wort Deutsch. Und ich stand das erste Mal vor einer Fernsehkamera. Zuerst bauten sie mein ganzes Appartement um und verkabelten es, dann stellte er mir die Fragen auf Englisch, und ich musste auf Deutsch antworten. Es war schließlich für einen deutschen Sender. Das war wirklich eine absolut kuriose Situation. Ich musste an mich halten, um nicht loszulachen. Der Journalist verstand kein Wort von dem, was ich sagte, nickte immer nur interessiert. Ich habe immer wieder gerufen: »Cut, please!«, um mich wieder sammeln zu können. Da es aber keine Liveübertragung war, sondern eine Aufzeichnung, die später geschnitten wurde, haben wir das gut hinbekommen.

Dann kamen die Berliner Tageszeitungen; sie interessierten sich besonders für das Thema, weil meine Familie aus Berlin stammt und Debbie dort geboren wurde. Es gab, glaube ich, keine Zeitung, die mich nicht angerufen hat. Meist waren das entsetzlich lange Telefoninterviews, da die Redaktionen in der Regel keine eigenen Auslandskorrespondenten hatten und auch niemanden mal eben nach Arizona schicken konnten. Auf diese Weise passierten eine Menge Fehler, was mich anfangs noch wahnsinnig geärgert hat. Man hat Namen falsch geschrieben, die Chronologie durcheinander gebracht oder Dinge verwechselt. Ein Gebiet, in dem sich die meisten überhaupt nicht auskannten und deshalb oft gehörig den Wurm reinbrachten, war die amerikanische Rechtsprechung. Außerdem entstanden am Telefon natürlich schnell Hörfehler oder Verständnisprobleme. Eine Live-Sendung oder ein Interview von Angesicht zu Angesicht ist da schon etwas anderes. Man kann nachfragen, ich kann erklären und korrigieren. *SAT.1* hat Beiträge für mehrere Magazine produziert und mich zu Talkshows eingeladen. Auch die *ARD* – wie zum Beispiel für *Brisant* – hat Mitarbeiter nach Arizona geschickt, die vor Ort die entsprechenden Aufnahmen gemacht und Gespräche mit mir geführt haben.

Neben diesen Terminen habe ich mich weiterhin ständig mit Rosenquist und Fowler getroffen und versucht, die Dinge in Debbies Sinn voranzutreiben. Da sich die Zusammenarbeit mit Rosenquist, wie schon erwähnt, immer schwieriger gestaltete, bin ich oft auf eigene Faust losgezogen. Ich kontaktierte viele Leute, von denen ich konkrete Hilfe erwartete oder mir zumindest erhoffte, dass das »Schneeballsystem« irgendwann funktioniert und ich zufällig jemanden treffe, der wiederum jemanden kennt, der an einer wichtigen Position sitzt oder so viel Einfluss hat, dass er einen fairen Prozess für Debbie erwirken kann.

Ich bin Berlinerin, und die Berliner haben bekanntlich nicht nur eine große Klappe, sondern verfügen im Allgemeinen auch über eine gesunde Portion Selbstvertrauen. Auch wenn ich mir mein Selbstvertrauen in den Jahren erst langsam wieder aufbauen musste, bin ich doch eine Kämpfernatur. Wenn Probleme auftauchen, mache ich mir Mut und sage mir: »Das packst du schon.« Ich hatte früher einen schier unerschütterlichen Optimismus und bin, wenn ich mir etwas vorgenommen hatte, ohne Umschweife darauf zugegangen und habe versucht, das Problem zu lösen. Das hat auch fast immer funktioniert. Doch jetzt wechseln meine Stimmungen viel häufiger. Ich lebe im Grunde zwei verschiedene Leben. Einerseits bin ich die unbescholtene, völlig normale Frau, die sich ganz gut durch das Leben geschlagen hat, andererseits werde ich als »Mutter eines Monsters« beschimpft. Die Kategorien, was als richtig und was als falsch zu gelten hat, verschwimmen vor diesem Hintergrund. Manchmal bin ich kurz davor durchzudrehen, weil die vertrauten Koordinaten in meiner kleinen Welt plötzlich wegbrechen, ich diesen Widerspruch schlecht aushalten kann und auch keine Unterstützung von außen kommt.

Das Allerschlimmste aber war für mich, dass Debbie meinen ersten Brief nicht erhalten hatte. Wenn ich mich in ihre Situation hineinzuversetzen suche, läuft mir ein eiskalter Schauer den Rücken hinunter. Wie entsetzlich muss dieses Gefühl für sie gewesen sein, als sie glaubte, von ihrer Mutter und vom Rest der Familie verlassen und verstoßen worden zu sein. Das ist unfassbar und unverzeihlich zugleich. Sie muss gedacht haben: »Nun will meine Mutter auch nichts mehr mit mir zu tun haben.« Das muss sie in ihrer Existenz, in ihrer Seele tief getroffen und verletzt haben. Aber ich hatte damals kaum Zweifel an der Richtigkeit der Nachricht. Erst nachdem ich ihren Brief gelesen hatte, habe ich zu verstehen begonnen. Manchmal überkommt mich jetzt noch ein Anflug von Hass, wenn ich daran denke, dass Kenneth Ray meinen 36-seitigen Brief nicht sofort an sie weitergeleitet hat. Davon erfuhr ich aber, wie erwähnt, erst vier Monate später, als mich Debbies zweiter Brief erreichte. Ich hatte mir schon große Sorgen gemacht, weil sie nicht geantwortet hatte.

Heute versuche ich, einen kühlen Kopf zu bewahren. Denn sonst kann ich ihr nicht helfen. Eine hysterische Mutter ist das Letzte, was sie jetzt braucht. Wir müssen die Situation gemeinsam bewältigen. Das heißt nicht, dass alles vergessen ist, was passierte. Mit den Vorwürfen, die ich mir selbst mache, werde ich leben müssen.

1998 wurde in der Öffentlichkeit wieder verstärkt über die Einführung der doppelten Staatsbürgerschaft diskutiert. Ich bin sofort hellhörig geworden. Wenn dieses Gesetz auch auf Debbie anzuwenden wäre, könnte sich zumindest das Auswärtige Amt für sie einsetzen. Zum Zeitpunkt von Debbies Geburt im amerikanischen Militärkrankenhaus in Berlin existierte die doppelte Staatsbürgerschaft noch nicht. Ihr Vater war amerikanischer Militärangehöriger und Debbie damit automatisch US-Bürgerin. Es gab allerdings die Vorschrift, die Geburt beim Bezirksamt in Lichterfelde anzuzeigen. Ich habe noch eine entsprechende deutsche Geburtsurkunde zu Hause. 1965 sind wir ohnehin in die USA gezogen.

1998 habe ich mich mit dem deutschen Generalkonsul Rudolf in Los Angeles über dieses Thema unterhalten. Er fragte mich: »Warum haben Sie denn 1972, als sich die Regelung geändert hat, nicht noch nachträglich die deutsche Staatsangehörigkeit für Debbie beantragt?« Wenn ich das damals nur gewusst hätte! Aber wir wohnten immer auf dem Land, hörten keine deutschen Nachrichten und hatten keinen Zugang zu deutschen Zeitungen. Ich wusste das einfach nicht, sonst hätte ich es sicherlich getan. »Wie sieht es denn heute aus?«, fragte ich. »Es gab eine Karenzfrist, die vor ein paar Jahren abgelaufen ist. Jetzt geht das nicht mehr«, sagte Herr Rudolf mit Bedauern. Ich habe ihn gebeten, angesichts der besonderen Situation – immerhin geht es um ein Menschenleben – seinen Einfluss geltend zu machen und in diesem Fall eine Ausnahmegenehmigung zu erwirken. Debbies Cousin Mark Prüfer aus Berlin und ich haben Dutzende von Briefen an das Auswärtige Amt ge-

AUSWÄRTIGES AMT
Gz.: 200-504.00 Milke
(Bitte bei Antwort angeben)

Berlin, 5. Februar 2001
Telefon 01888 17 - 0 / Fax: 17-3402
Referat: 200, Verfasser: Paltzer
Durchwahl 17 -2657 / Fax: 17 -5-2657
Fax Sekretariat: 01888 17 52686-

Briefadresse: Auswärtiges Amt 11013 Berlin

An den
Landrat des
Landkreises Ansbach
Crailsheimstr. 1
91522 Ansbach

Landratsamt Ansbach
07. FEB. 2001

Betr.: Todesstrafe in den USA
hier. Milke Deborah

Bezug: Ihr Schreiben vom 24.10.00

Sehr geehrte Damen und Herren,

für Ihr oben genanntes Schreiben, mit dem Sie sich für die zum Tode verurteilte Frau Deborah Milke einsetzen, danke ich Ihnen und möchte mich gleichzeitig für die verspätete Beantwortung Ihres Briefes entschuldigen.

Der von Ihnen geschilderte Fall Deborah Milke wird vom Auswärtigen Amt aufmerksam verfolgt.
Wie Sie vielleicht wissen, ist Frau Milke keine deutsche Staatsangehörige, so daß die Möglichkeiten der konsularischen Hilfe sehr eingeschränkt sind.
Zudem ist der Rechtsweg in diesem speziellen Fall noch nicht ausgeschöpft.
Dem zuständigen Gericht in Phoenix liegt ein Antrag auf Aufhebung der erstinstanzlichen Verurteilung vor.
Für die Dauer des Rechtsmittelverfahrens ist die Vollstreckung des Urteils ausgesetzt
Sollte das Urteil Rechtskraft erlangen, wird das Auswärtige Amt alle Möglichkeiten prüfen, seine Vollstreckung zu verhindern.

Im übrigen bleibt die Abschaffung der Todesstrafe ein wichtiges Anliegen der Bundesregierung.

Dienstgebäude
Werderscher Markt 1
10117 Berlin

Internet
http://www.auswaertiges-amt.de
E-Mail
poststelle@auswaertiges-amt.de

Erreichbar mit
U-Bahn-Linie U2
U-Bhf. Spittelmarkt
bzw. Hausvogteiplatz

- 2 -

Der Bundesaußenminister wird bei seinen Bemühungen um eine weltweite Abschaffung der Todesstrafe weiterhin alle Möglichkeiten nutzen, das Thema multilateral und bilateral –auch mit den USA- in geeigneter Form anzusprechen.

Mit freundlichen Grüßen
Im Auftrag

Die Antwort des Auswärtigen Amtes auf einen Brief von Renate Janka (5. Februar 2001)

schrieben, auch viele andere Menschen hofften mit mir, dass sich die deutsche Regierung in diesem speziellen Fall bemühen würde, aber es ist nichts passiert. Ich bekam lediglich einen netten Brief zurück. Zuletzt schrieb das Auswärtige Amt im Februar 2001, dass man den Fall »aufmerksam« verfolge. Aber »wie Sie vielleicht wissen, ist Frau Milke keine deutsche Staatsangehörige, sodass die Möglichkeiten der konsularischen Hilfe sehr eingeschränkt sind«. Das war leider alles. Seitdem habe ich Hunderte von Bittbriefen an amerikanische Senatoren und Kongressabgeordnete, an deutsche Politiker, Journalisten, Rechtsanwälte, Konsule und humanitäre Organisationen geschrieben, von denen ich mir Unterstützung erhofft habe. Das Ergebnis ist bescheiden bis niederschmetternd. Die Korrespondenz füllt zwar Dutzende von Aktenordnern und die meisten Antwortbriefe sind freundlich und zeigen Solidarität, aber in der Sache bewegt sich nur wenig.

1998 machten wir einen entscheidenden Schritt, um unser Anliegen einer breiteren Öffentlichkeit nahe bringen zu können. Über Umwege lernte ich eine Frau in New Jersey kennen, die mir empfahl, eine Homepage einzurichten. Ihre Tochter bot mir ihre Hilfe an. Wir versuchten gemeinsam, eine Textversion zu verfassen, die sie ins Internet stellen wollte. Damals gab es noch kostenlose freie Webseiten. Allerdings kam es bald zu Diskussionen über die Texte, unsere Vorstellungen über das, was wir auf der Seite darstellen wollten, gingen weit auseinander. Außerdem stellte sich schon schnell heraus, dass sie auf Grund ihres bevorstehenden Examens nur noch wenig Zeit für unser Projekt hatte.

Mittlerweile hatte ich über eine gemeinsame Freundin die Bekanntschaft einer jungen Frau gemacht, die sich für den Fall interessierte: Judith Radulovich. Als sie hörte, dass ich mit unseren ersten Bemühungen im Internet nicht glücklich war, bot sie mir an, das Projekt zu übernehmen. Ich willigte ein und kaufte ihr die Software sowie die nötige technische Ausrüstung, die sie dafür brauchte. Das war der Anfang unserer Website, die auch offiziell registriert wurde. Wir mussten uns in die Programmiersprache einarbeiten, was natürlich eine Weile dauerte, aber dann machten wir gute Fortschritte. Wir richteten auch ein Gästebuch ein, das wir jedoch bald wieder entfernten, da dies anscheinend Leute fraglicher ideologischer Gesinnung zu ihrer Spielwiese erklärt hatten.

Irgendwann im Sommer 1998 haben Judith und ich uns über die Inhalte der Website nicht mehr verständigen können. Sie beklagte vor allem, dass meine Anwälte eine völlig falsche Strategie verfolgten. Da ich aber zu diesem Zeitpunkt keine andere Wahl hatte, als meinen Anwälten zu vertrauen, zog sich Judith von unserem Projekt zurück und ich stand wieder alleine da. Daraufhin habe ich an alle

Frank Aue, Webmaster und enger Freund der Familie Janka

Leute geschrieben, die ich in meinem Adressverteiler hatte, und ihnen mitgeteilt, dass die Website aus technischen Gründen vorerst nicht weiter gepflegt werden würde, ich aber auf der Suche nach einem Ersatz für Judith sei.

Eines Tages meldete sich Frank Aue, ein Computerexperte aus Berlin, per E-Mail bei mir und bot mir an, die Bearbeitung und Entwicklung der Website zu übernehmen. Ich konnte mir nicht vorstellen, dass ein derartiges Vorhaben über diese Distanz hinweg möglich sein sollte, aber ich war erst einmal froh, überhaupt Hilfe zu bekommen. Schon bald zeigte sich auch, dass Frank einfach unbezahlbar war – ständig optimierte er die Website, machte wichtige Anregungen, diskutierte mit mir, recherchierte auf eigene Faust usw. Im letzten Jahr hat er sogar einen Preis für die beste Website erhalten, eine wunderbare Anerkennung für seine unermüdliche, kreative und unentgeltliche Arbeit in den letzten vier Jahren. Auf der ersten Seite der Homepage, die man auf Deutsch und Englisch durchforsten kann, beschreibt das Editorial die Hintergründe im Fall Debbie Milke und den Sinn der Website:

> **Zweck** dieser Home-Page ist, den Fall **Debbie Milke** so weit wie irgend möglich in der Öffentlichkeit bekannt zu machen und das Netz von Widersprüchen, frei erfundenen Spekulationen und Halbwahrheiten, die um den Mord an Christopher Milke gewoben wurden und in der Verurteilung seiner Mutter resultierten, aufzudecken.
> **Grundlage** für die nachfolgenden Texte der einzelnen Kapitel war ein eingehendes Studium aller zur Verfügung stehenden öffentlichen Gerichtsakten, Reportagen der Medien sowie eine große Anzahl privater Unterlagen. An diesem Aktenstudium haben sich neben dem Rechtsteam auch viele neutrale Bürger sowie erfahrene Journalisten beteiligt.
> **Wo** immer möglich, wurden die Aktenzeichen der Gerichtsdokumente sowie die Schriftsätze der Verteidigung angegeben. Ebenso sind alle zitierten Medienquellen verifizierbar.
> **Leider** ist es auf Grund des Umfangs der Gerichtsakten nicht möglich, den gesamten schriftlich festgehaltenen Hergang von der Verhaftung bis zur Verurteilung **Debbies** hier nie-

derzuschreiben. Es ist auch nicht unser Ziel, auf die widersprüchlichen Aussagen von Jim Styers und Roger Scott in der Untersuchungsphase einzugehen. Beide Beteiligten wurden in einem separaten Prozess zum Tode verurteilt, und keiner der beiden wurde während **Debbies** Gerichtsverhandlung in den Zeugenstand gerufen.

Einige von mir selbst formulierte Texte und Feststellungen basieren auf meinen persönlichen Unterlagen und mir gegenüber gemachten Aussagen, die möglicherweise von einigen als »einseitig« angesehen werden könnten. Während der Gerichtsverhandlung wurden viele potenzielle Zeugen, die für **Debbie** hätten aussagen können und wollten, nicht geladen. Auch dafür habe ich Unterlagen.

Diese Home-Page ist nur ein Mittel, auf die wichtigsten Fehlverhalten seitens der Anklage und des damaligen Pflichtverteidigers in aller Öffentlichkeit hinzuweisen.

Renate Janka

11. Dezember 1998

Auch wenn Judith Radulovich nicht mehr als Webmaster für Debbie und mich tätig sein wollte, hat sie der Fall doch nicht losgelassen. Im Sommer 1998 schrieb sie an Jim Styers, der wie Roger Scott im State Prison von Florence sitzt, dem schlimmsten Gefängnis Arizonas, und fragte ihn nach den Motiven des Mordes und nach näheren Umständen am Mordtag. Styers bedankte sich in seinem Antwortschreiben für ihre Hilfe, Debbies Unschuld und damit Saldates Lügen zu beweisen. Er betonte ein weiteres Mal, dass Debbie definitiv unschuldig sei und er nicht glaube, dass sie ein Geständnis abgelegt habe.

Es ist schon eigenartig, wenn man das liest. Es bestätigt zwar aus dem Mund des angeblichen »Komplizen«, dass Debbie völlig zu Unrecht beschuldigt wird. Aber es ist auch grotesk, wenn einer der mutmaßlichen Mörder sich so besorgt um Debbie zeigt. Styers hat Debbie auch mehrfach ins Gefängnis geschrieben, ihr seine Liebe gestanden und dabei den Psalm 51 aus der Bibel zitiert: »An dir allein habe ich gesündigt und übel vor dir getan, auf dass du Recht behaltest in deinen Worten und rein dastehst in deinen Taten.« Ich habe mir später im Rahmen des *Habeas Corpus*-Verfahrens das medizinische Gutachten von Styers besorgt sowie die Diagnose seiner Psychologen, die beide gut erklären, was in diesem Menschen vorgeht.

Styers hat auch an meine 76-jährige Freundin Olga Bogaerts in England geschrieben, die seit acht Jahren Briefkontakt mit Debbie hält. Erst vor kurzem schrieb sie mir: »Ich werde nicht sterben, bevor Debbie nicht frei ist und mich besucht hat!« Das sind die Menschen, auf die ich bauen kann. Styers schrieb:

Hallo Olga,
ich habe deinen Brief erhalten, in dem du mir erzählst, dass du Neuigkeiten über Debbie gehört hast. Du möchtest, dass ich dir über ihre Verhaftung erzähle. Ich werde mein Bestes tun und alles erzählen, was ich weiß. Gott ist mein Zeuge, dass das die Wahrheit ist. Du hast Recht, sie hat die ganze Sache nicht angezettelt. Sie hat überhaupt nichts angezettelt. Weder Debbie noch ich wussten oder wollten, dass das passiert. Über Roger kann ich nichts sagen. Als sie Debbie

verhafteten, wurde sie des Mordes, der Freiheitsberaubung und Verschwörung zum Mord und des Kindesmissbrauchs beschuldigt. Ihr wurden die gleichen Straftaten zur Last gelegt wie mir. Und wie ich wurde sie in allen Punkten für schuldig erklärt. Doch im Berufungsverfahren ließen sie die Anklage wegen Kindesmissbrauchs fallen. Roger wurde in allen Punkten – außer Kindesmissbrauch – schuldig gesprochen. Debbie hatte mit alldem nichts zu tun, und das ist die Wahrheit. Es gibt nichts, was ich tun kann, um ihr zu helfen, außer in Gott zu vertrauen ...

Das Jahr 1998 war ein turbulentes Jahr. Es war uns gelungen, den Hinrichtungstermin zu verschieben. Das war das Wichtigste. Dann konnten wir die Glaubwürdigkeit von Armando Saldate im Zuge unserer Nachforschungen weiter erschüttern. Denn wir fanden auch in verschiedenen anderen Fällen seine fragwürdigen Methoden, Geständnisse zu erpressen und zu fälschen, bestätigt.

Wir hatten eine Website eingerichtet und damit eine ganz wichtige Plattform geschaffen, um weltweit auf Debbies Schicksal aufmerksam machen zu können. Ich war nun vor Ort und konnte mit den Anwälten und auch selbstständig Initiativen starten, die uns vielleicht weiterbringen würden. Der Artikel von Clemens Höges war erschienen und sorgte für Aufsehen. Die deutschen Medien begannen auf breiter Front über den Fall zu berichten. Mit Hilfe von Debbies Sozialbetreuerin Carolyn Cooper konnte ich den gesamten Polizeibericht kaufen, von dessen Existenz ich bislang nichts gewusst hatte und den mir weder Sam oder Maureen Sadeik noch Anders Rosenquist zugänglich gemacht hatten.

1998 hatte ich einmal mit Mark Milke telefoniert, der wieder als Fliesen- und Teppichbodenleger arbeitete und noch einmal eine Familie gegründet hatte. Seine Drogenprobleme hatte er offenbar immer noch nicht in den Griff bekommen. Ich bat ihn am Telefon, seine Meinung zu Debbie zu überdenken. Aber er reagierte halsstarrig und aggressiv wie gewohnt, von Einsicht oder Rührung war nichts zu spüren. Seine einzige Aussage zu meiner Bitte lautete: »Ich glaube schon, dass Debbie da ist, wo sie hingehört. Und was wirklich passiert ist, wird sowieso niemand herausfinden.«

Mittlerweile existiert im Internet eine Seite, die von Debbies Freunden nur als *Hate-Page* bezeichnet wird. Mark Milke wird hier mit den Worten zitiert: »Ich bin sehr dankbar für die Entscheidung der Geschworenen. Debbie ist diese Art von Mensch, die gerne anderen die Schuld in die Schuhe schiebt.« Daneben findet sich unter dem Motto »Innocent was executed« das Foto eines tätowierten, finster blickenden Mark Milke. Wir haben auf alle Arten versucht, herauszufinden, wer sich hinter dieser *Hate-Page* verbirgt, aber es ist uns bisher nicht gelungen. Es tummeln sich hier notorische Todesstrafenverfechter und Menschen, die wüste Beschimpfungen gegen Debbie richten. Sie polemisieren, bezeichnen Debbie als »Puppenspielerin«, als Drahtzieherin des Verbrechens, unterstellen ihr nach wie vor die Lebensversicherungspolice von fünftausend Dollar als Motiv und wollen sie angeblich einer »gerechten Strafe« zuführen. Das ist absolut lächerlich. Frank Aue hat nun zum Glück festgestellt, dass die *Hate-Page* eingestellt wurde. Offenbar haben unsere Widersacher angesichts der Ergebnisse unserer Recherchen, die wir auf der Website dokumentiert haben, resigniert.

Im Spätherbst 1998 nahm ich an einer Tagung der North Western University of Chicago zum Thema *National Confe-*

rence on Wrongful Convictions and the Death Penalty teil. Die juristische Fakultät hatte diese dreitägige Konferenz organisiert, auf der Fachleute über die Menschenrechte und das amerikanische Rechtssystem referierten. Alle amerikanischen Staranwälte waren anwesend sowie einige in dieser Hinsicht engagierte Prominente wie Bianca Jagger. 1976 wurde die Todesstrafe in den USA wieder eingeführt, seither sind 74 Menschen, die zum Tode verurteilt worden waren, wieder freigelassen worden. Im Rahmen dieser Tagung wurde unter anderem gezeigt, unter welchen Bedingungen die Menschen in der Todeszelle heute leben. In Seminaren konnte man erfahren, wie man sich wehren und die Aufmerksamkeit der Öffentlichkeit erregen und vor allen Dingen erhalten kann. Die Organisatoren stellten mir freundlicherweise einen kleinen Raum zur Verfügung, um Debbies Fall zu präsentieren. Dort habe ich Broschüren verteilt, meine Website vorgestellt und viele Fragen beantwortet. Das Interesse war sehr groß, und ich denke, dass diese Konferenz in Chicago für unseren Kampf um Debbies Freilassung eine wichtige Station war. Ich konnte auch viele wichtige Kontakte schließen und meinen Mail-Verteiler um etliche Adressen erweitern. Auf der Konferenz lernte ich zum Beispiel auch Professor David Protess vom Lehrstuhl für Journalistik von der North Western University kennen. Er hatte seine Studenten auf einen anderen Fall angesetzt, der dank ihrer intensiven Recherchen und neuer technischer Möglichkeiten wie DNA-Analysen aufgeklärt werden konnte. Ein unschuldig Verurteilter konnte so freigelassen und der wirkliche Täter überführt werden. Ich habe Professor Protess gefragt, ob er nicht auch Debbies Fall in sein Seminarprogramm aufnehmen könnte. Viele meiner amerikanischen Freunde haben ihm geschrieben und ihn ebenfalls um Unterstützung gebeten. Er sagte mir schließlich mit folgender Begründung ab: »Leider ist dies ein Ding der Unmöglichkeit für mich. Ich kann mich nicht monatelang von der Universität freistellen lassen und in Arizona leben und arbeiten. Ich bedauere das außerordentlich, aber mir sind in dieser Hinsicht die Hände gebunden.«

Die Rechtslage in den USA ist zuweilen sehr undurchsichtig. Im Laufe meiner Recherchen las ich von Fällen, in denen Gefangene trotz neuer Beweislage, die eindeutig ihre Unschuld dokumentierte, nicht freigelassen wurden. Es scheint mir so, als ob oft rassistische Gründe hinter diesen Skandalen stehen. Ich hörte unter anderem von einem Mann, der drei langwierige Verhandlungen durchstehen musste und erst dann freigesprochen wurde, obwohl die Vorwürfe gegen ihn die ganze Zeit über mehr als dürftig waren. Dieser Mann war Mexikaner. Der Widerstand gegen die Todesstrafe wird in den USA leider nur von einer Minderheit getragen. Daher ist es äußerst schwierig, sich in schweren Verdachtsmomenten dem Zugriff der Justiz wieder zu entziehen. In Debbies Fall hat sich sogar die höchste richterliche Instanz von Arizona geweigert, sich überhaupt mit dem Fall zu befassen. Wo bleiben dann hier die Grundrechte?

»Im Land herrscht Lynchstimmung«, schrieben Ingo Hasselbach und Karl Hermann in ihrem Artikel mit dem Titel »Debbie Milke – Auf Leben und Tod«, den sie 1999 im Berliner *TIP-Magazin* nach ihrem Besuch in Arizona veröffentlichten. »Ich habe keinerlei Skrupel, den Staat um die Vollstreckung zu bitten«, wird der Assistent des Generalstaatsanwalts, Randal Howe, zitiert. »Sie hat ihren vier Jahre alten Sohn zur Weihnachtszeit ermordet. Eine Begnadigung würde einen gewaltigen öffentlichen Aufschrei hervorrufen. Sie hat wenig Sympathien hier.«

Das Interesse der deutschen Medien an Debbies Fall war ungebrochen. Die Artikel von Clemens Höges im *Spiegel*, von Ingo Hasselbach und Karl Hermann im *TIP* und von Steffi Kammerer auf der Berlin-Seite der *Süddeutschen Zeitung* waren ausgezeichnet recherchiert und trafen den Nerv der Leser. Ob sich allerdings die deutsche Berichterstattung in die USA ausgewirkt hat, ist nur schwer zu beantworten, auch wenn zum Beispiel Don Jordan, der seit vielen Jahren in Deutschland lebende Auslandskorrespondent der *Washington Post* und Verfechter der Todesstrafe, bei einer *SAT.1*-Sendung mit Karl Hermann eingestand, dass er in Debbies Fall erhebliche Zweifel an der Rechtmäßigkeit des Verfahrens und des Strafmaßes habe. Man hat den Fall in den USA durchaus registriert, aber ich habe keinen Hinweis dafür finden können, dass amerikanische Magazine wie *Newsweek* oder *Time* oder die großen amerikanischen Tageszeitungen wie *New York Times*, *Los Angeles Times*, *Boston Globe*, *Washington Post* oder *Chicago Times*, die ich alle angeschrieben habe, auch berichtet hätten. Die Todesstrafe ist in den USA leider etwas völliges Normales und im Grunde kein Thema. Dazu kommt, dass seltsamerweise jedes Mal, wenn ich einen Journalisten für den Fall sensibilisieren konnte, ein politisches Großereignis passierte. Als ich mit Paul Huebl gesprochen hatte und er die Geschichte bringen wollte, brach der Golfkrieg aus. Jahre später, als ich endlich einen Redakteur von der *New York Times* so weit hatte, dass er einen Bericht schreiben wollte, vergnügte sich Bill Clinton mit Monica Lewinsky und die Blätter hatten ihre Sensation. Oder es fanden Wahlen statt.

Es war wie verhext, aber irgendetwas verhindert immer die Veröffentlichung …

Während in Europa eminentes Interesse an Fällen wie dem von Debbie besteht, ist das in den USA, wo es rund 3600 Todeskandidaten gibt, nichts Besonderes. Ich möchte nicht das amerikanische Rechtssystem prinzipiell in Frage stellen. Zu einem hohen Prozentsatz sind die Menschen, die in den Gefängnissen sitzen, auch schuldig. Aber es gibt auch einige Fälle, in denen erhebliche Zweifel bestehen und in denen das System eklatante Mängel aufweist. Aus meiner Sicht ist eine eindeutige Beweislage zwingend, bevor man jemanden verurteilt. Ich bin aus ethischen Gründen gegen die Todesstrafe. Niemand hat in meinen Augen das Recht, einen Menschen zu töten, auch nicht im Namen des Gesetzes.

Im Januar 1999 kehrte ich für kurze Zeit nach Berlin zurück. Dort hatte sich die Initiative *Freiheit für Debbie Milke* gebildet. Mittlerweile hatten sich auf der ganzen Welt Menschen gemeldet, die von dieser Tragödie erfahren hatten und ihre Hilfe anboten. Debbie korrespondierte mit einer ganzen Reihe dieser engagierten Menschen und ließ mir deren Namen und Adressen zukommen, sodass ich ein richtiges Netzwerk aufbauen konnte. Es ist bewundernswert, mit welchem Mitgefühl und welchem Engagement Fremde für Debbies Freilassung werben und kämpfen. Wolfram Gisenstein ist zum Beispiel der Begründer der Berliner Initiative, der kurze Zeit später auch mein Neffe Mark Prüfer beitrat. Gisenstein hat Dinge unternommen, von denen ich noch nicht einmal geträumt habe. Jahrelang scheute er sich nicht, auf den großen Plätzen in Berlin auf den Fall aufmerksam zu machen, und er entwickelte viele

Wolfram Gisenstein, Begründer der Initiative »Freiheit für Debbie Milke« bei einer Flugblattaktion im Sommer 1998

Ideen, die uns helfen können. In einem Interview legte er seine Motive für die Gründung der Initiative dar: »Ich habe von dem Fall aus der Zeitung erfahren und war schockiert. Ich empfand solche Wut und vor allen Dingen Mitleid, dass eine Gefangene in einem so genannten demokratischen Rechtsstaat so erbärmlich behandelt wird.« Die Initiative ist rein privater Natur und kein eingetragener Verein; sie macht die Öffentlichkeit auf Debbies Fall aufmerksam und bittet um Spenden, damit der Prozess bezahlt werden kann. Wolfram Gisenstein schrieb mir im Januar, dass die Initiative T-Shirts mit Slogans gedruckt, Flugblätter verteilt und Unterschriften gesammelt hatte. Er entwickelte auch die Idee zu einer Veranstaltung im »Haus der Demokratie«

in der Friedrichstraße. *SAT.1* stellte uns die notwendige Technik kostenfrei zur Verfügung, wir mussten auch keine Saalmiete bezahlen. Neben mir und Wolfram Gisenstein saß auch ein Vertreter von *Amnesty International* auf dem Podium. Wir stellten den Fall in aller Ausführlichkeit dar und verwiesen auf seine Brisanz. Im Anschluss wurde das Podium geöffnet, und wir stellten uns den Fragen des interessierten Publikums. Die Resonanz auf diese Veranstaltung war sehr ermutigend, viele Zeitungen haben darüber berichtet. Der *Sender Freies Berlin* lud mich einige Tage später zu einem Abendmagazin ein. Ich schätze Live-Übertragungen; hier kann ich direkt und ungeschnitten mein Anliegen vortragen und muss nicht fürchten, dass eine Redaktion den Beitrag nachträglich verzerrt. Der Beitrag lief unter dem Motto »Berlinerin des Tages«. Letztlich war das nur ein Kurzauftritt von vielleicht drei Minuten, aber er genügte, um das Interesse der Öffentlichkeit wach zu halten.

Nach dieser Veranstaltung flog ich nach Arizona zurück, aber es ging stetig mit Telefoninterviews für Zeitungen und Fernsehsender weiter. Auch politische Magazine meldeten sich. Häufig war Debbies Fall die Titelgeschichte oder die Redaktionen widmeten der Geschichte zumindest einen ganzseitigen Artikel. Ich hatte mittlerweile auch viele Unterstützer in anderen europäischen Ländern und den USA gefunden, vor allem Frauen kämpfen an meiner Seite: Olga lebt in England, Audrey in Irland, Helma auf Sardinien, Sandra in Australien und Barbara in der Schweiz. Das sind nur einige wenige Stellvertreter für viele gute Freunde, die vor allem aus Deutschland und der Schweiz kommen. Aber auch in den USA gab und gibt es Menschen, wie die bereits erwähnten Pat und Patti Galbraith, die immer eine Schulter zum Trost bieten und zu einem Teil der Familie geworden sind. Pat und Patti kümmern sich seit Jahren unermüdlich um Debbie und ihre Angelegenheiten. Ein anderes Beispiel sind Arch Campell in New York, der sich vor allem in der Medienbranche für Debbie eingesetzt hat, und Andrew Schwartz, ein Verlagslektor, ebenfalls aus New York.

Im Mai 1999, als ich wusste, dass ich in den USA im Moment nichts mehr weiter ausrichten konnte, habe ich dann mein Appartement aufgegeben und bin, nach diesem eineinhalbjährigen Aufenthalt in Arizona, in die Schweiz zurückgekehrt. Vorher hatten sich noch einige Schweizer Sender gemeldet und Features gedreht; es verging kaum eine Woche, in der nicht ein Interview stattfand. Im Juli organisierte das Team um Wolfram Gisenstein eine Pressekonferenz im Berliner Schinkelpalais, an der auch die Schauspielerin Angelika Wedekind und Martin Reimer von *Amnesty International* teilnahmen. Am nächsten Tag fand noch eine Veranstaltung an der Humboldt-Universität unter den Linden statt. In dieser Zeit habe ich vehement die »Werbetrommel« gerührt. So gab es zum Beispiel auch drastische Aktionen in Berlin, bei denen Angelika Wedekind eine Exekution simulierte und auf dem deutsch-amerikanischen Volksfest für Wirbel sorgte. Diese Einsätze für Debbie waren harte Teamarbeit, aber da jeder in dem Wirkungsbereich agierte, in dem er sich am besten auskannte, waren wir ziemlich erfolgreich. Es gab und gibt viele freiwillige Helfer, die Aushänge in Postämtern machen, Stände in Fußgängerzonen aufbauen, Leserbriefe an Zeitungen schicken, aber auch an Behörden und einflussreiche Politiker schreiben. Wir entwickeln ständig neue Ideen. Wolfram schlug unter anderem vor, dass man ein Lied für Debbie komponieren sollte. Wir schrieben an Udo

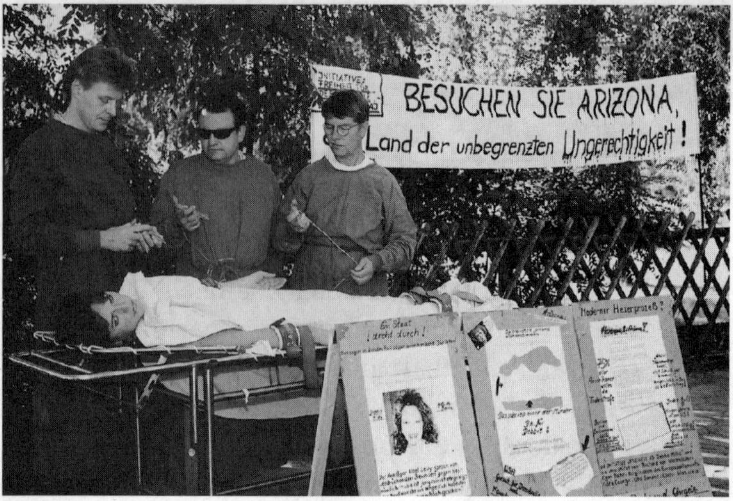

Hinrichtungsszene, organisiert von der Initiative »Freiheit für Debbie Milke« im Sommer 1999

Jürgens und an die international erfolgreiche Rockband Scorpions, aber es kam leider nie eine Antwort.

Eines Tages meldete sich die Redaktion von *Boulevard Bio* und lud mich zu einer Sendung ein, die im Oktober 1999 ausgestrahlt wurde. Neben mir waren unter anderem Oskar Lafontaine und Eva Hermann eingeladen. Die Sendung verlief sehr angenehm und Alfred Biolek erwies sich als charmanter und interessierter Gastgeber. Nach diesem Abend klopften natürlich auch andere Talkshows bei mir an. Bald war ich gezwungen, eine Auswahl zu treffen. Nicht selten rief ich dann bei Wolfram Gisenstein an und bat ihn um Rat. Das große Interesse hat mich aber in jedem Fall sehr gefreut.

Nach wie vor war das größte Problem Geld. Das hat sich bis heute leider nicht geändert. Doch was sollten wir tun? Wolfram Gisenstein schlug vor, sich an prominente Personen zu wenden und um Unterschriften und Spenden zu bitten. Wir stellten eine Liste derer zusammen, die sich für humanitäre Zwecke einsetzen. Die Redaktion von Alfred Biolek war uns bei der Beschaffung von Adressen sehr behilflich. Finanzielle Hilfe bekamen wir auf diesem Wege zwar keine, aber eine Reihe bekannter Menschen unterschrieben den Aufruf »Freiheit für Debbie Milke«: Richard von Weizsäcker, Egon Bahr, Horst-Eberhard Richter, Friedrich Schorlemmer, Christoph Dieckmann, Udo Samel, Karl Lamers, Angelika Wedekind, Dieter Laser, Peter Lohmeyer, Uschi Glas, Otto Sander. Wir überlegten auch, einen Verein zu gründen, denn die Fernsehsender blenden eine Spendenadresse nur dann ein, wenn es sich um einen eingetragenen Verein handelt. Doch die Formalitäten, die es dabei zu beachten galt, hielten uns davon ab. Stattdessen hat ein Kollege meines Mannes ein Spendenkonto in Staufen eingerichtet und betreut es für uns. Die mittlerweile angefallenen Kosten für Anwälte und die extrem hohen Gerichtskosten in den USA übersteigen bei weitem unsere finanziellen Möglichkeiten, wir sind dringend auf Spenden angewiesen. Sollte Richter Broomfield im nächsten Jahr zu Debbies Gunsten entscheiden, könnte Debbie mit der Hinterlegung einer Kautionssumme von einhunderttausend Dollar aus der Haft entlassen werden. Damit wäre zwar der Fall noch nicht abgeschlossen, und auch ein neues Verfahren würde wieder viel Geld kosten. Aber Debbie dürfte zumindest das Gefängnis verlassen. Allerdings nur mit strengen Auflagen wie Hausarrest und einer Fußgelenkkette, in die ein Sender integriert ist, ein Pass bliebe ihr vorenthalten. Doch wie soll ich noch einmal einhunderttausend Dollar aufbringen? Allein

Renate Janka mit Uschi Glas bei Dreharbeiten in München (August 2000)

schaffe ich das nicht, wir sind auf Unterstützung angewiesen.

Im Rahmen unserer Prominentenaktion hatte Wolfram Gisenstein auch die Schauspielerin Uschi Glas angeschrieben. Sie signalisierte sofort ihre Bereitschaft, uns zu helfen, und schlug ein Treffen in München vor. Es gab ein gemeinsames Interview mit der *Bunten*, woraufhin sie versuchen wollte, alle Leute aus ihrem Bekanntenkreis für diese Sache zu interessieren, unter anderem auch Elke Sommer. Damals bedankte ich mich für das Gespräch noch ganz vorsichtig: »Ich denke, dass wir vielleicht gemeinsam die eine oder andere Strategie erarbeiten und verwirklichen können. Für Ihre Bereitschaft hierzu bin ich Ihnen von

Herzen dankbar.« Kurz danach traf ich mich mit ihr und Elke Sommer in München wieder. Elke Sommer, die größtenteils in den USA lebt, hatte einige Ideen für das weitere Engagement in Amerika, aber leider ist nie etwas daraus geworden. Hingegen sind Uschi und ich wirklich Freunde geworden. Auch sie kann die Welt nicht verändern, aber die Mühen, die sie für Debbie auf sich genommen hat und sicher auch weiter auf sich nehmen wird, sind bewundernswert. In ihr habe ich, obwohl unsere Lebenswelten so verschieden sind, eine gute Freundin gefunden. »Ich brauche deinen Rat in diesem verdammten Mediengeschäft«, schrieb ich ihr erst vor kurzer Zeit wegen eines Filmprojekts. »Ich weiß wirklich nicht mehr, was ich noch tun oder wem ich vertrauen kann. Wie du so schön gesagt hast, ›die Flügel sind gestutzt‹. Mittlerweile bin ich Teil eines Szenarios, das mir immer mehr zu denken gibt und mich in meinen eigenen Entscheidungen beeinträchtigt und unsicher macht.«

Vor einem Jahr wurde von der Gouverneurin Arizonas, Jane D. Hull, die in der Presse schwer angegriffen worden war, eine Kommission eingesetzt, die überprüfen sollte, wie die Todesstrafe in Arizona gehandhabt wird. Diese Anweisung war indirekt auf die Konferenz in Chicago zurückzuführen, von der ich bereits berichtet habe. In der Kommission vertrat Mike Kimerer die Strafverteidiger, Generalstaatsanwältin Janet Napolitano die andere Seite. Debbie hatte zuvor von der Kommission in der Zeitung gelesen und daraufhin an Kimerer geschrieben, ob er nicht an ihrem Beispiel veranschaulichen könnte, was in einem Verfahren alles schief laufen kann. Er schrieb ihr einen freundlichen Brief zurück und drückte dabei auch seine Überzeugung aus, dass sie nicht ins Gefängnis gehöre.

Aber er relativierte auch ihre Erwartungen, da er am Erfolg der Kommission zweifelte. Die Kommission sei eher ein Politikum, ein taktischer Schachzug der Gouverneurin, die eine gute Presse brauche. Ändern würde sich dadurch wahrscheinlich nichts. Im Grunde ist Jane D. Hull in der Lage, Begnadigungen auszusprechen, allerdings erst nachdem alle Instanzen durchlaufen sind und der letzte Termin für die Hinrichtung feststeht. Aber sie verkündete vor kurzem wieder in der Zeitung, dass es in ihrem Staat keine Justizirrtümer gebe und sie keinen Anlass für Begnadigungen sehe.

LETZTER VERSUCH, SANDY DIE HAND ZU REICHEN

Während meines Aufenthaltes in den USA von Februar 1998 bis Mai 1999 fühlte ich mich ziemlich allein. Mein Mann konnte nur gelegentlich zu Besuch kommen. Debbie hatte nicht die Kraft, Besuche zu empfangen; Sam war im März verstorben und von Sandy und Ron hatte ich nie mehr etwas gehört. Im Juli 1998 erhielt ich eine merkwürdige E-Mail von Sandys Freundin Terri, in dem diese sich kindisch und unsachlich über meinen letzten Besuch bei Sandy ausließ, ohne die Fakten zu kennen. Im gleichen Atemzug ließ sie aber durchblicken, dass sie gerne helfen möchte. Als ich das las, raffte ich mich auf und setzte mich in meinem kleinen Appartement an den Schreibtisch und schrieb nach all den Jahren einen Brief an meine Tochter:

Liebe Sandy,
es ist nicht meine Absicht, die Kluft zwischen uns noch weiter zu vertiefen, aber ich vermute, dass Terri nicht alle Einzelheiten meines verhängnisvollen Besuches bei dir im November 1993 kennt und auch nicht weiß, wie es damals ausging. Du, Ron, deine Freunde und ich wissen, was damals wirklich passiert ist, und du weißt auch, dass ich mit einem gebrochenen Herzen fortging und in dem Wissen, dass du mich wahrscheinlich aus deinem weiteren Leben ausschließen und mich abhalten würdest, meine beiden Enkel zu sehen. Du hast mich

seitdem nicht mehr zu kontaktieren versucht, und ich hatte bis vor kurzem keine Ahnung, wie es dir geht. Ich habe jedoch nie die Hoffnung aufgegeben, dass wir diese Dinge eines Tages klären können. Immerhin wusstest du immer, wo du mich erreichen kannst, ich wusste das von dir nicht. Und wenn du tief in deine Seele hineinschaust, wirst du zugeben müssen, dass du es warst, die die Tür zugemacht hat, nicht ich. Ich war tief verletzt und am Boden zerstört, aber ich bin und bleibe immer noch deine Mutter und du bleibst meine Tochter, welche Gefühle du auch immer in dir trägst.
Alex und ich waren zu diesem Zeitpunkt ziemlich niedergeschmettert und mussten eine schwere Entscheidung treffen. Was konnten wir schon von hier aus tun? Nichts. So beschlossen wir beide noch einmal, persönliche Opfer zu bringen. Ich gab meine Stellung auf, wir verpfändeten unser Haus ein weiteres Mal, ich verließ Alex und mein Zuhause, um hierher zu kommen und etwas zu unternehmen. Die einzige Perspektive, die uns blieb, war etwas, was wir im Grunde nie tun wollten – nämlich an die Öffentlichkeit gehen. Ich könnte dir ausführlich beschreiben, wie mich diese Entscheidung beschäftigt hat und was ich durchgemacht habe, körperlich und seelisch, aber das gehört nicht hierher. Das ist der Grund, warum ich nach Arizona gekommen bin. Ich bin hier ganz allein, lebe am Rande des Existenzminimums und hatte anfangs keine Idee, wie ich die Sache anpacken sollte. Erst nahm ich Kontakt zu einigen Menschen auf, die mir erklären konnten, was überhaupt während der Beweisaufnahme und während des Prozesses geschehen war. Daraufhin wurde mir wirklich Angst und Bange. Ich suchte Menschenrechtsorganisationen auf und korrespondierte mit Gott und der Welt. Dann ging ich zum staatlichen Archiv und las die entsprechenden Dokumentationen, Prozessmitschriften, Polizeiberichte, einfach alles. Das nahm etwa drei Monate in Anspruch.
Ich weiß nicht, ob du dir darüber im Klaren bist – aber ich habe schlagende Beweise dafür, dass deine Aussage und die Tonbandauf-

zeichnungen deines Gesprächs mit Saldate entscheidend für die Verurteilung und für die Bemessung des Strafmaßes waren. Ich erwähne das nicht, um dich zu verurteilen oder mit dem Finger auf dich zu zeigen – das spielt hier keine Rolle. Aber ich glaube wirklich, dass wir alle in der Zeit, als wir von Christophers Tod erfuhren, so schwer traumatisiert waren, dass keiner mehr klar denken konnte. Wie auch immer, es gipfelte letztlich in deiner schrecklichen Aussage, die die Jury nochmals umstimmte.
Ich kann nicht nachvollziehen, wie eine Schwester sich so gegen die andere wenden und deren Leben in Gefahr bringen kann. Als ich dich darauf ansprach, wurdest du sehr böse und hattest immer noch nicht verstanden, dass es hier um Leben und Tod ging und nicht um einen Sympathiewettbewerb zwischen zwei Schwestern. Es kann sein, dass du dich wegen irgendetwas gefürchtet hast, oder Ressentiments gegen deine Schwester hattest, aber die einfache Wahrheit ist, dass du deine Schwester dadurch zum Tode verurteilt hast.

Ich versuchte Sandy die Zusammenhänge ausführlich zu erklären, verwies auf die Fakten, die ich recherchiert hatte. Ich erklärte ihr auch den Zugang zur Homepage, wo sie die wichtigsten Dokumente auf einen Blick finden konnte. Ich schrieb über Styers und Scott, über die möglichen Hintergründe der Tat, über ihre Krankheiten und ich fragte sie, warum damals niemand aus der Familie, weder sie noch ihr Vater, Zweifel an Debbies Schuld gehabt hätten. Dann erzählte ich ihr von den Tonbändern, die Debbie besprochen hatte, und bot sie ihr an. Zuletzt berichtete ich ihr vom Medienecho in Deutschland, das auf Grund des *Spiegel*-Artikels entstanden war, von unseren Aktivitäten und der breiten Anteilnahme, die wir erfuhren. »Sandy, du solltest wissen, dass es mir nur darum geht, Debbie freizubekommen und meine Angehörigen zu schützen. Ich will weder dir noch deinen Kindern schaden. Was glaubst du denn, wer ich bin, ein kinderfressendes Monster?«

Nachdrücklich forderte ich sie auf, in unserem Team mitzuarbeiten, und versuchte ihr klarzumachen, dass Debbies Leben auch in ihrer Hand liegt. Ich wusste, dass sie ein langes Gespräch mit Kirk Fowler geführt hatte und dann doch nicht mitmachen mochte. Ich wollte wissen, wo ihr Problem lag. Mein Brief schloss mit den Worten: »Ich stehe an deiner Seite, wenn du das willst, und es war einer von Debbies letzten Wünschen, dass wir unsere Konflikte begraben. Auch wenn es für dich kaum vorstellbar sein mag, ich mache mir Sorgen um dich.«

Leider habe ich nie eine Antwort erhalten. Stattdessen hat sich Sandy bei der Staatsanwaltschaft darüber beschwert, dass sie von unseren Anwälten belästigt würde. Das Gespräch mit Fowler, das nur in Teilen auf Kassetten dokumentiert ist, sollte Sandy dazu bewegen, eine eidesstattliche Erklärung zu diesem Gespräch abzugeben. Sandy erbat sich ein paar Tage Bedenkzeit und reagierte dann in der beschriebenen Weise. Auf unserer Website hinterließ sie bald darauf einen hässlichen Eintrag im Gästebuch. Das war ein Grund dafür, dass wir das Gästebuch kurz danach schlossen. Bis heute habe ich keinen Kontakt mehr zu Sandy, obwohl ich es noch einmal in einem Kraftakt versucht habe. Jetzt ist es an ihr, sich zu melden. Die Tür ist von meiner Seite immer offen.

DEBBIES LEBEN IM GEFÄNGNIS

Keiner kann sich vorstellen, wie der Alltag im Gefängnis aussieht. Die Schweizer Journalistin Margrit Sprecher, die ein Buch über Todeskandidaten geschrieben hat, berichtet: »Das ist wie in einer dreistöckigen Hühnerbatterie. Wenn ein Gefangener seine Toilette benützt, geschieht das vor aller Augen. Es riecht so stark nach Urin und Schweiß, dass einem übel wird. Es ist sehr heiß, über 30 Grad.«

Debbie darf nicht viele Dinge in ihrer Zelle haben, man nimmt ihr aus reiner Schikane alles weg, was ihr gehört, selbst so persönliche Dinge wie Fotoalben und Make-up. Maßnahmen, die gerade aus weiblicher Sicht sehr verletzend sind. Die Aufseher greifen zum Teil stark in Debbies ohnehin kaum noch vorhandene Intimsphäre ein. Das hat mit Respekt vor der Würde des Menschen nichts mehr zu tun und ist auch nicht mehr allein mit »Sicherheitsmaßnahmen« zu rechtfertigen. Damit soll ganz gezielt ein Mensch seiner Identität beraubt werden, kein Wunder, dass viele Inhaftierte nur noch stumpf vor sich hinvegetieren. Debbie wehrt sich manchmal, wenn die Aufseher wieder ihre Zelle ausräumen, das Bett in seine Einzelteile zerlegen, ihre Kleidung und ihre privaten Sachen durchwühlen. Aber es ist sinnlos, am Ende muss sie mit noch härterer Bestrafung rechnen und zieht nur die Feindschaft der Wärter auf sich.

Debbie hat gelernt, allein zu sein, allein mit allem fertig zu werden. Sie kann mir nicht persönlich erzählen, was in ihr vorgeht. In ihrer Zelle kann sie nur für sich sein und es ertragen. Sie will auch erst wieder andere Menschen außer mir sehen, wenn sie draußen ist. Gott sei Dank ist sie bislang nicht geschlagen oder sexuell missbraucht worden. Aber sie hat Horrorgeschichten gehört von Gefangenen, denen das passiert ist. »Wir alle meistern das Leben auf verschiedene Weise«, schreibt Debbie in einem ihrer zahlreichen Briefe,

... ich habe gelernt, mit allem am besten fertig zu werden, indem ich allein bleibe. Ich kann wahrscheinlich nicht sehr gut erklären, was in mir vorgeht, aber ich weiß, dass ich mich sehr wohl fühle, wenn ich allein in meiner Zelle sein kann. Wenn ich merke, dass ich aus irgendeinem Grund den Raum verlassen muss, fühle ich mich wie ein hilfloses Kind, das missbraucht wird und sich nicht wehren kann. Natürlich bin ich erwachsen und habe inzwischen eine stärkere Persönlichkeit als ein Kind, aber Missbrauch ist nunmal Missbrauch, egal, ob man zehn oder siebenunddreißig Jahre alt ist. Dieser Ort missbraucht mich. Die Angst, die ich fühle, ist riesig. Das kann sich niemand vorstellen. Sicher fühle ich mich nur in meiner Zelle (solange nichts passiert). Ich werde mich nie wirklich gut und sicher fühlen können, bis ich hier nicht endgültig raus sein werde. Ich sehe die Ketten und Fesseln, mein Herz beginnt zu rasen, und ich sage zu mir selbst: »Nein, hört auf damit. Ich bin nicht gefährlich. Warum muss ich das alles über mich ergehen lassen?« Es ist schrecklich, Mom, wirklich schrecklich. Das ist einer der Gründe, warum ich so Schwierigkeiten habe, mich zu zeigen. Es liegt nicht daran, dass ich niemanden sehen möchte. Ich sehe oft aus meinem Fenster hinüber zum Hauptgebäude und denke an den Tag, an dem ich diesen Ort verlassen werde. Ich stelle mir die Situation vor und höre mich sogar dabei sagen: »Das ist der letzte Tag, an dem ich gefesselt sein werde.« Der Schmerz, den ich fühle, ist unbeschreiblich und ich werde niemals mehr die sein können, die ich einmal gewesen bin. Ich werde das, was ich hier ertragen muss, niemals verwinden können. Mein Herz ist in Stücke gerissen worden.

Debbie hat nahezu alle Menschen verloren, die sie geliebt hat. Erst ihren Sohn, um den sie nicht einmal angemessen trauern konnte, 1992 ihre Schwiegermutter Ilse Milke, ihre Großeltern starben 1994 und 1996 und 1998 ihren Vater Sam. Ihr Leben, klagt sie, sei mit fünfundzwanzig Jahren vorbei gewesen. Ein Geburtstag bedeutet ihr nichts mehr, es ist nur ein weiterer Tag. Sie existiert nur von einem Tag zum anderen, von einem Jahr zum nächsten. Ich habe einen externen Psychologen engagiert, der mit ihr Therapiesitzungen abhält. Ich erzählte ihr bei meinen Besuchen auch von meinen Gefühlen und meinem Schmerz, um sie von ihrer Situation abzulenken. Aber es konnte nie eine vertrauliche, private Atmosphäre zwischen uns entstehen, da immer ein Wärter anwesend war. Debbie vertraut niemandem im Gefängnis.

Man wird hier wie eine Nummer behandelt, denen geht es nur um ihren Job und den Gehaltsscheck. Sie kümmern sich einen Dreck um uns. Wenn du Probleme hast, sagen sie, nimm eine Tablette. Hier glaubt mir niemand.
Die Tage gehen hier eigentlich ziemlich schnell vorbei. Die meiste Zeit verbringe ich mit Schreiben. Ich sehe nicht viel fern, höre aber viel Musik. Musik hält meine Depressionen in Schach, die völlig unerwartet wie ein ungebetener Gast kommen und wieder gehen. Ich kann sie nicht kontrollieren, aber ich nehme keine Medikamente mehr dagegen. Ich hasse sie. Früher habe ich mal ein paar Antidepressiva ge-

nommen, aber danach fühlte ich mich wie ein Zombie. Ich will von dem Zeug nicht abhängig werden. Die letzten sechs Jahre habe ich nichts mehr genommen, es gibt andere Wege, damit zurechtzukommen, wie eben Musik. Ich kann mir gar nicht vorstellen, ohne Musik zu sein. Vermutlich würde ich wahnsinnig werden. Wie gesagt, ich schreibe. Und dann mache ich täglich meine Übungen. Aber ich darf nicht wie die anderen dazu raus aus der Zelle, ich muss sie hier machen. Eine Stunde am Tag darf ich zum Luftschnappen nach draußen.

Das Gebäude ist mit doppeltem Stacheldraht gesichert. Jede Zelle hat eine Klappe, durch die wir unsere Post und unser Essen erhalten. Unsere Türen gehen direkt nach draußen auf. Jede Zelle hat ein Fenster in der Tür. So können wir nach draußen sehen, und an klaren Tagen verbringe ich viel Zeit damit, in die Berge zu schauen. Die kann ich von hier aus wirklich gut sehen, und ich verliere mich dabei in meinen Gedanken. Durch das andere Fenster kann ich auf den Highway und auf ein paar andere Berge sehen. Da kriegt man ein bisschen frische Luft. Die Sicherheitsmaßnahmen sind hier sehr streng. Die Insassen im Hochsicherheitstrakt werden anders als die restlichen Gefangenen behandelt. Wann immer ein Insasse aus der Zelle herauskommt, ob er nun zum Duschen, zum Telefonieren oder in den Käfig zur »Erholung« geht, bekommt er Handschellen angelegt. Wenn ich sehe, dass das auch den anderen passiert, fühle ich mich nicht so alleine.

Der einzige Unterschied besteht darin, dass ich auch an den Knöcheln gefesselt werde und die anderen nicht. Aber im Großen und Ganzen werden wir alle gleich behandelt. Ich kenne ziemlich viele Leute hier. Ein Zellennachbar ist hier direkt neben mir, zwei weitere sind unter meiner Zelle. Und vierundzwanzig Zellen liegen weiter hinten. Mit dem neben mir und den zwei unter mir teile ich mir quasi die Öffnungen nach außen, sodass ich auch mit ihnen reden kann. Mit Gefangenen, die weiter weg leben, muss ich über das hintere Fenster spre-

chen. Viele Leute stehen an den Türen und schreien, aber das mache ich nicht.
Ich gehe am liebsten am Abend nach draußen, weil die Leute von dieser Schicht etwas freundlicher sind. Sie behandeln mich wenigstens wie ein menschliches Wesen. Dann habe ich auch Zugang zu einem Telefon, das ich zweimal in der Woche benutzen darf. Das mache ich auch. Wenn ich jemanden anrufe, dann meine Mom. Einmal pro Woche darf ich Besuch empfangen. Da wird dann der ganze Hof geschlossen. Alle müssen in ihre Zellen zurückgehen. Man begleitet mich, zuvor aber werden mir Handschellen und Fesseln angelegt. So muss ich über den ganzen Hof gehen. Zwei Aufseher sind immer dabei. Sie tragen Schutzanzüge mit kugelsicheren Westen. Meine Besucher darf ich nicht berühren oder gar umarmen. Früher durfte ich das noch in der Gegenwart meines Anwalts, aber jetzt darf ich nicht mal mehr das. Wenn die Besuchszeit vorbei ist, riegeln sie wieder den Hof ab, und ich gehe mit den Aufsehern zurück in das Gebäude, in dem ich untergebracht bin. Vorher aber müssen die Besucher den Bereich bereits wieder verlassen haben. Und dann werde ich am ganzen Körper durchsucht. Diese Kontrollen sind äußerst erniedrigend. Allmählich habe ich mich daran gewöhnt, aber ich fühlte mich lange wie bei einer Vergewaltigung. Man muss alle Kleidungsstücke ablegen, und der Wärter durchsucht sie. Dann muss man sein Haar schütteln, sie gucken dir hinter die Ohren und in die Nase, du musst deinen Mund weit aufmachen, die Zunge anheben und dein Zahnfleisch zeigen. Deine Finger spreizen und die Arme heben, sie schauen einfach überall nach, vom Kopf bis zu den Füßen. Dann musst du dich umdrehen, hinhocken und drei Mal husten. Bevor du aufstehen darfst, musst du noch deine Pobacken spreizen. Und sie schauen auch da ganz genau nach. Dann musst du noch die Füße heben und mit den Zehen wackeln. Ja, so ungefähr läuft das ab. Es ist schon sehr demütigend. Noch schlimmer ist es, wenn du mit einer Beamtin zu tun hast, die lesbisch ist.

Manchmal nehmen sie dir Sachen weg, angeblich damit man keinen Selbstmord begeht. In Isolationshaft sitzen Leute, die damit nicht zurechtkommen und durchdrehen. Die versuchen dann, sich selbst zu verletzen. Ich habe schon schauerliche Dinge gesehen, wenn Leute sich umbringen wollten. Wenn einer das versucht, dann hat das Konsequenzen für alle. In den letzten Monaten ist das ein paar Mal passiert, meist mit Schnürsenkeln. Jetzt dürfen wir alle keine mehr tragen. Wir dürfen auch keine Rasierklingen haben. Und sie haben uns unsere Zahnbürsten weggenommen, weil einige sie zu Keilen umfunktioniert haben. Das trifft nicht nur mich. Wir müssen dann alle darunter leiden.

Ich versuche alles, um bei klarem Verstand zu bleiben. Ich bin aber die Einzige, die beim Freigang in Handschellen und (!) Fesseln gelegt wird. Es gibt viel gefährlichere und gewalttätigere Häftlinge als mich. Manche kämpfen trotz Handschellen oder zünden ihre Zellen an. Eine Wärterin, bei der ich mich deshalb beschwerte, stimmte mir zu. Aber sie könne nicht anders, ich hätte eine spezielle Sicherheitsstufe. Manchmal kann ich diese Regeln akzeptieren, aber dann wieder rebelliert alles in mir. Dann werde ich sarkastisch und frage sie, wo sie denn das Halsband und den Maulkorb gelassen hätten. Ich bin jetzt schon sieben Jahre hier und habe noch niemals Schwierigkeiten gemacht. Manchmal kommt es mir so vor, als ob eine schwarze Wolke über mir schwebt. Es ist ein beschissenes Gefühl. Einmal sagte ich zu meiner Mutter, dass ich, wenn das hier vorüber ist und ich frei sein werde, eine saubere Dusche nehmen und mir dieses Gefängnisgefühl von der Haut schrubben möchte. Ich möchte all diese Hässlichkeit und diesen Wahnsinn abspülen. Ich weiß nicht, es ist schwer zu erklären.

An Selbstmord habe ich nie gedacht, ich bin ängstlich. Aber manchmal habe ich schwere Depressionen. Mit den Jahren ertrage ich das alles immer weniger. Es gab schon Phasen, da wollte ich nicht mehr leben. Vor kurzem schrieb ich meiner Mutter einen Brief, ich war total deprimiert. Ich hatte das Gefühl, dass das System gewinnen wird. Ich schrieb, dass ich nicht mehr aufwachen wollte. Es gab keinen Grund mehr dafür, denn Christopher ist nicht mehr bei mir. Der einzige Grund, der mich antreibt, dieser Schwermut nicht zu erliegen, sind meine Mutter und Alex. Wenn es nicht auch wichtig für die beiden wäre, würde ich vermutlich mein Berufungsverfahren nicht weiterverfolgen. Nicht weil ich meine Schuld eingestehen will, nein, nur weil ich so viel verloren habe. Und da gibt es einfach Zeiten, da mag ich mich um nichts mehr kümmern.

Debbie hegt im Hinblick auf die *Habeas Corpus*-Petition nicht mehr die gleiche Zuversicht wie früher. Im Grunde glaubt sie an gar nichts mehr und hat einfach nur Angst, wieder enttäuscht zu werden. Debbie sitzt herum und denkt daran, dass O. J. Simpson frei durch die Straßen geht – bei all den Beweisen! Sie hofft, mit der Öffentlichkeit, die sie erreicht, auch die Staatsanwaltschaft wachzurütteln. 37 Jahre ist sie jetzt alt und fühlt sich bereits wie 80. Ihre Schwester Sandy ist eine Fremde für sie geworden, im Grunde tut sie ihr nur Leid, auch wenn ihre Aussagen vor Gericht sehr bitter für sie waren. Debbie muss damit leben.

Manchmal beobachtet Debbie Leute beim Spazierengehen und Joggen; das würde sie auch gerne tun und darf es nicht. Sie sitzt in einem Käfig, bekommt kein nahrhaftes Essen, trainiert in ihrer Zelle und verliert doch jeden Tag an Kraft. Es ist ein Kampf. Debbie macht sich Sorgen um ihre Gesundheit, nimmt Vitamine und isst kein »junk food«. Sie denkt viel an ihren Jungen, schaut jeden Tag Fotos an, wenn man sie ihr nicht wieder weggenommen hat: »Was würde er wohl jetzt tun …?« Für sie ist er immer noch der kleine Junge. Manchmal träumt sie ganz intensiv von ihm, dann schreit sie im Schlaf.

Diese schwere Prüfung ist ein solch schlimmer Albtraum geworden, den sich niemand wirklich vorstellen kann. Diese Geschichten passieren normalerweise nur bösen Menschen oder im Kino, wo man hinterher aufsteht und sagt: »Uhhhh, schrecklich!« Aber so ein Albtraum kann auch über ein ganz normales Menschenleben hereinbrechen. Es ist kaum vorstellbar, aber es passiert: In einem Geflecht, in dem viele verschiedene Fäden miteinander verwoben sind – Wut, Eifersucht, Hass, Rache –, hat jeder Faden eine besondere Färbung, von Selbstsucht bis zu schlichter Bosheit. Das Kind einer allein erziehenden Mutter wird in einer Welt getötet, wo es das Böse gibt, und als ob das allein nicht schlimm genug ist, wird diese Mutter von den Medien als eine Verbrecherin dargestellt, die ihr eigenes Kind umbringen ließ. Jeden Tag kommt die Geschichte in den Nachrichten, bis es alle glauben. Du selbst bist diese Frau, und nur du weißt in deinem Herzen und in deinem Gewissen, dass du nicht schuldig bist.

Ich versuche stets, alle Gelegenheiten wahrzunehmen, um Debbies Situation publik zu machen und dadurch vielleicht den berühmten Strohhalm zu ergattern, den wir so dringend brauchen. So war ich auch im März 2000 auf einer dreitägigen Konferenz in Holstebro/Dänemark, die von der *International Bannister Foundation* initiiert wurde. *Amnesty International* und die *European Coalition for the Abolishment of the Death Penalty (ECADP)* beteiligten sich an der Durchführung. Eine Stunde lang konnte ich vor einem internationalen Publikum Debbies Fall darstellen. Ich merke immer wieder, wie wichtig auch die kleinsten Schritte sind: ein Interview, ein Auftritt in einer Fernsehsendung, Briefwechsel mit Menschen, die Anteil nehmen.

Ich erhalte täglich Dutzende von E-Mails und Briefen, die ich versuche, gewissenhaft und ausführlich zu beantworten. Viele Stunden sitze ich am Computer in meinem kleinen Büro, das ich mir unter dem Dach eingerichtet habe, und kommuniziere mit zum Teil ganz fremden Menschen, die sich melden, Informationen wollen und ihre Hilfe anbieten. Zum Beispiel schrieb ein Frank B. aus Leipzig, der selbst Schöffe an einem Zivilgericht ist, dass er die Sendung *Die Reporter* auf *Pro 7* über Debbie gesehen habe. Er sei entschiedener Gegner der Todesstrafe. Obwohl er auf der Suche nach Arbeit sei und nicht gerade »auf Rosen gebettet« lebe, wolle er eine kleine Spende von 50 DM geben. Eine pensionierte Krankenschwester, 64 Jahre alt, will für Debbie beten; ein Rechtsanwalt aus Frankfurt, der die Sendung *Akte 2000* gesehen hat, regt sich über die Haftbedingungen auf; ein Lehrer aus Mühldorf am Inn klagt in seinem Brief die fehlende Mitmenschlichkeit der amerikanischen Behörden an, und Jens S. von der Firma *ECOM-Center*, die die Website unterstützt, schrieb im November 2000, dass er dreihundert Briefe an die Staatsanwältin Janet Napolitano auf den Weg nach Phoenix gebracht habe. Das sind nur einige, willkürlich herausgegriffene Beispiele. Dahinter stehen Menschen, die unseren Kampf um Debbies Freilassung unterstützen. Und die uns Mut machen.

Noch im Februar 2001 sagte mir Anders Rosenquist, dass es der Richter erlaube, dass wir Saldates Personal- und Disziplinarakten bekämen. Dann sei Debbie in spätestens drei Monaten frei. Gerne hätte ich an Rosenquists Prognosen geglaubt. Aber ich verspürte wieder dieses unangenehme Gefühl im Bauch, das mir signalisierte, dass etwas nicht in Ordnung ist. Deshalb trieb ich meine eigenen Aktivitäten voran, die mich ein weiteres Mal zu Mike

Kimerer führten. Als ich ihm davon erzählte, dämpfte er schnell meine Euphorie und rechnete mir vor, wie lange sich ein Wiederaufnahmeverfahren noch hinziehen kann. Wir müssten mit mindestens zwei bis drei Jahren rechnen, denn die Staatsanwaltschaft wird nicht so schnell aufgeben. Das ist natürlich hart für Debbie. Mike Kimerer hofft, dass Debbie vielleicht im nächsten Jahr auf Kaution freigelassen wird. Aber er sei kein Anwalt, der seinen Mandanten Träume verkaufe und Luftschlösser baue, man müsse die Sache realistisch einschätzen. Nach diesen enttäuschten Hoffnungen nahm ich im März meinen ganzen Mut zusammen, ließ mir bei Mike Kimerer einen Termin geben und stellte ihm dann provokant eine Kiste mit allen mir zu Verfügung stehenden Akten auf seinen Schreibtisch. Er sah mich verblüfft an, aber ich bat ihn mit flehender Stimme: »Mike, schau dir bitte den Fall an. Du kennst doch schon so viel. Sag mir bitte, was ich tun soll. Ich brauche einen neuen Anwalt und ich habe kein Geld mehr! Soll Debbie umgebracht werden, nur weil ich das nicht mehr bezahlen kann?« – »Okay, okay«, beruhigte er mich. »Gib mir zwei Wochen Zeit. Ich rufe dich an.« Er hatte gerade eine neue Anwältin, Lori Voepel, eingestellt, die sich des Falles annahm und die vielen Akten gründlich studierte. Daraufhin haben sie sich entschlossen, den Fall zu übernehmen. Es ist kaum beschreibbar, was in mir vorgegangen ist. Ich weiß nicht einmal, wie ich nach diesem Bescheid wieder zum Haus meiner Freunde Pat und Patti gelangt bin. Als ich dort ankam, liefen mir die Tränen übers Gesicht. Die beiden dachten sofort, dass mal wieder alles schief gegangen sei. Ich stand in der Küche und schluchzte nur. Patti umarmte mich und sagte: »Du hast doch bis jetzt immer alles geschafft, du wirst auch jetzt wieder eine Lösung finden, da bin ich sicher.« Ich konnte nur unter Tränen antworten: »Patti, ich habe Glück gehabt. Mike Kimerer übernimmt den Fall.«

ZWISCHEN HOFFEN UND BANGEN

Ich will nicht verhehlen, dass auch ich psychischen Schwankungen unterliege. Ich bin eigentlich, genauso wie mein Mann, eine Kämpfernatur, aber es gab Momente in meinem Leben, da lag ich wie ein k.o. geschlagener Boxer am Boden und wusste nicht, ob ich es schaffen würde, wieder aufzustehen. Debbies Durchhaltevermögen gibt mir viel Kraft. Und dann ist natürlich mein Mann sehr wichtig für mich. Sein Leben hat ja auch unverhofft eine existenzielle Wendung genommen, der er mit unglaublicher Geduld begegnet. Ohne ihn könnte ich nicht so weitermachen. Dazu kommen die Familie, enge Freunde und viele Menschen irgendwo in der Welt, die unser Anliegen unterstützen.

Meine Fernsehauftritte zogen dabei immer die größte Resonanz nach sich. So auch bei *stern TV* mit Günther Jauch, der Uschi Glas und mich zu einer Live-Sendung Mitte Mai 2001 ins Studio einlud. Ich war seit Februar bereits wieder in Arizona, das *RTL* Fernsehteam kam Ende April für fünf Tage zu Dreharbeiten nach Phoenix. Davor lagen wie immer eine Menge Vorarbeiten, die zu erledigen waren. Wir mussten uns über den Ablauf verständigen, einiges vor Ort vorbereiten, Anträge bei den Behörden stellen, Telefonnummern besorgen. Als die Crew eintraf, suchten wir die verschiedenen Schauplätze des Verbrechens auf. Sie interviewten mich direkt vor dem Gefängnisgelände, fuhren

Renate Janka und Uschi Glas zu Gast bei Günther Jauch. Nachbesprechung der Live-Sendung stern TV *vom 20. Juni 2001*

dann zum Tatort, sie wollten Styers' ehemaliges Appartement sehen, dann das Gericht, die Polizeibehörde und das Regierungsgebäude. Schließlich trafen sie sich auch noch mit Paul Huebl. Die Sendung sollte am 16. Mai stattfinden. Am 15. Mai saß ich quasi auf gepackten Koffern, als ich morgens um vier Uhr einen Anruf aus Deutschland erhielt, dass die Sendung um knapp einen Monat verschoben werden musste. Für eine Umbuchung war es zu spät, ich bin trotzdem heimgeflogen. Neuer Sendetermin war der 20. Juni. Nach der Anmoderation wurde zunächst die in Arizona gedrehte Reportage eingespielt. Ich fiel vor Erstaunen beinahe vom Stuhl, als ich sah, dass es dem Fernsehteam mit einem Trick gelungen war, in das Haus von Saldate zu kommen und ihm einige Fragen zu stellen. Sie hatten sich als Team eines europäischen Fernsehsenders vorgestellt, das mit einem leitenden und erfahrenen Beamten der Mordkommission sprechen wollte, da man in letzter Zeit in Deutschland sehr viel über die Missstände im amerikanischen Justizsystem gehört habe. Saldate fühlte sich geschmeichelt und lud sie zu sich nach Hause ein. Er hatte noch nie jemanden dort empfangen. Erst stellten die Journalisten ihm eher allgemeine Fragen und leiteten dann unvermittelt zum Fall Debbie Milke über. Saldate reagierte harsch und nervös, er forderte das Team auf, unverzüglich sein Haus zu verlassen. Als ich im Studio saß und das Video zum ersten Mal sah, ging ich durch ein Wechselbad der Gefühle. Ich konnte kaum glauben, was ich gesehen hatte. Ich war wütend und zufrieden zugleich, weil es endlich jemandem gelungen war, diesen Mann vor eine Kamera zu bringen. Das war ein besonderer Moment, vor allem weil ich es zu oft erlebt hatte, dass die Sendungen, zu denen ich eingeladen wurde, nach einem ähnlichen Muster verliefen. Ich muss zugeben, dass ich mir zuweilen wie eine kaputte Schallplatte vorkomme. Das ist ungerecht, aber jeder Kampf, so engagiert man ihn auch führt, ermüdet irgendwann einmal. Dieses Video mit Saldate hatte mich geschockt. Wir saßen nach der Sendung noch mit Günther Jauch zusammen, der ja auch Berliner ist und nicht weit von unserer alten Wohnung geboren wurde. Ich hatte den Eindruck, dass auch ihm Debbies Schicksal nahe ging.

Ein weiterer Meilenstein in unserem Kampf um Debbies Freilassung könnte für uns *American Justice* werden, eine amerikanische Fernsehsendung, die außergewöhnliche Kriminalfälle und Gerichtsverfahren vorstellt. Es ist für uns äußerst wichtig, dass wir endlich auch die amerikanische Öffentlichkeit erreichen. Denn im Gegensatz zu Deutschland bzw. Europa nimmt man dort von Debbies Fall kaum Notiz. Ein Brief, den ich während der Dreharbeiten im Juli 2001 an meine Schwester schrieb, spiegelt die Hoffnung wider, die ich mit dieser Möglichkeit verbinde:

Hier in den USA läuft nach meiner Einschätzung alles so, wie ich es mir vorgestellt habe. Nun kommt endlich der Durchbruch bei den Medien, den ich seit drei Jahren anstrebe. Das Team von *American Justice* kommt in zwei Wochen wieder, um weitere Gespräche mit den Beteiligten zu führen. Wann die Sendung ausgestrahlt werden wird, weiß ich im Augenblick noch nicht. Aber ich habe den Eindruck, dass sie sehr seriös gemacht sein wird und in die richtige Richtung geht. Das Interview, das man mit mir geführt hat, hat allein mehr als drei Stunden gedauert. Die Produzentin hat mich sehr gelobt und gemeint, dass das Interview mindestens ein Drittel der Sendezeit ausmachen wird. Für amerikanische Verhältnisse ist dies unglaublich viel. Ich habe mein Bestes gegeben; drei Stunden in die laufende Kamera zu sprechen, ohne die Fragen vorher zu kennen, war schon eine Nummer größer als all das, was ich bisher erlebt habe. Ich war fix und fertig danach und konnte nicht richtig schlafen, aber ich musste in aller Frühe schon wieder für den Besuch bei Debbie präsent sein. Die Filmcrew war natürlich dabei. Die Stunden verliefen wechselhaft wie das Wetter: zunächst sehr stürmisch, dann haben wir beide uns wieder einmal über die Vergangenheit ausgesprochen und geheult wie die Schlosshunde, doch die letzte Stunde war wunderbar. Als ich Debbie genau erklärte, worum es bei dieser Sendung geht, fingen ihre Augen wieder zu leuchten an. Sie stellte mir sehr gute Fragen und gab mir auch allerlei sinnvolle Aufträge mit, die ich für sie erledigen muss. Schließlich verkörpere ich ihre Augen, ihre Ohren und ihre Füße da draußen, wo sie nicht sein kann. In dem Augenblick, in dem sie erkannte, was wir hier vorhaben, begann sie zu strahlen und hatte wieder einen Schimmer von Hoffnung in ihren Augen. Wie gesagt, wir

haben geheult und alles beredet, nur eines durften wir – wie immer – nicht: uns in die Arme nehmen. Das ist jedes Mal die absolute Hölle für mich. Ich bin mir sicher, dass Debbie den Rest des Tages nur geweint hat. Aber ich musste mich zusammenreißen.
Das Fernsehteam wollte alle Schauplätze des Verbrechens sehen. Als wir in die Wüste zur Fundstelle von Christopher kamen, wo mittlerweile ein von Mark Milke errichtetes Kreuz steht, sah ich aus der Ferne etwas vor dem Kreuz liegen. Ich war schon einige Zeit nicht mehr an der Stelle gewesen und konnte mir nicht vorstellen, um was es sich handeln könnte. Hatte jemand eine Blumenvase hingestellt? Das geschah manchmal, seitdem das Kreuz dasteht. Langsam kamen wir näher. Die Stelle liegt in einem fast uneinsehbaren, ausgetrockneten Flussbett in der Nähe der Happy Valley Road. Jedes Mal, wenn ich hierher komme, überkommt mich ein beklemmendes Gefühl. Da ist mir der kleine Christopher wieder so nahe, wie früher, als er auf meinem Schoß saß und mir Löcher in den Bauch fragte. Wieder beschleichen mich Bilder, wie man ihn – vielleicht unter einem Vorwand – hat niederknien lassen, wie sein Mörder sich ihm von hinten genähert, den Revolver an seinem Hinterkopf angesetzt und drei Mal abgedrückt hat. Mich schüttelt allein die Vorstellung, und doch kommt diese immer wieder. Als wir uns allmählich der Stelle genähert hatten, traute ich meinen Augen nicht. Ich war nicht darauf gefasst, Christophers alten Teddy vor dem Kreuz liegen zu sehen. Ich brach zusammen. Es gibt viele Dinge, die ich mittlerweile ertragen kann. Aber das war wieder einmal zu viel, das konnte ich nicht so einfach wegstecken. Vermutlich hatte Mark Milke den Bären ein paar Tage zuvor da hingelegt. Er wusste, dass ich mit dem Fernsehteam dort aufkreuzen würde. Sie wollten ihn auch vor der Kamera haben, aber er hatte sich Bedenkzeit ausgebeten. Weitere Interviews sollen in etwa zwei Wochen stattfinden; erst dann werde ich erfahren, wie es weitergeht. Eine Menge Arbeit liegt noch vor mir, an Ausruhen ist nicht zu denken. Meine Freunde, bei denen ich zur Zeit wohne, sind

schon ganz besorgt um mich. Aber es geht eben im Moment nicht anders, zu vieles ist in Bewegung, und ich will jede Chance nützen, Debbie zu helfen.

Diese Zeilen schrieb ich im Juli 2001. Wir alle wissen, dass sich die Welt seit dem 11. September 2001 mit den Terroranschlägen in New York und Washington verändert hat. Alle Aufmerksamkeit ist im Augenblick auf diese Ereignisse und auf den Krieg in Afghanistan gerichtet. Daher verschob sich auch der geplante Sendetermin, zu dem Debbies Fall geschildert werden sollte. Einerseits ist das verständlich, weil sich weltbewegende Dinge ereignet haben. Andererseits sitzt Debbie weiter Tag für Tag in ihrer Zelle und wartet auf ihr Wiederaufnahmeverfahren und letztlich auf ihre Freilassung.

Ich bin eine geradlinige und zielstrebige Frau. In dieser Phase meines Lebens liegt mein einziges Ziel darin, mit allen mir zur Verfügung stehenden Mitteln Debbie aus dieser Hölle zu befreien, die sie schon so lange durchmacht. Das Leben bestand für meine Familie und mich, besonders natürlich für Debbie, in den letzten dreizehn Jahren aus nichts als aus großem Leid. Bis zu meinem letzten Atemzug werde ich kämpfen, um meine Tochter vor dieser vom Staat gebilligten Hinrichtung zu retten. Um dies zu erreichen, benötige ich den bestmöglichen Rat und die professionellste Unterstützung. Als ich meinen Job aufgab, um mich ganz Debbies Freilassung widmen zu können, hatte ich keine Ahnung, wo ich anfangen sollte und was ich tun könnte. Es war wie der sprichwörtliche Sprung ins kalte Wasser, ohne überhaupt schwimmen zu können. Mit all den Erfahrungen, die ich gemacht habe, komme ich mir vor, als wäre ich allein in den letzten dreieinhalb Jahren um fünfzig Jahre gealtert. Verglichen mit anderen, ähnlichen Fällen in den USA, hatte ich einen großen Vorteil: die volle Unterstützung in Europa und speziell in Deutschland für mein Anliegen, da Debbie und ich geborene Berliner sind. Debbie gilt schon überall in Europa als die Märtyrerin schlechthin, und ich bin auf traurige Weise zu einer der bekanntesten Mütter bzw. Großmütter geworden.

Doch all diese Probleme und nervenraubenden Dinge fordern allmählich auch bei mir ihren Tribut. Mir geht es heute nicht mehr so gut wie noch vor vier Jahren. Seitdem ich wieder zu Hause bin, also etwa seit August, fühle ich, wie mich meine Kräfte verlassen. Die Prognosen der Anwälte lauten, dass wir noch mindestens zwei oder drei Jahre weitermachen müssen und dabei nicht wissen, ob es auch wirklich zu einem guten Ende führen wird. Ich wache morgens auf und will einfach nicht mehr. Ich habe keine Energie mehr und muss mich eisern zu allem zwingen. Manchmal nehme ich Antidepressiva, weil ich es nicht mehr ertragen kann. Aber solange ich glaube, dass ich mit meinem Kampf das Todesurteil gegen meine Tochter rückgängig machen kann, fühle ich mich kräftig genug weiterzukämpfen. Wie auch immer es enden mag, eines Tages werde ich mich mit meinen Gefühlen auseinander setzen müssen. Ich habe gemerkt, dass ich im Gegensatz zu früher häufiger Schwierigkeiten habe, mich zu konzentrieren, ich verbringe schlaflose Nächte, habe einen Ausschlag im Gesicht und verliere an Gewicht. Die seelischen Schmerzen stecken so tief in mir drin, dass sie kaum je ganz verschwinden werden.

Ich will dieses Buch an die Öffentlichkeit bringen, bevor ich nicht mehr kann. Grundsätzlich stehe ich vor dem Scherbenhaufen unseres Lebens, verursacht durch viele verschiedene Umstände, aber hauptsächlich durch die Tat eines Wahnsinnigen. Nichts wird Debbie und uns jemals wieder das Leben schenken können, wie es einmal war.

BLICK IN DIE ZUKUNFT

Ein Brief von Debbie an unseren Webmaster Frank Aue

Dienstag, 6. Mai 2001

Lieber Frankie,

Es ist mal wieder ein heißer Tag, ich war gerade ein wenig draußen im Hof. Ich brauchte dringend frische Luft und hatte das Bedürfnis, in den Himmel zu starren und nachzudenken und den Kopf etwas frei zu bekommen. Ich mag die Hitze und genieße es, die Wärme zu spüren.

Ich möchte diesen Brief damit beginnen, einige Dinge zum Prozess zu erklären, denn ich bin mir nicht sicher, ob du alles richtig verstanden hast. Ich hatte Recht, als ich die Möglichkeit in Betracht zog, noch zwei bis drei Jahre hier verbringen zu müssen. Ich weiß mittlerweile, wie dieses System funktioniert und wie die nächsten Schritte aussehen werden.

Gestern sprach ich mit Lori, und sie erklärte mir die ganze *Habeas-Corpus*-Geschichte und das ganze Drumherum. Ich weiß gar nicht genau, warum sie hier anrief, sie hatte eigentlich keine Neuigkeiten zu berichten, aber nachdem ich sie schon mal am Telefon hatte, beschloss ich, ihr einige Fragen zu stellen. Ich muss einfach wissen, was geschieht und was passieren könnte, damit ich mich mental darauf einstellen kann.

Sobald Richter Bloomfield unsere Eingabe beantwortet und die Dokumente geschickt hat, kann Lori anfangen, an meiner Petition zu arbeiten. Ich zweifle sehr daran, dass wir die Petition schon im Juli einreichen können, ich schätze, es wird eher August oder September. Sie erklärte mir, die Petition sei »umfangreich«.

Okay, lass uns über einige Punkte reden, die du in deinem letzten Brief erwähnt hast. Ja, es ist ein positives Zeichen, dass Broomfield mir erlaubt hat, einige Dokumente einzusehen, die Saldate betreffen. Diese Sache scheint ihn zu beschäftigen, und ich bin deswegen sehr erleichtert und dankbar. Meine ganze Zuversicht stützt sich auf diese Saldate-Geschichte, und ich glaube, dass ich eine gute Chance habe, meine *Habeas*-Klage vor Broomfields Gericht zu gewinnen.

Du hast mit deiner Feststellung Recht, dass die *Habeas*-Klage das »Werkzeug« ist, das meine Situation ändern kann, und dass die Dinge anders aussehen, wenn diese Klage erfolgreich verläuft. Juristisch ausgedrückt: Wenn wir die *Habeas*-Klage gewinnen sollten, bedeutet das, dass meine Haft ungesetzlich ist und man damit die Verfassung verletzt hat. Er könnte ein neues Gerichtsverfahren anberaumen, indem er erklärt, dass Saldates Protokoll nicht gegen mich verwendet werden kann. Dann würde die Staatsanwaltschaft mit leeren Händen dastehen. Wie auch immer, ein solcher Urteilsspruch ist natürlich nicht sicher, und es garantiert mir nicht, dass dann endlich alles vorbei ist. Das Gericht ist Anfang Mai in ein neues Gebäude umgezogen, und alle Richter meinten, dass sie nicht bereit wären, einen Antrag oder irgendein Schreiben zu beantworten, bevor sie sich nicht wieder eingerichtet hätten.

Nun, du weißt, dass der Staatsanwalt, der meine Berufung bearbeitet, Herr Nielson, Ende April einen Antrag stellte. Darin bat er Richter Broomfield, seine Meinung zu ändern hinsichtlich seiner Anordnung vom 3. April, die mir Zugang zu Saldates Dokumenten versprach. Der Antrag wurde bis jetzt noch nicht beantwortet, weil die Gerichtsangestellten und Richter sich noch »einrichten« müssen. Wie lange ist es her, dass sie umgezogen sind? Einen ganzen Monat. Wie lange dauert es, um sich einzurichten? Kein Mensch weiß das, aber ich weiß, dass bislang noch nichts passiert ist, denn wir warten IMMER noch darauf, dass Broomfield die Anfrage der Staatsanwaltschaft beantwortet. Er wird sie höchstwahrscheinlich ablehnen, und sogar Nielson weiß das, denn er hat es zu Mike und Lori gesagt. Also ist mal wieder alles nur Zeitverschwendung.

Sobald Richter Broomfield diese Anfrage bearbeitet hat, werden wir die Dokumente bekommen, denn rate mal, Nielson hat sie in seinem Besitz, und das schon seit Anfang April!! Er will nur wissen, ob Richter Broomfield seine Meinung ändert. Kann man diesen Mist glauben?!

Du hast von Aktion und Reaktion gesprochen. Sicher, Broomfields Entscheidung zu meinen Gunsten würde Aktion bedeuten, dann müsste nämlich der Staatsanwalt reagieren, was er auch tun wird. Wenn Broomfield ein neues Verfahren anordnen würde, das innerhalb eines bestimmten Zeitrahmens (gewöhnlich sind es 120 Tage) stattfinden müsste, dann heißt das nicht, dass der Staatsanwalt auch daran festhalten muss.

Die Staatsanwaltschaft hat das Recht, Einspruch beim 9th Circuit Court einzulegen, wenn ihnen das Urteil nicht passt. In meinem Fall werden sie mit Sicherheit Einspruch einlegen, vor allem dann, wenn Saldates Protokoll für Müll und damit für verfassungswidrig erklärt wird. Die Staatsanwaltschaft wird den 9th Circuit Court anrufen, damit dieses Protokoll gegen mich verwendet werden kann. Du weißt doch, dass der Staat mit allen Mitteln verhindern will, dass ich mein Recht bekomme, deshalb werden sie darum kämpfen, Saldates Protokoll als Beweisstück zuzulassen. Wenn der 9th Circuit Court Broomfields Richterspruch anerkennt, hat die Staatsanwaltschaft definitiv keine andere Wahl, als das Verfahren (ohne Saldates Protokoll) neu zu verhandeln oder mich gehen zu lassen. Wenn aber der 9th Circuit Court Broomfields Urteil ablehnt und bekräftigt, dass Saldates Protokoll gegen mich verwendet werden kann, wird man es auch in ein neues Verfahren einbringen. Und wenn der 9th Circuit Court Broomfields Urteil anerkennt, die Staatsanwaltschaft mich aber nicht freilassen will, auch ohne Saldates Protokoll nicht, dann können sie mich nur mit der Aussage von Jim oder Roger belasten. Die Staatsanwaltschaft könnte auf sie zugehen und ihnen ein Angebot unterbreiten, zum Beispiel, sie aus der Todeszelle zu entlassen: »Sagen Sie der Jury einfach, Debra war in den Mord verstrickt, und wir verschonen Ihr Leben.« Solche Dinge geschehen, aber – du hast Recht – so etwas würde vor Gericht auffliegen, und es würde die Verzweiflung zeigen, mit der man mich zu verurteilen sucht. Aber auch dieses Szenario ist möglich.

Nur so nebenbei: Für den Fall, dass ich ein weiteres Gerichtsverfahren über mich ergehen lassen muss, habe ich schon vor längerem beschlossen, auf mein Recht auf Geschworene zu verzichten und um ein *bench trial* zu bitten. Ein *bench trial* bedeutet, dass ein einzelner Richter sich meinen Fall anhört und dann seine Entscheidung – schuldig oder unschuldig – trifft. Ich werde mich hüten, mein Leben noch einmal in die Hände von zwölf Leuten zu legen. Ich fühle mich mit nur einem Richter sehr viel wohler.

Ich bat Lori darum, genau zu definieren, was es heißt, »*Habeas-Corpus-Relief* gewährt zu bekommen«. Sie erklärte mir, dass ein Richter zugibt, dass eine Person (ein Beklagter) verfassungswidrig festgehalten wird und eingesperrt ist. Die Folge wäre, dass mein Fall entweder innerhalb einer festgesetzten Zeit neu verhandelt oder dass ich freigelassen werden würde.

Ich fragte sie, ob das bedeute, dass ich tatsächlich freigelassen werden könnte, und sie meinte: Eigentlich nicht. Der Richterspruch einer einzelnen Person im U.S. District Court (wie zum Beispiel von Richter Broomfield) spiegelt nur eine Meinung wider, und im Fall der Todesstrafe wird die Staatsanwaltschaft sicherlich ein höheres Gericht anrufen, um dieses Urteil noch einmal überprüfen zu lassen.

A. County Attorney Office – Rick Romley (der Top-Mann und Chef aller Staatsanwälte) für das County. Noel Levy wäre der Staatsanwalt, der für meinen Fall zuständig ist (nur auf der Verfahrensebene).
B. Superior Court – Verfahrensebene. Hier werden die Verfahren verhandelt und Beklagte verurteilt. Mein Fall wurde Richterin Hendrix unterbreitet, aber nachdem sie nun im Ruhestand ist, wird er einem anderen Richter vorgelegt werden. Ich weiß zum heutigen Zeitpunkt nicht, welcher Richter das sein wird (nur auf der Verfahrensebene).
C. State Supreme Court – Berufungsebene. Das ist das höchste Gericht des Landes, vor dem meine erste Berufung begutachtet und abgelehnt wurde. (Die *PCR* wurde damals von Richterin Hendrix begutachtet und abgelehnt, und ich rief auf Grund der Zurückweisung den State Supreme Court an, was damals meine *PR, Petition for Review,* war. Der State Supreme Court lehnte meine *PR* ab und setzte einen Hinrichtungstermin an, weil dies die letzte Instanz war, die ich anrufen konnte.) Der Staatsanwalt, der in dieser Instanz für meinen Fall zuständig wäre, ist Nielson.
D. Bundesebene – U.S. District Court. Dies ist die unterste Instanz der Bundesgerichte. Mein Fall wurde Richter Broomfield zugeordnet. Seine Aufgabe ist es zu entscheiden, ob meine Verurteilung, mein Strafmaß und meine Inhaftierung die Verfassung der Vereinigten Staaten verletzen.
E. 9th Circuit Court für Berufungen. Dies ist die nächste Instanz der Bundesgerichte. Berufungen werden zunächst von drei Richtern begutachtet, falls erforderlich, werden weitere elf Richter hinzugezogen (wenn meine Berufung zum Beispiel von drei Richtern abgelehnt würde, könnte ich um weitere elf Richter bitten). Gewöhnlich hören Gerichtsverfahren auf dieser Ebene auf.
F. U.S. Supreme Court – Dies ist das höchste Gericht der Vereinigten Staaten und es hat definitiv das letzte Wort. Die Entscheidung dieser neun Richter gilt. Trotzdem hören Prozesse oft auf der Ebene des 9th Circuit Court auf, weil der U.S. Supreme Court nur einen geringen Teil

der Fälle begutachtet. Gewöhnlich überlassen sie das Urteil den Circuit Courts, es sei denn, ein Fall ist außerordentlich wichtig.

1. Direkte Anrufung des Supreme Court
2. PCR zum Verhandlungsrichter
3. PR vor dem Supreme Court

Das ist das ganze Szenario, und Lori musste leider meinen Befürchtungen und Überlegungen zustimmen. Sie meinte, sie würden in jedem Fall einer Berufungsklage nachgehen. Aber weißt du was? Es ist nicht nur der Richter, den wir bitten und beknien müssen, es ist Nielson. Wenn wir ihn davon überzeugen könnten, keinen Einspruch zu erheben, könnte ich nächstes Jahr bei Pat und Patti sitzen.

Donnerstag, 6. Juli 2001

Entschuldige bitte, dass ich erst jetzt fortfahre, aber diesen ganzen Prozesskram auf vier Seiten niederzuschreiben hat mich zutiefst deprimiert und fertig gemacht. Ich konnte einfach nicht weiterschreiben.

Wenn du zu Besuch kommst, werde ich um eine zusätzliche Stunde Besuchszeit bitten, damit wir drei Stunden zusammen sein können. Ich bin nicht sehr zuversichtlich, dass es uns genehmigt wird, denn wir haben eine neue Wärterin, die ich noch nicht einschätzen kann. Mein Anwalt hat damit keine Probleme, aber das letzte Wort hat meine Wärterin. Ich werde es dich wissen lassen, okay? Wie auch immer, sie sagte mir, ich könnte um eine Freilassung auf Kaution bitten, was bedeutet, dass ich frei wäre, wenn ich dem Gericht einen bestimmten Geldbetrag zahlen würde. Es ist so etwas wie gegenseitiges Einvernehmen.

Sie meinte, es gebe keine Garantie, weil meine erste Verurteilung wegen Mordes unwiderruflich wäre, aber nachdem Broomfield die Fakten meines Falles kennt, könnte es sein, dass er mich auf Kaution freilässt. Die Staatsanwaltschaft würde natürlich sofort Einspruch einle-

gen und zum 9th Circuit Court eilen, um meine Freilassung zu verhindern. So sind sie eben, meinte Lori.
Es sei denn, Mike kann Nielson davon überzeugen, meiner Bitte, auf Kaution freizukommen, nicht zu widersprechen. Das wäre wunderbar.
Ich habe gute Chancen, meine *Habeas*-Klage zu gewinnen, das habe ich bereits erwähnt, aber der Staat wird den 9th Circuit Court anrufen. Ich muss mich mental darauf einstellen, dass es eine ganze Weile dauern wird.
Ich könnte sehr viel besser damit umgehen, wenn ich draußen wäre und dort warten könnte, anstatt hier drinnen zu sitzen. [...]
Irgendwann nächstes Jahr, 2002, wird Broomfield über meine *Habeas*-Petition entscheiden. Ich könnte gegen Kaution freikommen oder auch nicht. Falls nicht, sitze ich hier drin so lange fest, bis der 9th Circuit Court sein Urteil fällt. Und das könnte 2003 oder 2004 sein.«

NACHWORT VON USCHI GLAS

Ich bin ein ungeduldiger Mensch. Wenn ich ein Ziel vor mir sehe, gehe ich geradewegs darauf zu, ohne viel zu taktieren oder Zeit zu verschwenden. Ich will, dass sich Dinge bewegen, und das möglichst schnell. Seitdem ich mich für Debbie engagiere, musste ich lernen, etwas umzudenken und mein Tempo zu drosseln.

Vor etwa drei Jahren bekam ich eine Anfrage von Wolfram Gisenstein aus Berlin, der eine Aktion gegen die Todesstrafe initiiert hatte. Er legte einige Fälle vor, darunter auch der »Fall Debbie Milke«. Jawohl, dachte ich mir, dafür kann ich meine Unterschrift leisten. Ich hatte mir die Unterlagen genau durchgelesen und war von Debbies Schicksal ganz besonders erschüttert. Seitdem geisterte mir der Name Debbie Milke im Kopf herum. Irgendwann, etwa ein Jahr später, musste ich mitten in der Nacht plötzlich an sie denken. Eine merkwürdige Geschichte, mitten in der Nacht. Was wohl aus ihr geworden war?, dachte ich mir. Ich nahm mir vor, am nächsten Morgen gleich ins Internet zu schauen und mich zu informieren. Gerade als ich im Büro angekommen war, ging ein Fax ein. Ein Frank Aue aus Berlin schrieb, ob ich mir vorstellen könnte, mich noch einmal für Debbie Milke zu engagieren? Das traf mich wie ein Faustschlag. Ich habe in meinem Leben schon öfter solche eigenartigen Zufälle erlebt, die auf den zweiten Blick gar nicht mehr so zufällig erschienen.

Ich wurde sehr nachdenklich, schrieb dann zurück und signalisierte meine Bereitschaft. Man ließ mir eine Menge Info-Material zukommen. Seit dieser Begebenheit kämpfe ich mit Renate und ihren Freunden um ein Wiederaufnahmeverfahren und letztlich um die Freilassung von Debbie.

Am Anfang stand für mich die Frage, was kann ich überhaupt tun? Natürlich kommt man über prominente Fürsprecher schneller in die Zeitung oder man wird ins Fernsehen eingeladen. Popularität nützt, den Fall bekannter zu machen und überhaupt Gehör zu finden. Aber es war mir wichtig, nicht nur einen Schnellschuss zu produzieren, sondern wirklich ernsthaft zu versuchen, Debbie zumindest einen fairen Prozess zu gewährleisten. Zuerst hatte ich nur Kontakt zu Frank Aue. Doch ich musste, wollte ich mich weiter in dieser Angelegenheit engagieren, an Renate Janka herantreten und ihr Vertrauen finden. Sie sollte nicht glauben, dass ich mich engagieren würde, um selbst gute PR zu bekommen. Ob mir mein Engagement in diesem Fall nützte oder nicht, war und ist völlig uninteressant für mich. Bevor ich also an die Öffentlichkeit gehen konnte, musste ich sie treffen und von mir überzeugen. Sie war anfangs zu Recht misstrauisch. Wir haben telefoniert und uns in München verabredet. Es war eine langsame Annäherung, aber irgendwann hat sie gemerkt, dass es mir ernst ist.

Es ist oft mühsam, Menschen zu erreichen und aus ihrer Gleichgültigkeit zu reißen. Viele reden nur, unternehmen aber aktiv nichts. Das musste ich auch im Rahmen anderer humanitärer Projekte erfahren, für deren Ziele ich mich seit Jahren einsetze. Ich habe einige Verbindungen in die USA und hatte schon die Hoffnung, dass ein paar Menschen Interesse und Zivilcourage zeigen würden. Doch die Resonanz auf meine Briefe war gleich null. Das war in Deutschland nicht viel anders. Aber ich ließ und lasse mich davon nicht abschrecken. Einmal bekam ich von einem Freund den Hinweis, dass der einflussreiche Senator John McCain aus Arizona zu einem politischen Treffen nach München kommen und er für ihn ein Abendessen ausrichten werde. Ich bat ihn, es so zu arrangieren, dass ich McCains Tischdame sein konnte. Ich war sehr optimistisch, denn ich hatte dem Senator vorab eine Info-Mappe über Debbie zukommen lassen. Zudem wusste ich, dass McCain ein Vietnamveteran war, der fünf Jahre vom Vietcong in Dunkelhaft gehalten worden war. Als er durch den Einfluss seines Vaters, eines hohen Militärs, ausgetauscht werden sollte, hat er abgelehnt, weil er seine Kameraden nicht im Stich lassen wollte. Er ist gefoltert worden und leidet bis heute an den Folgen. Und doch hat er nach dem Krieg zwei vietnamesische Kinder adoptiert. Ich dachte sofort, dass McCain verstehen würde, wovon ich rede. Als wir ins Gespräch kamen, zeigte er sich gut informiert und versprach, sich zu kümmern. Leider kann er sich aber öffentlich nicht in dieser Sache engagieren, vielleicht wirkt er hinter den Kulissen, das weiß ich nicht. Man kann es nur hoffen.

Renate ist manchmal sehr traurig, wenn sich die Dinge nicht so entwickeln, wie wir das alle erhoffen. Ich versuche, ihr zur Seite zu stehen und sie wieder aufzubauen, sie zu trösten. Wenn man weiß, dass jemand zu Recht im Gefängnis sitzt, dann ist das schon schlimm genug. Aber wenn man weiß, dass jemand unschuldig ist, könnte man wahnsinnig werden. Wenn Renate erzählt, dass Debbie sie wieder nicht sehen wollte, weil die Wärter sie in Ketten gelegt haben, macht mich das fertig. Ich darf das manchmal gar nicht in mein Hirn und vor allem nicht in mein Herz lassen. Aber ich bewundere Debbie, ihre innere Kraft, die sie überleben lässt. Man kann sich ihre Situation gar nicht richtig vorstellen. Im Prinzip bleibt ihr nur der Rückzug in sich selbst, um nicht total zu zerfallen.

Am Anfang dachte ich noch, dass wir das ganz schnell gemeinsam durchziehen. Doch mir wurden sehr schnell die Federn gestutzt. Ich hatte mir das Ganze viel einfacher vorgestellt, viel einfacher. Gerade deshalb ist es wichtig, dranzubleiben und die Öffentlichkeit immer wieder wachzurütteln. Renate hat sich die Entscheidung, ein Buch zu schreiben, sehr schwer gemacht. Aber die Welt soll erfahren, welches Unrecht hier geschieht und wie es zu bekämpfen ist. Dafür möchte ich werben und Sie alle bitten, Renate Janka und ihre Familie und Freunde in diesem Kampf tatkräftig zu unterstützen.

Uschi Glas
München, im November 2001

BILDNACHWEIS

Obwohl sich Verlag und Autor bemüht haben, zu sämtlichen Abbildungen des Buches die erforderliche Nachdruckerlaubnis einzuholen, ist es nicht in allen Fällen gelungen, die jeweiligen Inhaber der Rechte ausfindig zu machen. Sofern diese uns aber in Kenntnis setzen, sind wir selbstverständlich darum bemüht, die Inhaber der betreffenden Bildrechte in künftigen Buchausgaben namentlich zu nennen.
Die meisten Abbildungen des Buches stammen aus Privatbesitz. Des Weiteren haben folgende Fotografen Fotomaterial zur Verfügung gestellt:
Christian Kruppa, Berlin
Paul Huebl, Arizona
Frank Aue, Berlin
Clemens Höges, Hamburg
Abdruck des Spiegel-Artikels 27/1998 (Clemens Höges) mit freundlicher Genehmigung des Spiegel
Abdruck des Bild-Zeitungsartikels vom 9. Juli 1999 (Katja Colmenares) mit freundlicher Genehmigung der Bild-Zeitung

Häufig erhalte ich Anfragen von hilfsbereiten Menschen, die Debbie und mich in unserem Kampf um Gerechtigkeit unterstützen wollen. Deshalb möchte ich an dieser Stelle eine Adressenliste hinterlegen, an die Sie Protestschreiben oder Unterschriftensammlungen richten können. Auch für Spenden sind wir Ihnen von ganzem Herzen dankbar!

U.S. Botschaft
John C. Kornblum
Neustädtische Kirchstraße 4
10117 Berlin

District Federal Court of Arizona
Chief Judge Robert C. Broomfield
230 N. 1st Avenue
Phoenix, Arizona 85004 USA

Governor of Arizona
Mrs. Jane Dee Hull
1700 W. Washington Street
Phoenix, Arizona 85007 USA

Spendenkonten: SPENDE DEBBIE MILKE
Sparkasse Staufen
Münstertalerstraße 2
79219 Staufen
Deutschland
Kto-Nr.: 9 436 007
BLZ 680 523 28

Roma Ligocka
mit Iris von Finkenstein

DAS MÄDCHEN IM ROTEN MANTEL

Straße für Straße, Haus für Haus werden wir eingekreist. Wir versuchen dem Stein gleich zu sein, den Mauern gleich zu sein, nicht vorhanden zu sein. Und nie die Hand loszulassen, die wir umklammern. Wenn man die loslässt, ist sie im nächsten Augenblich vielleicht verschwunden. Menschen gehen und kommen einfach nicht wieder.

Roma Ligocka ist zwei Jahre alt, als alle Juden aus Krakau und Umgebung im Ghetto zusammengepfercht werden. Wie durch ein Wunder überlebt sie. Doch das Grauen, das für sie als Kind das Normale war, hat sie nicht mehr verlassen. Es lauert dicht unter der Oberfläche des Lebens.

»Bewegende Erinnerungen. Ein Buch, das ein Stück düsterer europäischer Geschichte spiegelt. Und das Proträt einer intelligenten, kämpferischen Frau.« *Brigitte*

»Ein Buch über eine Frau, die im Leben steht und sich wehrt. Eine Frau, in der man sich aber auch wiedererkennen kann.«
Süddeutsche Zeitung

»Dabei geht es nie darum, Literatur zu schreiben, bloß die Wahrheit.« *Spiegel Reporter*

DROEMER

Annemarie Schoenle

ICH HABE NEIN GESAGT

Roman

Eine Frau begehrt auf!

Ihre Romane werden millionenfach gelesen, über die Fernsehfilme, zu denen sie das Buch schrieb, spricht ganz Deutschland. Nun wendet sich Annemarie Schoenle einem brisanten Thema zu, das gern unter den Teppich gekehrt wird: Vergewaltigung in der Ehe.
Die Geschichte von Werner, Doris und ihrer kleinen Tochter Tanja – eine scheinbar normale Ehe, in der es kriselt, bis die Liebe mit einer Vergewaltigung endgültig getötet wird. Und als Doris sich durchringt, ihren Mann anzuzeigen, lässt ihre Umgebung sie das bitter büßen. Wird sie vor Gericht tatsächlich gegen ihren Mann aussagen?
»Schoenles Geschichte lässt keine einfache Parteinahme zu. Sie erzählt, wie Gewalt in einer scheinbar gewöhnlichen Beziehung ausbrechen kann ... und davon, wie hoffnungslos unterschiedlich Frauen und Männer empfinden, wenn es mit der Liebe zu Ende geht.«

Der Spiegel

Miriam Kwalanda
Birgit Theresa Koch

DIE FARBE MEINES GESICHTS

Lebensreise einer kenianischen Frau

Armut, Tod, Prostitution, Erniedrigung – die Kenianierin Miriam Kwandala führt ein Leben fern von romantischen Afrika-Klischees – eingespannt in die seelenlose Maschinerie des Sextourismus.

Als ihr Stammfreier Heinz aus dem Ruhrgebiet ihr einen Heiratsantrag macht, sagt sie zu. Doch auch Deutschland hat seine grausamen Seiten, und Miriam bekommt sie bald zu spüren ...

Der spannende Tatsachenbericht einer jungen, mutigen Frau, die nichts weiter verlangt als eine Chance und sich gegen alle Widerstände ein Stück Lebensqualität erobert.

Knaur

Sabine Kornbichler

KLARAS HAUS

Reif für die Insel

Ein Zufluchtsort für schwierige Zeiten – das soll laut Klaras Testament ihr Haus auf der Nordseeinsel Pellworm werden. Was man zunächst für eine Schrulle der Verstorbenen hält, wird schneller genutzt, als alle gedacht hätten – von Nina, deren Mann sie mit ihrer besten Freundin betrügt, und von Charlotte, der scheinbar glücklichen Mutter.

Klaras Haus: ein ebenso hinreißender wie einfühlsamer Roman über Abschied und Aufbruch.